Christian Blume, Wilfried Jakob

GLEAM
General Learning Evolutionary Algorithm and Method

Ein Evolutionärer Algorithmus und seine Anwendungen

Schriftenreihe des

Instituts für Angewandte Informatik / Automatisierungstechnik

am Karlsruher Institut für Technologie

Band 32

Eine Übersicht über alle bisher in dieser Schriftenreihe erschienenen Bände finden Sie am Ende des Buchs.

GLEAM

General Learning Evolutionary Algorithm and Method

Ein Evolutionärer Algorithmus und seine Anwendungen

von
Christian Blume
Wilfried Jakob

Titelbilder mit freundlicher Genehmigung von BASF AG – The Chemical Company (2008) und Patrick Ziegler, IMT, Karlsruher Institut für Technologie.

Impressum

Karlsruher Institut für Technologie (KIT)
KIT Scientific Publishing
Straße am Forum 2
D-76131 Karlsruhe
www.uvka.de

KIT – Universität des Landes Baden-Württemberg und nationales Forschungszentrum in der Helmholtz-Gemeinschaft

KIT Scientific Publishing 2009
Print on Demand

ISSN: 1614-5267
ISBN: 978-3-86644-436-2

Vorwort

Evolutionäre Algorithmen haben als generelle Verbesserungs- und Optimierungsstrategien über die letzten zwei Dekaden eine weite Verbreitung in allen Bereichen der Technik und Wirtschaft gefunden. Was diese Verfahren besonders attraktiv für die industrielle Praxis macht, ist ihre scheinbar sprichwörtliche Einfachheit und Robustheit. Die Grundidee dieser Verfahren kann bereits bei Darwin gefunden werden: Das permanente bzw. wiederholte Wirken von Variation und Selektion im Reproduktionsprozeß ist letztlich die Ursache für alle Formen des Lebens auf unserem Planeten, mit erstaunlichen Anpassungsleistungen und überzeugender Effizienz und Eleganz der so entstandenen Formen und Problemlösungen in der Natur. Da nimmt es nicht Wunder, dass dieses Variations-Selektion-Prinzip auch in der Technik erfolgreich angewendet werden kann. Ein besonderer Vorteil dieser Verfahren ist, dass man mit vergleichsweise geringem Aufwand und ohne mathematischem Spezialwissen komplexe Systeme optimieren oder zumindest verbessern kann. Das, was heutzutage häufig zählt, ist das schnelle Reagieren auf neue Marksituationen und Anforderungen. Evolutionäre Algorithmen haben unter derartigen Bedingungen einen entscheidenden Anwendungsvorteil: basierend auf dem problemspezifischen Wissen des Anwenders können schnell erste Systemverbesserungen evolviert werden. Das kann ein entscheidender Vorteil im Wettbewerb sein.

Mittlerweile füllen Bücher über Evolutionäre Algorithmen ganze Regale, und es fällt dem Anfänger zunehmend schwerer, sich für ein geeignetes Buch zu entscheiden. Das hier vorliegende Werk wurde von zwei Praktikern geschrieben, die eine mehr als zwanzigjährige Erfahrung auf dem Gebiet der Entwicklung und Anwendung von Evolutionären Verfahren vorweisen können. Dies widerspiegelt sich deutlich in dem von den Autoren gewählten Zugang und in der Wahl der Anwendungsbeispiele aus den Bereichen Roboterforschung, Scheduling und Designoptimierung. Ausgehend von der Darstellung der Grundformen evolutionärer Operatoren und Algorithmen, stellen die Autoren die von ihnen schrittweise weiterentwickelten Evolutionären Algorithmen GLEAM (General Learning Evolutionary Algorithm and Method), H!GLEAM und HyGLEAM vor und diskutieren deren Anwendung anhand von Beispielen aus der industriellen Praxis.

Aufgrund der Form der Darstellung und der Beispiele ist dieses Buch gleichermaßen geeignet für Studierende wie auch für Praktiker in der Industrie. Ich wünsche diesem Buch die nötige Beachtung auch über das Darwin-Jahr 2009 hinaus.

Dornbirn im Herbst 2009   Hans-Georg Beyer

Inhalt

1 Einleitung

Die auf der Basis Evolutionärer Algorithmen entwickelten Programme dienen der Planung und Optimierung vor allem im industriellen Bereich. Während in der Forschung die Algorithmen meist nur anhand spezieller Funktionen wie Schwefels Kugel oder Shekels Foxholes getestet werden, sind für den Einsatz in der Praxis weitere Anpassungen sowie die Behandlung von Einschränkungen und Randbedingungen notwendig.

Die Komplexität einer praktischen Aufgabe ist für einen Außenstehenden nicht immer auf den ersten Blick ersichtlich. So scheint beispielsweise die folgende Aufgabenstellung doch recht einfach zu sein. In einer Fabrikanlage stehen drei Stationen für die Produktion zur Verfügung: eine Reinigungsstation (Nr. 1), eine Bohrstation (Nr. 2) und eine Drehstation (Nr. 3). Auf den Stationen werden verschiedene Werkstücke bearbeitet, beispielsweise eine Lenkstange. Die gesamte Bearbeitung eines Werkstücks stellt einen Auftrag oder Job dar, und die Bearbeitung auf einer Station ist ein Arbeitsschritt. Im vorliegenden Fall seien vier Aufträge (Jobs) mit folgenden Arbeitsschritten (AS) auf den verschiedenen Stationen mit unterschiedlicher Bearbeitungsdauer zu erledigen (das Beispiel wird in Abschnitt 6.7.2 vertieft), siehe Tabelle 1.1:

Auftrag (Job)	Arbeitsschritt (AS)	Zeitdauer	Station
Job 1	AS 1	3	2
	AS 2	1	1
	AS 3	2	3
Job 2	AS 1	4	1
	AS 2	2	3
	AS 3	10	2
Job 3	AS 1	1	2
	AS 2	17	3
Job 4	AS 1	5	1
	AS 2	12	2
	AS 3	7	1
	AS 4	1	3

Tab. 1.1: Beispiel eines einfachen Arbeitsplans mit Zuordnung der Arbeitsschritte zu Stationen und Jobs

So bedeutet beispielsweise die erste Zeile in der Tabelle, dass der erste Arbeitsschritt des Auftrags 1 drei Zeiteinheiten dauert und auf Station 2 ausgeführt wird. Zu beachten ist, dass die Arbeitsschritte innerhalb eines Jobs fast immer in der angegebenen Reihenfolge ausgeführt werden müssen. Für die Bearbeitung aller Jobs bzw. Aufträge ist die Erstellung eines Produktionsplanes notwendig, der angibt, wann auf welcher Station welcher Arbeitsschritt ausgeführt werden soll.

Würde man nun einen Produktionsplan erstellen, der die Arbeitsschritte einfach in der Reihenfolge der Jobs verplant, wäre das Ergebnis eine Abfolge von Arbeitsschritten auf den jeweiligen Arbeitsstationen, wie in Abb. 1.1 in Form eines Balkenplans dargestellt. Dabei wird über die Zeit für jede Station aufgetragen, welcher Arbeitsschritt (Kennziffer hinter dem Punkt) von welchem Auftrag (Kennziffer vor dem Punkt) zu welchem Zeitpunkt ausgeführt wird.

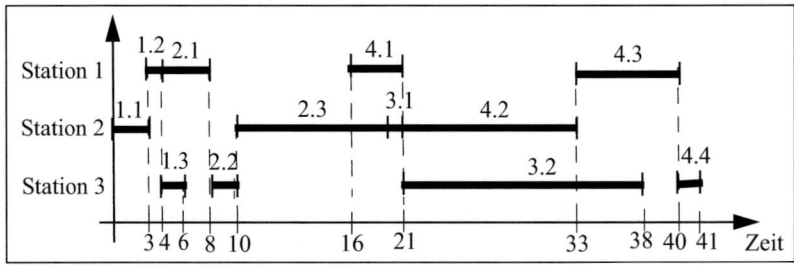

Abb. 1.1: Einfacher Produktionsplan zur Bearbeitung des Arbeitsplanvon Tabelle 1.1

Der so erzeugte Plan gewährleistet zwar, dass jeder Auftrag so bearbeitet wird, dass alle Arbeitsschritte ohne Pause ausgeführt werden, und alle Aufträge in der Reihenfolge Auftrag 1, 2, 3 und 4 fertig werden. Jedoch ist diese Planung mit einer gesamten Zeitdauer von 41 Zeiteinheiten sicher nicht die günstigste.

Man kann nun versuchen, mit Hilfe der Intuition und durch Probieren die optimale Reihenfolge in der Ausführung der Arbeitsschritte auf den Stationen zu finden, d.h. die kürzeste Zeitdauer für die gesamte Bearbeitungszeit aller Aufträge zu erreichen (andere Gesichtspunkte sind hier einmal außer acht gelassen worden). Ein Ergebnis für diesen recht einfachen Fall kann z.B. so wie in Abb. 1.2 dargestellt aussehen.

Falls Sie als Leser sich an dieser einfachen Optimierungsaufgabe selbst versuchen, werden Sie sicher feststellen können, wie viel Mühe bereits diese kleine Aufgabe mit nur 4 Jobs und wenigen Arbeitsschritten auf drei Arbeitsstationen macht. Man kann sich leicht vorstellen, was es bedeutet, beispielsweise als Anforderung aus der Praxis, in einer Härterei über 1000 Aufträge mit jeweils 20 bis 50 Arbeitsschritten zu verplanen.

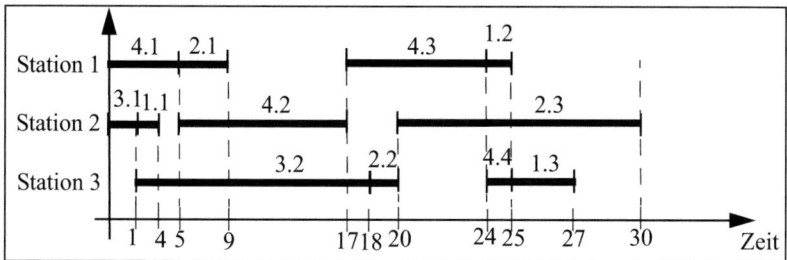

Abb. 1.2: Optimierter Produktionsplan zum Arbeitsplan von Tabelle 1.1

Die Anzahl der möglichen Balkenpläne (die natürlich nicht alle sinnvoll sind), von denen jeder einen anderen Produktionsplan darstellt, beträgt bei dem einfachen Beispiel bereits 4!, also 24, wenn man nur die unterschiedliche Reihenfolge der Aufträge betrachtet und die Kombinationen der einzelnen Arbeitsschritte vernachlässigt, was die Anzahl weiter erhöhen würde. Wenn man beispielsweise 100 Aufträge verplanen möchte, erhält man 100!, also etwa mindestens 10^{158} mögliche Produktionspläne. Zum Vergleich: Die geschätzte Anzahl der Atome in unserem Sternensystem beträgt ca. 10^{68}.

Beachtet man zusätzlich, dass während der Planausführung eine Station ausfällt und innerhalb kürzester Zeit umgeplant werden muss, kann man ahnen, dass es selbst für erfahrene Planer nicht möglich ist, unter diesen Umständen einen auch nur annähernd optimalen Plan zu erstellen. Außerdem sind in der Praxis noch weitere Bedingungen zu beachten, etwa die Behandlung von Eilaufträgen, die bis zu einem bestimmten Zeitpunkt fertig sein müssen.

Es müsste daher eine ungeheuer große Anzahl von möglichen Produktionsplänen auf ihre Tauglichkeit hin untersucht werden, sowie darauf, ob sie eine Verbesserung darstellen, d.h. eine Optimierung im Vergleich zu den bisher gefundenen Plänen. Denn das globale, umgangssprachlich manchmal auch absolute genannte Optimum, also der Plan, der die vorgegebenen Kriterien, wie Zeitdauer, Auslastung der Maschinen oder Erfüllung von Eilaufträgen, am besten erfüllt, ist leider nicht bekannt. Man kann immer nur eine Verbesserung der Güte der Produktionspläne feststellen. Bei dieser astronomischen Zahl von Möglichkeiten ist es auch offensichtlich, dass reines „Durchprobieren" aller Möglichkeiten nicht in Frage kommt bzw. der Suche einer Nadel im Heuhaufen gleichkäme.

Die Evolutionären Algorithmen basieren zwar bei ihrer Suche nach dem Optimum auf dem Zufall, sie führen diese jedoch mit einer Strategie durch. So operieren sie über eine „Bevölkerung" von Produktionsplänen. Es wird gewissermaßen parallel nach dem Optimum gesucht sowie gute Ansätze untereinander ausgetauscht und kombiniert, die zu einer schnelleren Verbesserung der Güte führen als bei einer rein zufälligen Suche.

Damit ein Evolutionärer Algorithmus die Produktionspläne in einem Evolutionsprozess optimieren kann, müssen die Pläne codiert werden, ähnlich dem genetischen
Code in der Biologie. Der Genetische Code für einen Produktionsplan könnte für dieses einfache Beispiel aus einer Kennung des Produktionsplanes und einer Folge von
Tupeln der Form (Auftrag, Arbeitsschritt, Station, Dauer) bestehen. Für jeden Produktionsplan ist die Anzahl der Tupel gleich, im Beispiel sind es 12 gemäß der gesamten
Anzahl von Arbeitsschritten.

Die Evolution wird dadurch „simuliert", dass die Anordnung der Arbeitsschritte im
Produktionsplan vertauscht wird. Entstehen durch diesen Evolutionsprozess Pläne, die
nicht sinnvoll sind, weil beispielsweise die Reihenfolge der Arbeitsschritte innerhalb
eines Auftrags nicht eingehalten wurde, kann dies vom Evolutionsprogramm festgestellt und durch eine geeignete Änderung der Abfolge „repariert" werden.

Hat das Evolutionsprogramm eine Reihe von Produktionsplänen erzeugt, muss es feststellen, welcher Plan besser und welcher schlechter zu bewerten ist. Dazu muss der
Anwender eine Formel oder ein Schema zur Bewertung eines Produktionsplanes definieren, damit die Güte bzw. Fitness berechnet werden kann. Dadurch können Produktionspläne vom Programm verglichen und die besseren mit einer größeren Wahrscheinlichkeit für die nächste Generation verwendet werden. Im vorliegenden stark verein-
fachten Beispiel wird die Bewertung ausschließlich durch die gesamte Zeit bestimmt,
die eine Abarbeitung des Produktionsplanes erfordert. Eine Formel für das Beispiel
könnte etwa so aussehen, wenn man davon ausgeht, dass die Fitness zu maximieren ist:

$$fitness = \left(1 - \frac{t_{ist} - t_{min}}{t_{max} - t_{min}} \right) \cdot MaxFitness$$

Die theoretisch kürzeste Zeit t_{min} für einen Produktionsplan beträgt beim Beispiel 25
Zeiteinheiten, das ist die Zeit für den längsten Job (Job 4), alle anderen könnten dann
parallel zu ihm ausgeführt werden. Die maximal längste Ausführungszeit t_{max} erhält
man, wenn alle Aufträge hintereinander ausgeführt werden müssen, im vorliegenden
Fall ergibt das 65 Zeiteinheiten. Nach der obigen Formel beträgt die Fitness für den
ersten Balkenplan 60000, wenn die maximale Fitness 100000 beträgt, und 87500 im
zweiten optimalen Fall.

In der Regel spielen bei der Bewertung nicht nur ein Kriterium, sondern mehrere eine
Rolle. Im vorliegenden Beispiel könnte neben der Zeitdauer der Abarbeitung aller Aufträge auch der Zeitpunkt eine Rolle spielen, zu dem einige besondere Aufträge fertig
werden. Letztere werden Eilaufträge genannt und deren Arbeitsschritte müssen eventuell denen anderer Aufträge vorgezogen werden, damit die Eilaufträge rechtzeitig fertig werden. Dies verhindert aber fast immer das Erreichen der kürzesten Gesamtzeit.
Die beiden Kriterien stehen also im Widerspruch zueinander, d.h. wenn die kürzeste
Verarbeitungszeit erreicht wird, werden einige Eilaufträge zu spät erledigt, und wenn
diese jedoch alle rechtzeitig fertiggestellt werden, dauert die gesamte Bearbeitungszeit

länger. Daher muss der Anwender entscheiden, wie seine Kriterien in die Gesamtbewertung einfließen sollen.

Dies kann man mit der Situation an einer Kasse in einem Laden vergleichen: Wenn es nach der Gerechtigkeit ginge, würden die Kunden in der Reihenfolge ihrer Ankunft bedient. Meist möchten jedoch die Kunden mit geringer Einkaufsmenge vorgelassen werden, da sich die Wartezeit der folgenden Kunden kaum verlängert. Als Folge verkürzt sich nicht nur die Wartezeit der Vorgelassenen erheblich, auch die Gesamtsumme der Wartezeiten wird minimiert. Wie man sieht, können verschiedene Ziele (gerechte Abfolge und kürzeste Gesamtwartezeit) zu unterschiedlichen optimalen Reihenfolgen führen.

Das vorliegende Werk beschreibt nach einer Einführung in die Grundlagen der Evolutionären Algorithmen GLEAM[1] und die speziell für den industriellen Einsatz konzipierten Software-Werkzeuge H!GLEAM und HyGLEAM. Sie wurden zur Lösung praktischer Planungs- und Optimierungsprobleme entwickelt, die, wie das obige Beispiel gezeigt hat, sehr schnell eine Komplexität annehmen können, welche mit herkömmlichen Verfahren nicht mehr zu bewältigen ist.

Dies ist auch eines der wesentlichen Kriterien für den Einsatz eines Evolutionären Algorithmus: Für die Aufgabe gibt es kein konventionelles Verfahren, das Lösungen in akzeptabler Zeit liefert, oder es wäre zu aufwändig, eines zu entwickeln.

Nicht angeraten ist dagegen der Einsatz Evolutionärer Algorithmen, wenn es nur eine einzige Lösung gibt, die aus einer genau zu treffenden Kombination von Parameterwerten besteht, während alle anderen Kombinationen einen Fitnesswert fast gleich Null haben. Im Beispiel wäre dies etwa der Fall, wenn der Bereich der Fitnesswerte von 0 bis 100 reichen würde, alle nur einen Wert um 0 hätten und nur der eine mit der optimalen Lösung (siehe Abb. 1.2) den Fitnesswert 87500. In diesem Fall dauert die Suche mit Evolutionären Algorithmen und ebenso mit anderen Suchverfahren im Schnitt länger als die sog. Monte-Carlo-Methode, d.h. als reines Würfeln. Das liegt daran, dass Evolutionäre Algorithmen so wie alle Suchverfahren derart angelegt sind, dass sie versuchen, in irgendeiner Form etwas aus den bisherigen Suchschritten zu lernen. Dies ist aber im vorliegenden Fall nicht möglich, daher ist jegliches Bemühen um einen Lernerfolg nicht nur vergebens, sondern beinhaltet sogar einen erhöhten, unnötigen Aufwand gegenüber der reinen Zufallssuche.

---

1. Die Grundzüge des GLEAM-Konzepts wurden 1990 erstmals auf der ersten PPSN-Konferenz veröffentlicht [1]. Nach einer Vielzahl von Anwendungen und einigen daraus resultierenden Erweiterungen erfolgte zwölf Jahre später die Publikation einer überarbeiteten und aktualisierten Darstellung von GLEAM [2]. In dieser Zeit entstand auch HyGLEAM, über das erstmalig 2001 berichtet wurde [3]. HyGLEAM wurde später um Mechanismens zur adaptiven Steuerung von Strategieparametern erweitert. Das Konzept wurde 2004 vorgestellt [4, 5]. Parallel dazu wurde H!GLEAM entwickelt, über das hier erstmals publiziert wird.

Nicht zu unterschätzen ist die Anforderung, dass man eine sinnvolle Bewertung des Evolutionsergebnisses zusammen mit dem Anwender erstellen kann. Das obige Beispiel hat gezeigt, dass die Bewertung das Ergebnis der evolutionären Suche bestimmt. Die damit zusammenhängenden Probleme und Lösungsbeispiele werden im Kapitel 6 im Zusammenhang mit Anwendungen der vorgestellten Algorithmen behandelt.

Bevor jedoch eine Anwendung Evolutionärer Algorithmen näher in Betracht gezogen wird, sollte sich der Benutzer mit den in Kapitel 2 beschriebenen Grundlagen vertraut machen. Diese werden durch die Vorstellung zweier klassischer Evolutionärer Algorithmen in Kapitel 3 vertieft. Dabei werden einige grundlegende Mechanismen behandelt, die auch in GLEAM Eingang gefunden haben. GLEAM selbst und das zu Grunde liegende Konzept zur Anwendung Evolutionärer Algorithmen auf industrielle Prozesse wird in Kapitel 4 vorgestellt und ausführlich behandelt. Die Weiterentwicklung zu hybriden Algorithmen, wie sie in der aktuellen Forschung betrieben wird, kann beispielhaft an den industrietauglichen Evolutionären Algorithmen H!GLEAM und Hy-GLEAM in Kapitel 5 nachvollzogen werden. Das abschließende Kapitel 6 enthält, wie erwähnt, eine Fülle von Anwendungen, an denen beispielhaft nicht nur die Bewertung, sondern auch weitere Aspekte und Probleme von Evolutionären Algorithmen behandelt werden. Die Zuordnung der verschiedenen Aspekte zu den Beispielen ist zu Beginn des Kapitels 6 zu finden.

Dem Anwender soll durch die Lektüre geholfen werden, die Voraussetzungen und Rahmenbedingungen zu prüfen, um den Einsatz Evolutionärer Algorithmen wie GLEAM, H!GLEAM oder HyGLEAM sorgfältig vorbereiten und erfolgreich durchführen zu können. Dann sind diese Software-Werkzeuge von großem Nutzen und können neue Lösungen für komplexe, eventuell bisher nur unzureichend lösbare Probleme aus der industriellen Praxis finden.

2 Grundlagen Evolutionärer Algorithmen

Vor der Behandlung einiger Grundlagen evolutionärer Algorithmen werden nach einer formalen Definition des Optimierungsproblems einige Grundbegriffe zur Optimierung kurz vorgestellt.

Struktur und Komplexität des Suchraums sind von entscheidender Bedeutung für die Erfolgsaussichten und den notwendigen Aufwand einer Optimierung. Suchräume können *unimodal* mit nur einem Optimum oder *multimodal* mit mehreren oder einer Vielzahl von Suboptima sein. Sie können Unstetigkeitsstellen oder verbotene Bereiche auf Grund von Restriktionen enthalten. Erschwerend kommt meist hinzu, dass zu Beginn einer Optimierung bis auf die Anzahl der zu optimierenden Variablen nichts oder nur wenig über den Suchraum bekannt ist. In diesem Buch wird, sofern nicht anders vermerkt, vom allgemeinen Fall des unbekannten Suchraums unter Berücksichtigung von Nebenbedingungen ausgegangen. Manche Optimierungsverfahren werden in der Literatur zum Auffinden eines Minimums, andere zur Bestimmung eines Maximums vorgestellt. Da es ausgehend von einer zu optimierenden Funktion F wegen $max\{F(x)\} = -min\{-F(x)\}$ immer möglich ist, die Suche nach einem Minimum als Suche nach dem Maximum umzuformulieren, wird im folgenden der sprachlichen Einfachheit halber von der Suche nach einem Maximum als der Suche nach dem Optimum ausgegangen.

Ein Parameteroptimierungsproblem kann nach [6, 7] formal folgendermaßen formuliert werden: Gegeben sei die Funktion F

$$F : M \subseteq M_1 \times \ldots \times M_n \to R^1, \ M \neq \varnothing$$

wobei R^1 die Menge der reellen Zahlen ist, wird ein Vektor $x_{opt} \in M$ gesucht, für den gilt:

$$\forall x \in M : (F(x) \leq F(x_{opt})) = F_{opt}$$

F_{opt} wird als *globales Optimum* bezeichnet. Dagegen handelt es sich um ein *lokales Optimum* $F_{lopt} = F(x_{lopt})$, wenn gilt:

$$\exists \varepsilon > 0 \ \forall x \in M : \ \|x - x_{lopt}\| < \varepsilon \Rightarrow F_{lopt} \geq F(x)$$

Bei den meisten Parameteroptimierungsaufgaben sind die M_i jeweils gleich der Menge der reellen Zahlen oder einer ihrer Teilmengen. Wenn dagegen alle Vektorkomponenten ganzzahlig sind, wird von *ganzzahliger Optimierung* gesprochen, und von *gemischt ganzzahliger Optimierung*, wenn ein Teil reell und ein anderer ganzzahlig ist.

Beschränkungen von *M* können formuliert werden als

$$G_j(x) \geq 0 \qquad j = 1, \ldots, m$$

Wenn ein $G_j(x)$ nur von einer Komponente des Vektors x abhängt, spricht man von einer *expliziten Beschränkung* bzw. unteren oder oberen Schranke von x_j. Anderenfalls handelt es sich um *implizite Beschränkungen*, die meist als unzulässige Bereiche innerhalb oder quasi am Rand des Parameterraums interpretiert werden können.

Entsprechend dem Suchverhalten lassen sich die Algorithmen in *globale* und *lokale Suchverfahren* einteilen. Ein globales Suchverfahren ist dadurch gekennzeichnet, dass es unabhängig von seinem Startpunkt oder -punkten prinzipiell jede Position im Suchraum erreichen kann. Lokale Verfahren sind hingegen auf eine geeignet gewählte Nachbarschaft des oder der Ausgangspunkte begrenzt oder aber die Limitierung entspringt dem Unvermögen, lokale Minima überschreiten zu können.

Außerdem wird zwischen *stochastischen* und *deterministischen* Algorithmen unterschieden, je nachdem, ob im Verlauf der Suche Zufallsentscheidungen eine Rolle spielen oder nicht. Ein weiteres Differenzierungsmerkmal basiert auf der Frage, ob die Verfahren auf anwendungsspezifischem Wissen beruhen, wie das bei den spezialisierten und den heuristischen Verfahren der Fall ist, oder ob sie allgemein anwendbar sind.

2.1 Die biologische Evolution - das Vorbild Evolutionärer Algorithmen

Da die Evolutionären Algorithmen von den grundlegenden Prinzipien der biologischen Evolution inspiriert sind und viele Begriffe der Biologie übernommen wurden, sollen in diesem Abschnitt die wesentlichen Elemente der Evolutionstheorie in der gebotenen Kürze dargestellt werden. Die Evolutionstheorie geht auf Darwin [8] zurück, der die Evolution vor allem als einen Selektionsprozess basierend auf graduellen erblichen Änderungen verstand. Unsere heutigen Vorstellungen von den Mechanismen der Evolution basieren neben den Arbeiten Darwins auf Mendels Vererbungslehre, auf der theoretischen Populationsgenetik[1] und auf molekularbiologischen Erkenntnissen. Heute dominiert die sogenannte synthetische Theorie der Evolution, weitere Erläuterungen finden sich bei Wuketits [9, S.71]. Nissen [10] hat daraus folgende Aspekte extrahiert, die in der Wissenschaftsgemeinde als gesicherte Erkenntnisse akzeptiert sind und die für die Evolutionären Algorithmen Bedeutung haben:

---

1. Die Populationsgenetik untersucht quantitativ, wie sich die ökologischen Interaktionen auf die genetische Zusammensetzung von Populationen auswirken und welche Rückwirkungen dies auf die ökologischen Eigenschaften der Population haben kann. Sie untersucht damit die Gesetzmäßigkeiten, die Evolutionsprozessen zugrunde liegen.

- **Differenzierung von Genotyp und Phänotyp**

  Es wird zwischen der Erbinformation (Genotyp), die in den Chromosomen als genetischer Code hinterlegt ist, und der Erscheinungsform des dazugehörigen Lebewesens, dem Phänotyp, unterschieden. Der Phänotyp lässt nicht unbedingt einen Rückschluss auf den Genotyp zu. Bei den diploiden Lebewesen, zu denen die meisten höheren Arten zählen, liegen alle Chromosome doppelt vor und es kann zu mutationsbedingten Unterschieden in den Ausprägungen (Allelen) der beiden Gene kommen. Ein Gen ist ein zusammenhängender Teil des Chromosoms unterschiedlicher Länge, der für eine (oder mehrere) phänotypische Eigenschaften verantwortlich ist. Welches Gen sich dabei auf den Phänotyp auswirkt, hängt von seiner Dominanz bzw. Rezessivität ab. Das dominante Allel prägt den Phänotyp. Nur wenn beide Allelvarianten rezessiv sind, wirken sie sich auch phänotypisch aus. Neben diesen klaren Regeln gibt es noch die unvollständige Dominanz, bei der das dominante Allel lediglich einen stärkeren Einfluss auf den Phänotyp hat, und die intermediäre Vererbung, bei der beide Allele eine Art Kompromiss schließen. Erschwerend für Rückschlüsse vom Phäno- auf den Genotyp kommen noch die Polygenie und die Pleiotropie hinzu. Es wird von Polygenie gesprochen, wenn mehrere Gene ein phänotypisches Merkmal beeinflussen und von Pleiotropie, wenn umgekehrt ein Gen für mehrere phänotypische Aspekte verantwortlich ist.

- **Mutation und Selektion als Evolutionsfaktoren**

  Mutationen sind spontane Veränderungen von Erbinformationen, die in der Regel phänotypische ungerichtete Variationen eines Grundtyps hervorrufen. Die Selektion bewirkt nun, dass die gemessen an den Umweltbedingungen bestangepassten Individuen überleben, in dem Sinne, dass sie in der Lage sind, Nachkommen zu erzeugen und für deren anfängliches Überleben zu sorgen. Sie haben damit eine größere Chance, ihre Erbinformationen an die nächste Generation weiterzugeben. Während das Genmaterial aus der Sicht eines Individuums fixiert ist, kann sich der Genpool einer Population durchaus ändern und zu einem gegebenen Zeitpunkt auch unterschiedlich sein. Dies bestimmt die genetische Varianz innerhalb der Population, die ein wesentlicher Faktor für die Anpassungsfähigkeit einer Art auf sich ändernde Randbedingungen ist. Die Selektion betrifft das einzelne Individuum, den Phänotyp, während die biologische Evolution von der gesamten Population ausgeht.

  Es gibt verschiedene Mutationsformen. Genmutationen betreffen einzelne Gene und die spontane Mutationsrate, mit der ein Gen seinen Allelzustand wechselt, liegt bei Organismen mit geschlechtlicher Vermehrung innerhalb einer Generation bei 10^{-4} bis 10^{-7}. Diese Rate kann durch äußere Faktoren, wie ionisierende Strahlung oder die Temperatur variieren. Daneben gibt es Chromosomenmutationen, welche die Chromosomenstruktur verändern und Genommutationen, die

die Anzahl einzelner Chromosomen oder ganzer Chromosomensätze beeinflussen. Neu auftretende Mutationen sind oft rezessiv und damit phänotypisch nicht wirksam. Sie können allerdings durch Einwirkung sogenannter Modifikatorgene im Laufe der Evolution dominant werden. Mutationen mit größeren phänotypischen Effekten sind viel seltener als sogenannte Kleinmutationen, die nur zu geringfügigen Änderungen am Phänotyp führen. Daher wird heute angenommen, dass sich die Differenzierung der Arten über viele kleine evolutionär verursachte Anpassungen vollzogen hat.

- **Rekombination als Evolutionsfaktor**
  Bei Lebewesen mit geschlechtlicher Fortpflanzung erfolgt bei der Befruchtung die Vereinigung der haploiden Keimzellen (einfacher Chromosomensatz) zur diploiden Zygote (befruchtete Eizelle) mit doppeltem Chromosomensatz. Bei der Bildung der haploiden Keimzellen entsteht der einfache Chromosomensatz durch weitgehend zufällige Vermischung der elterlichen Chromosomen. Neben dieser Form der Rekombination kommt es bei der Reifeteilung noch zum sogenannten Crossover, bei dem regelmäßig Brücken und Überkreuzungen der homologen Chromosomen (gleichartige Chromosomen, die sich lediglich in ihren Allelen unterscheiden können) entstehen. Dabei können Teilstücke ausgetauscht werden, so dass sich am Schluss Allele des väterlichen Chromosoms auf dem mütterlichen befinden und umgekehrt. Wenn der Austausch wechselseitig stattfindet, was in der Regel der Fall ist, bleibt die Chromosomenstruktur unverändert. Andernfalls entsteht ein sogenanntes illegitimes Crossover zwischen einander nicht entsprechenden Chromosomenabschnitten. Bei diesen Chromosomenmutationen können bei homologen Chromosomen Mittelstücke verlorengehen (Deletion) oder verdoppelt werden (Duplikation). Bei nicht-homologen Chromosomen kann es auch zum Austausch von Endstücken kommen (Translokation). Außerdem gibt es auch Mutationen innerhalb eines Chromosoms, etwa in der Form, dass Mittelstücke in ihrer Reihenfolge umgedreht werden (Inversion). Heute wird allerdings davon ausgegangen, dass größere Änderungen an den Organismen sich über eine Folge kleinerer Anpassungsschritte erklären lassen [11]. Andererseits ist bekannt, dass nur ein Bruchteil der Gene und der Aminosäuresequenzen auf einem Chromosom aktiv ist. Daher wird angenommen, dass vor allem die Duplikation quasi als Materiallieferant für die Evolution wirkt, da mutationsbedingte Änderungen am Duplikat keinen Ausfall eventuell notwendiger Gene bewirken und das Duplikat gewissermaßen als Experimentierfeld wirken kann [12]. Die Chromosomenmutationen dienten als Inspiration für die in Abschnitt 4.4.1 beschriebenen Segment-Mutationen von GLEAM.

Die Rekombination bewirkt eine regelmäßige Durchmischung der Erbinformationen einer Population und ist somit ein wesentlicher Faktor für die Anpassung einer Art an veränderte Umweltbedingungen [11]. Eine hinreichende genotypische Varianz einer Population vorausgesetzt, kann die Rekombination zu einer vorteilhaften Kombination von Erbanlagen in einem Teil der Nachkommen führen und so eine schnellere Anpassung bewirken, als das durch reine Mutation möglich ist. Die Mutationen liefern das Ausgangsmaterial für die Evolution und sorgen für genotypische Varianz. Die Rekombination formt aus diesem Material besser angepasste Individuen und ergänzt so die Mutationen.

- **Weitere Evolutionsfaktoren: Isolation und Migration**
  In großen Populationen kann es unter bestimmten restriktiven Bedingungen zu stagnierenden Allelhäufigkeiten kommen, so dass eine Evolution nicht mehr stattfindet (Hardy-Weinberg-Gesetz). Bisher wurde eine Population als eine abstrakte Menge von Individuen betrachtet, die gleichermaßen miteinander Nachkommen erzeugen können (Panmixie). In der Realität ist das aber nicht so, da die Gesamtpopulation einer Art allein schon auf Grund geographischer Gegebenheiten in mehr oder weniger getrennte Teilgruppen, den sogenannten Demes, zerfällt (Isolation). Diese Demes entwickeln sich dann zunächst unabhängig voneinander weiter und Mutanten haben eine höhere Chance sich zu behaupten als in großen Populationen.

Der Austausch einzelner Individuen (Migration) kann bei etablierten unterschiedlichen Teilpopulationen von Bedeutung für das Evolutionsgeschehen sein, da er neues Genmaterial in das Deme einführt. Dabei können durch die zufallsbedingte Kombination positiver Eigenschaften besser angepasste Individuen entstehen (evolutionärer Sprung). Tendenziell wirken solche Migrationen aber langfristig auf eine Durchmischung der Teilpopulationen hin.

Tabelle 2.1 fasst die wichtigsten vom biologischen Vorbild geprägten Begriffe der Evolutionären Algorithmen zusammen.

2.2 Aufbau Evolutionärer Algorithmen

Evolutionäre Algorithmen (EA) nutzen eine algorithmische Nachbildung des Evolutionsprozesses zur iterativen (generationsweisen) Verbesserung vorhandener Lösungsvorschläge. Da die Natur weder Vorwissen über die an die Umwelt anzupassenden Arten noch über die Art und die Herausforderungen dieser Umwelt hat, stellen auch die daraus abgeleiteten Algorithmen an die Beschaffenheit des Suchraums nahezu keine Voraussetzungen. Es sind also keine speziellen Eigenschaften notwendig, wie z.B. die von den Gradientenverfahren geforderte Differenzierbarkeit. Die einzige Voraussetzung besteht darin, dass die Zielfunktion so gestaltet ist, dass sie eine Suche in irgendeiner Weise zum Optimum hinführen kann. Das Gegenteil davon ist beispielsweise eine einsame Spitze in einem ansonsten ebenen Suchraum, die alle Suchverfahren nur per Zufall finden können. Kombinatorische Komponenten der Aufgabenstellung stellen ebenso wenig ein Hindernis für den EA-Einsatz dar wie Variationen oder

Begriff	Erklärung
Population	Menge von Individuen, die gleichzeitig betrachtet werden und in der Fortpflanzung miteinander interagieren.
Individuum	Eine Lösungsalternative, die alle Werte einer Lösung in geeigneter Struktur enthält. Meist in Form einer Wertekette (Chromosom).
Chromosom	Kette aus Elementen (Genen), welche die Werte einer Lösung enthalten. Der Aufbau der Elemente reicht von einfachen Bits (klassischer GA) über reelle Zahlen bis hin zu komplexeren Strukturen. Meist besteht ein Individuum aus einem Chromosom.
Gen	Element eines Chromosoms.
Allel	Konkreter Wert in der Lösungsrepräsentation (Wertekette) eines Individuums. Häufig: Wert eines Gens.
Fitness	Lösungsqualität hinsichtlich vorgegebener Zielkriterien. Sie wird durch die Fitnessfunktion berechnet.
Generation	Ein Iterationsschritt des Verfahrens.
Eltern, Elter	Die an der Reproduktion beteiligten Individuen. Häufig werden alle Individuen einer Population im Laufe einer Generation durchgegangen und bilden nacheinander das Elter, das sich einen Partner sucht.
Kinder, Nachkommen, Offspring	Aus den Eltern erzeugte Individuen. Bei manchen Algorithmen kann auch ein Elter Nachkommen durch reine Mutation erzeugen.
Klon	Identische Kopie eines Individuums
Genotypische Varianz oder Diversität	Maß für die genotypische Unterschiedlichkeit der Individuen einer Population
Genetische Operatoren	Mutationsoperatoren zur Veränderung der Allele. Crossover-Operatoren zum Austausch von Informationen zwischen den Eltern.

Tab. 2.1: Wichtige EA-Fachbegriffe, siehe auch die entsprechende VDI-Richtlinie [13]

Störungen bei der Aufgabenstellung, die sich z.b. in verrauschten Ergebnissen der Zielfunktion, auch Fitnessfunktion genannt, niederschlagen. Evolutionäre Algorithmen unterscheiden sich in folgenden Punkten von den meisten deterministischen oder anderen stochastischen Optimierungsverfahren:

1. Sie verwenden evolutionäre Operatoren wie Mutation oder Rekombination zur Erzeugung neuer Lösungsvorschläge. Sie gehen dabei von einer geeigneten Darstellung möglicher Lösungen meist in Kettenform (Chromosome) aus.

2. Sie arbeiten bis auf wenige Varianten mit einer Vielzahl von Lösungen (der Population) und durchsuchen so den Lösungsraum parallel von verschiedenen Punkten aus.

3. Durch die Rekombination erfolgt ein Informationsaustausch zwischen den Mitgliedern einer Population.

4. Sie benötigen keine Ableitung der Zielfunktion. Die Suche basiert ausschließlich auf dem Zielfunktionswert.

5. Sie enthalten bewusst stochastische Elemente. Auf Grund der Selektion (survival of the fittest) entsteht daraus jedoch nicht einfach eine zufällige Suche sondern eine intelligente Durchmusterung des Suchraums, bei der sich der Suchprozess schnell auf erfolgsversprechende Regionen konzentriert.

6. Sie liefern ohne wesentlichen zusätzlichen Aufwand mehrere Lösungen statt nur einer, wobei die letztendliche Auswahl dem Anwender überlassen bleibt.

7. Sie können auf Probleme mit kontinuierlichen, diskreten oder gemischt-ganzzahligen Variablen angewandt werden.

8. Ähnliches gilt für die Natur des Suchraums, der sowohl kontinuierlich, diskontinuierlich oder multimodal sein kann.

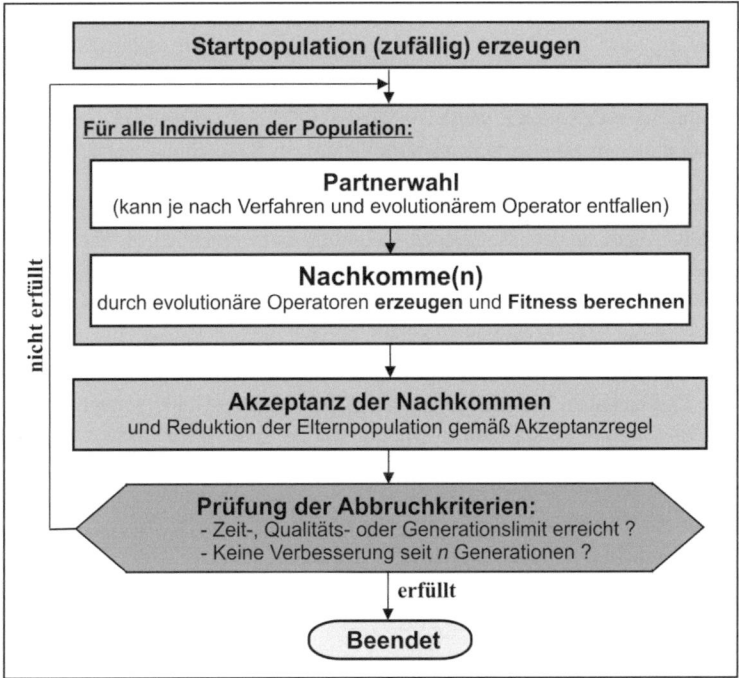

Abb. 2.1: Ablaufschema Evolutionärer Algorithmen

Abb. 2.1 gibt den generellen Ablauf eines Evolutionären Algorithmus wieder. Die Startpopulation kann vollständig per Zufall gebildet oder unter Verwendung von bereits bekannten Lösungen initialisiert werden. Dabei sollte immer ein relativ großer Teil der Population (etwa 75-90 %, je nach Unterschiedlichkeit der Lösungen) aus zufällig erzeugten Individuen (Lösungen) bestehen, um die notwendige genotypische Varianz der Startpopulation zu gewährleisten. Bei Verfahren, die auch genetische Operatoren verwenden, die zwei Individuen benötigen wie die Rekombination, erfolgt eine meist fitnessabhängige Partnerwahl vor der Ausführung dieser Operatoren. Pro Individuum können auch mehrere Operatoren angewandt werden, so dass insgesamt auch mehrere Nachkommen erzeugt werden. Die Nachkommen werden bewertet und ersetzen gemäß einer Akzeptanzregel einen Teil oder je nach Verfahren auch die gesamte Elterngeneration, wobei die Größe der Population konstant bleibt. Es gibt verschiedene Formen der generationsweise oder pro Paarung erfolgenden Nachkommensakzeptanz. In jedem Fall aber findet dabei eine fitnessabhängige Selektion zu übernehmender Nachkommen und zu löschender Eltern statt. Schließlich wird entsprechend dem Ergebnis der Prüfung eines Abbruchkriteriums mit der nächsten Generation fortgefahren oder das beste Individuum als Ergebnis abgeliefert. Da sich auch mehrere unterschiedliche Individuen vergleichbarer Qualität in einer Population befinden können, kann das Ergebnis statt aus nur einer Lösung auch aus einer begrenzten Zahl von Alternativlösungen bestehen.

Als evolutionäre Operatoren werden unterschiedliche Ausprägungen von Mutation und Rekombination benutzt, wobei häufig die aus der Rekombination hervorgegangenen Nachkommen mutiert werden. Es ist aber auch möglich, (zusätzlich) Klone eines Elter zu mutieren und so Nachkommen zu erzeugen. Im letzteren Falle ist die Häufigkeit der Anwendung von Mutationen (Mutationsrate) erheblich größer als bei der Mutation der Rekombinationsergebnisse. Pohlheim [14] gibt eine gute Übersicht über die verschiedenen Formen evolutionärer oder genetischer Operatoren und in Kapitel 4 werden die in GLEAM eingesetzten Operatoren ausführlich vorgestellt.

Bei der Mutation erfolgt eine zufällige Veränderung des Genotyps eines Individuums. Fast alle EAs enthalten Mutationen, die den Allelwert eines Gens verändern oder neu bestimmen. Darüber hinaus können Mutationen am Chromosom ansetzen und Gene löschen, verdoppeln oder neue hinzufügen. Wenn die Genreihenfolge, wie es z.B. bei kombinatorischen Problemstellungen der Fall sein kann, bedeutungstragend ist, können Mutationsoperatoren die Reihenfolge von Genen verändern oder auch ganze Gensequenzen verschieben oder invertieren.

Bei der Rekombination wird das Genmaterial der Eltern auf unterschiedliche Weise gemischt, um daraus neue Nachkommen zu erhalten. Viele Formen der Rekombination bewahren dabei die Genpräsenz und tauschen nur Allelwerte aus. In diese Kategorie fällt die *diskrete Rekombination*, bei der für jedes Gen zufällig entschieden wird, von welchem Elter es stammen soll. Damit können Nachkommen auf den Eckpunkten eines Hyperkörpers erzeugt werden, der durch die Allelwerte der Eltern aufgespannt wird. Abb. 2.2 zeigt dies beispielhaft für den zwei-dimensionalen Fall und den Eltern $E_1 = (3,6)$ und $E_2 = (9,2)$. Die möglichen Nachkommen N_1 und N_2 besetzen die verbleibenden Ecken des gestrichelten Rechtecks. Im Allgemeinen gibt es bei der diskreteten Rekombination 2^n-2 mögliche Nachkommen in Abhängigkeit von der Dimension n.

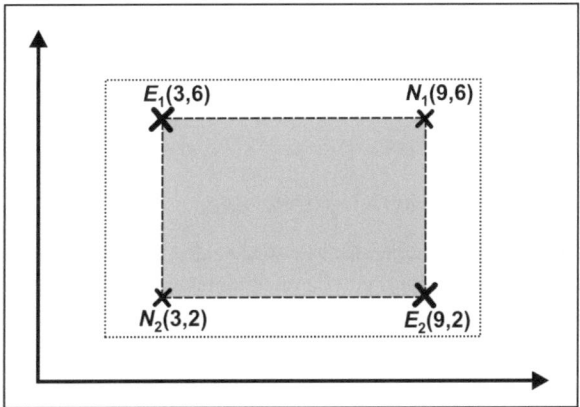

Abb. 2.2: Beispiel zur Illustration der diskreten und der intermediären Rekombination

Bei der *intermediären Rekombination* wird auch das innere und eine vorgegebene Umgebung des Hyperkörpers mit einbezogen, indem der neue Allelwert a_i aus Anteilen der Allelwerte der Eltern a_{i, E_1} und a_{i, E_2} nach folgender Formel gebildet wird:

$$a_i = a_{i, E_1} \cdot \alpha + a_{i, E_2} \cdot (1 - \alpha_i)$$

Dabei wird α_i für jedes a_i neu gleichverteilt aus dem Intervall $[d,1+d]$ bestimmt. Als Wert für d wird 0.25 empfohlen, um der langfristigen Tendenz zur Verkleinerung der Variablenwerte entgegenzuwirken [14]. Der Wert d steuert dabei die Größe der Umgebung des Hyperkörpers. Beim empfohlenen Wert von 0.25 ist dies das gepunktete Rechteck in Abb. 2.2, während bei einem Wert von 0 die möglichen Nachkommen innerhalb des gestrichelten grauen Rechtecks liegen.

Das *n-Punkt-Crossover* geht nicht von den Allelwerten aus, sondern bildet die Nachkommen aus $n+1$ Gensequenzen der Eltern, wobei die n Trennstellen zufällig ausgewählt werden. Die beiden Nachkommen setzen sich aus den durch die Trennung entstandenen Teilstücken der Eltern derart zusammen, dass die Eltern jeweils abwechselnd ein Teilstück liefern. Abb. 2.3 zeigt, wie Kopien der elterlichen Genstränge bei einem 3-Punkt-Crossover die Nachkommen bilden. Zu erwähnen ist noch eine Sonderform, die nur aus einer Trennstelle besteht und als *1-Punkt-Crossover* bezeichnet wird.

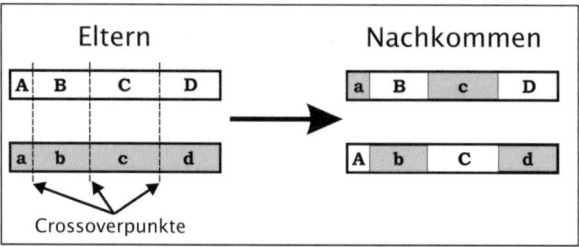

Abb. 2.3: Ablauf eines 3-Punkt-Crossovers

2.3 Bewertung und Mehrzieloptimierung

Die Bewertung der Nachkommen ist von entscheidender Bedeutung für den Erfolg einer EA-Anwendung. Sie allein gibt der evolutionären Entwicklung Ziel und Richtung und muss daher sorgfältig formuliert werden. Sie erfolgt häufig durch Simulation der durch die Gene eines Individuums bestimmten phänotypischen Eigenschaften.

Bei praktischen Anwendungen gibt es in der Regel mehr als ein Bewertungskriterium und meistens widersprechen sie zumindest teilweise auch einander. So kann z.b. eine Strecke nicht gleichzeitig möglichst schnell und möglichst energiesparend durchfahren werden. Außerdem gibt es häufig Beschränkungen. So kann, um im Beispiel zu bleiben, eine zu große Geschwindigkeit den Motor zerstören. Da ein EA einen einzigen Fitnesswert anstelle von mehreren benötigt, müssen die Einzelgrößen in irgendeiner Form zusammengefasst werden. Ein dazu häufig benutztes Verfahren ist die *gewichtete Summe*, bei der die Einzelwerte auf einer Fitnessskala normiert und gewichtet addiert werden. Der Wahl der Gewichte kommt dabei aus zwei Gründen große Bedeutung zu. Zum einen werden damit die Kompromisslinien für die Erfüllung widersprüchlicher Ziele formuliert. Zum anderen kann es sein, dass sich ein Kriterium leichter erfüllen lässt als ein anderes und damit würde es sich bei gleichen Gewichten schneller und besser durchsetzen. Also muss die Gewichtung auch Aspekte der Erfüllbarkeit von Kriterien berücksichtigen. Beschränkungen können als Begrenzungen der zulässigen Parameterwerte oder als verbotene Bereiche bei den Kriterien auftreten. Letzteres kann zur sofortigen Vernichtung des Individuums führen oder zu seiner Abwertung (Straffunktion), was wesentlich besser ist, da dem EA so ein Weg aus dem verbotenen Bereich ermöglicht wird. Auch wenn in der Realität bei Verletzung eines Kriteriums der Schaden immer in gleichem Maße entstanden ist, ist es für den EA hilfreich, ein Maß für die Verletzung des Kriteriums zu formulieren, welches angibt, wieweit die Lösung noch vom zulässigen Bereich entfernt ist.

Eine Alternative zur gewichteten Summe ist die Pareto-Optimierung, bei der Lösungen gesucht werden, bei denen eine Verbesserung eines Zielfunktionswertes nur noch durch Verschlechterung eines anderen erreicht werden kann. Man sucht quasi die Menge aller optimalen Kompromisse. Durch geeignete Ausgestaltung des EA [14, S.20 ff; 15 und insbesondere 16] kann erreicht werden, dass diese Menge möglichst divergent ist, also möglichst unterschiedliche aber vergleichbar gute Lösungen erzeugt werden, die dann Grundlage für einen subjektiven Entscheidungsprozess sein können. Diese anschließende menschliche Entscheidungsmöglichkeit ist auch meist die Motivation für die Anwendung von Pareto-Optimierung. Dabei ist aber zu beachten, dass eine praktikable Darstellung der Ergebnisse nur bis zu drei Kriterien gegeben ist. Bei mehr Kriterien hilft man sich dann durch die Zusammenfassung von Kriterien, z.b. in Form einer gewichteten Summe. Für automatisierte Entscheidungs- und Planungsprozesse bietet die Pareto-Optimierung dagegen kaum Vorteile, weswegen sie hier auch nicht weiter betrachtet wird.

Auf die Problematik der Bewertung wird in Abschnitt 4.8 bei der Vorstellung von GLEAM und im Kapitel 6 bei den Anwendungen noch vertiefend eingegangen werden.

2.4 Konvergenz Evolutionärer Algorithmen

Die Akzeptanzregel für die Nachkommen kann vorschreiben, dass das beste Individuum nur durch ein besseres ersetzt werden darf. Derartige Regeln werden *elitäre Akzeptanzregeln* genannt und sie stellen sicher, dass die Qualität des besten Individuums einer Population von Generation zu Generation nur ansteigen oder gleich bleiben kann. Wenn ein Optimum existiert, wird mit einer bestimmten Wahrscheinlichkeit $P > 0$ eine Verbesserung pro Generation stattfinden. Daher ergeben die Werte der Zielfunktion der jeweils besten Individuen x' einer Generation eine monoton nicht fallende Zahlenfolge, die wegen der Existenz des Optimums bekanntermaßen beschränkt ist:

$$F(x'^{(1)}) \leq F(x'^{(2)}) \leq F(x'^{(3)}) \leq \ \dots \ \leq F(x'^{(k)}) \leq \ \dots$$

Daraus folgt die Konvergenz der Zahlenfolge gegen das Optimum. Die Aussage lässt allerdings keinen Rückschluss auf die Konvergenzgeschwindigkeit zu; im Extremfall sind beliebig viele Generationen zum Erreichen des Optimums notwendig. Für die Praxis hilft die Überlegung daher leider wenig, außer der naheliegenden Empfehlung, elitäre Akzeptanzregeln zu verwenden.

2.5 Strukturierte Populationen und Parallelität

Wie bereits in Abschnitt 2.1 ausgeführt, gibt es bei der biologischen Evolution Einschränkungen bei der Partnerwahl, die meist räumlicher Natur sind. Von einer Übertragung dieser Verhältnisse auf einen EA erwartet man eine vermehrte Ausbildung lokaler Nischen in der Population, die von genotypisch unterschiedliche Gruppen besiedelt werden und die sich zunächst ungestört voneinander weiterentwickeln und somit differenzierte positive Eigenschaften (Teillösungen) ausbilden können. Erst in einer späteren Phase der Evolution kommt es zu einem Austausch und einer globalen Selektion. Das Ziel besteht dabei darin, einer vorzeitigen Konvergenz der Population auf eine suboptimale Lösung entgegenzuwirken.

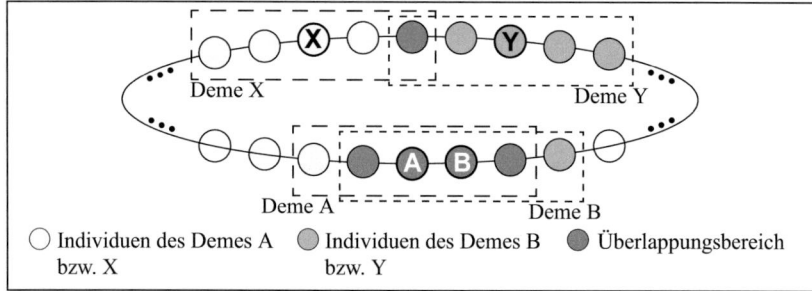

Abb. 2.4: Zwei Beispiele für sich überlappende Demes: oben minimale, unten maximale Überlappung

Stellvertretend soll hier ein besonders erfolgreiches Konzept strukturierter Populationen vorgestellt werden, nämlich das auf Gorges-Schleuter zurückgehende Nachbarschaftsmodell [17, 18]. Es verwendet eine ringförmige Topologie, auf der die Individuen linear angeordnet sind, siehe Abb. 2.4. Jedes Individuum hat eine gleichgroße Nachbarschaft zur rechten und zur linken, seinen Demes, und die Partnerwahl findet nur in dieser Nachbarschaft statt. Da die Akzeptanz von Nachkommen und Ersetzung des Elter ebenfalls im Deme geschieht, wird die Reproduktion auf das jeweilige Deme beschränkt. Aufgrund der Überlappung der Demes benachbarter Individuen findet ein mehr oder weniger langsamer Informationsaustausch über die Demegrenzen hinweg statt. Abb. 2.4 zeigt je zwei Demes der Größe 5 mit minimaler Überlappung (oben) und mit maximaler Überlappung (unten). Die Geschwindigkeit des Informationsflusses innerhalb der Gesamtpopulation und damit des Verhältnisses von Breiten- zu Tiefensuche[2] (oder von *exploration* zu *exploitation)* kann durch die Demegröße und den allgemeinen Selektionsdruck gesteuert werden. Auf die Bestimmung von letzterem wird bei der Besprechung von Partnerwahlverfahren (Kapitel 3) und den Akzeptanzverfahren für Nachkommen (Abschnitt 4.4) noch eingegangen. Ausgehend von diesen Stellgrößen adaptiert sich das Verhältniss von Breiten- zu Tiefensuche entsprechend der Topologie des Suchraums selbst. Das Konzept wurde von Gorges-Schleuter für multimodale Aufgabenstellungen bei unterschiedlichen Formen Evolutionärer Algorithmen wie den Genetischen Algorithmen, der Evolutionsstrategie und auch GLEAM mit Erfolg angewandt [17 - 21].

---

2. Die Breitensuche versucht, den gesamten Suchraum grob zu durchmustern, während die Tiefensuche ein begrenztes Gebiet genauer exploriert.

Partnerwahl und Akzeptanz findet wie zuvor beschrieben nur unter Verwendung von Informationen aus dem Deme statt, während bei einer panmiktischen Population, bei der jedes Individuum den Partner aus der gesamten Population wählen kann, diese Steuerungsmechanismen globales Wissen benötigen. Daher ist das Nachbarschafts-modell hervorragend für eine Parallelimplementierung geeignet, wobei bis auf die Initialisierungs- und Abschlussphase Kommunikation nur zwischen den Rechnern benachbarter Individuen stattfindet. Die Anzahl der pro Rechner verwalteten Individuen ist dabei variabel und beträgt bei maximalem Parallelisierungsgrad genau ein Individuum pro Rechner. Zu den großen Vorteilen dieser Art der Parallelisierung zählt, dass sie linear mit der Anzahl der Prozessoren skaliert. Gorges-Schleuter [17] gibt dazu folgende Überlegung beruhend auf Amdahls Gesetz [22] an: Die mit *speedup* bezeichnete Beschleunigung durch n Prozessoren bei einer Aufgabe mit einem Anteil s an sequentieller und p an paralleler Bearbeitungszeit beträgt:

$$speedup = \frac{s+p}{s+p/n} = \frac{1}{s+p/n} \quad \text{da } s+p \text{ normierend auf 1 gesetzt wird.}$$

Der sequentielle Teil s besteht bei einer Parallelisierung basierend auf dem Nachbarschaftsmodell aus der anfänglichen Initialisierung und der Übertragung des Ergebnisses am Schluss. Er ist somit gegenüber p sehr klein und es ergibt sich eine näherungsweise Beschleunigung $speedup_{Nm}$ von

$$speedup_{Nm} \approx \frac{n}{p}$$

Die Vorhersage konnte für eine TSP-Anwendung[3] in experimentellen Untersuchungen mit bis zu 64 Rechnern eines Transputerclusters praktisch bestätigt werden [17].

2.6 Grundformen Evolutionärer Algorithmen

Die Evolutionären Algorithmen können in vier große Gruppen eingeteilt werden, von denen die drei ersten unabhängig voneinander entstanden:

- die Evolutionsstrategie (ES) nach Rechenberg [23, 24], die mit ihrer adaptiven Schrittweitensteuerung gute Eigenschaften bei der Parameteroptimierung hat,
- die Genetischen Algorithmen (GA) von Holland [25], die eine gewisse Stärke bei mehr kombinatorischen Aufgabenstellungen haben,

---

3. Das kombinatorische Traveling Salesman Problem (TSP) besteht darin, die kürzeste Tour zum Besuch einer vorgegebenen Liste von Städten zu bestimmen, wobei jede Stadt nur einmal besucht werden darf. Eine formale Definition dieses klassischen Problems kann unter anderem in [17] gefunden werden.

- die auf Fogel[4], Owens und Walsh [27] zurückgehende <u>Evolutionäre Programmierung</u> (EP), bei der endliche Automaten hauptsächlich durch Mutationen evolutioniert werden, und

- die maßgeblich von Koza [28, 29, 30] entwickelte <u>Genetische Programmierung</u> (GP), deren Grundgedanke die Evolution von Computerprogrammen meist in Form von Baumstrukturen ist.

In Kapitel 3 werden die Genetischen Algorithmen und die Evolutionsstrategie ausführlicher vorgestellt und dabei wesentliche Techniken erläutert, die auch in GLEAM Eingang gefunden haben. Die obige Einteilung reflektiert die historische Entstehung der Evolutionären Algorithmen. In letzter Zeit erfolgt jedoch durch den Erfahrungsaustausch der verschiedenen Forschergruppen eine tendenzielle Integration vor allem, wenn es um praktische Anwendungen der EA geht. GLEAM selbst kann in dieser Hinsicht als Beispiel dienen, da es Elemente der ES und der GA in sich vereint, siehe Abschnitt 4.9. Ein weiteres Element der Integration sind die vor allem bei EA-Anwendungen immer häufiger zu beobachtenden EA-Hybride, bei denen meist heuristische lokale Suchverfahren (LSV) mit einem EA kombiniert werden. Wenn dabei die evolutionäre Suche durch eine lokale Verbesserung der Nachkommen unterstützt wird, spricht man von <u>Memetischen Algorithmen</u> (MA), siehe auch Kapitel 5 und darin insbesondere die Abschnitte 5.2, 5.3.3.3 und 5.4.

2.7 Einsatzbereich Evolutionärer Algorithmen

Evolutionäre Algorithmen sind zwar ein mächtiges Optimierungswerkzeug, das im Grunde auf nahezu alle Problemstellungen angewandt werden kann, aber sie haben neben ihren Stärken auch Schwächen, die ihre Anwendung nicht immer angezeigt sein lässt. Zu den Schwächen zählen vor allem die vergleichsweise große Anzahl an Fitnessberechnungen und die schlechte Konvergenz in der Nähe eines Optimums oder Suboptimums. Letzteres liegt in der Natur der EA begründet, die keine Komponente zur lokalen Verbesserung, zu einer Art „Feintuning", enthalten. Aus Sicht des Vorbilds der EA, der biologischen Evolution, ist die Konvergenz einer Population auch nicht sinnvoll, da mit sinkender Varianz auch die Adaptionsfähigkeit einer Art an neue Umweltbedingungen oder Herausforderungen wie dem Auftreten neuer Konkurrenz abnimmt. Aus diesem Grunde wurden auch die in Abschnitt 5.2 vorgestellten memetischen Algorithmen als Erweiterung der EA geschaffen.

Das zweite Problem der EA ist die große Anzahl der Fitnessberechnungen, was eine Anwendung bei zu zeitraubenden Berechnungen etwa durch aufwändige Simulation

---

4. Die Evolutionäre Programmierung wurde von L.J. Fogel, Owens und Walsh in den frühen 60-iger Jahren entwickelt. Das Verfahren wurde von seinem Sohn D.B. Fogel [26] in seiner Dissertation weiterentwickelt.

zunächst verbietet. Abhilfe kann hier eine Parallelisierung und der Einsatz der Memetischen Algorithmen schaffen, die in der Regel deutlich weniger Evaluationen benötigen.

Auch sollte man EAs nicht als Ersatz für klassische Optimierungsmethoden ansehen. Auf Grund ihrer Allgemeinheit sind EAs in der Regel jedem spezialisierten Verfahren hinsichtlich der Optimierungsgeschwindigkeit unterlegen, da in derartigen Verfahren viel problemspezifisches Wissen steckt.

Der Einsatz von EA kann dagegen bei allen Aufgabenstellungen empfohlen werden, die klassischen Optimierungsverfahren unzugänglich sind und für die kein spezialisiertes Verfahren verfügbar ist oder es zu aufwändig wäre, eines zu entwickeln, siehe beispielsweise [31 - 34]. Solche Probleme sind meist durch eine oder mehrere der folgenden Eigenschaften charakterisiert:

• nichtlineare oder diskontinuierliche Zielfunktion

• multimodale Zielfunktion

• verrauschte Zielfunktion

• Variablen mit unterschiedlicher Repräsentation wie z.b. bei gemischt-ganzzahligen Problemen

Wie im vorigen Abschnitt bereits angedeutet, gibt es eine Vielzahl unterschiedlicher Evolutionärer Algorithmen, wozu auch die vielen Spezialisierungen z. B. der genetischen Operatoren an bestimmte Probleme oder Problemklassen beigetragen haben. Es gibt daher nicht den Evolutionären Algorithmus, der für alle Aufgaben gleichermaßen gut geeignet ist[5]. Um eine größere Bandbreite abzudecken, ist eine Konfigurierbarkeit des EA sicher von Nutzen. Dies kann durch eine leicht durchzuführende applikationsspezifische Codierung der Problemvariablen in Verbindung mit einem Satz genetischer Standardoperatoren, aus denen je nach Art der Problemstellung die geeigneten ausgewählt werden können, geschehen. Außerdem sollte die Implementierung geeignete Schnittstellen zur Erweiterung um problemspezifische Mutationen oder Crossover-Operatoren genauso bereitstellen wie für eine anwendungsspezifische Chromosomengenerierung oder für unterschiedliche Bewertungsverfahren.

---

5. Dies entspricht auch der Aussage der *No-Free-Lunch-Theoreme* [35, 36], wonach alle Suchalgorithmen im Durchschnitt gleich gut sind, wenn man die Menge aller mathematisch möglichen Probleme zu Grunde legt. Im Umkehrschluss heißt dies, dass man allgemeine Suchverfahren wie die EA durch Anreicherung mit Wissen über die untersuchte Problemklasse verbessern sollte.

3 Klassische Evolutionäre Algorithmen

In diesem Kapitel werden zwei der in Abschnitt 2.6 vorgestellten vier Grundformen evolutionärer Algorithmen detaillierter vorgestellt, nämlich die Genetischen Algorithmen und die Evolutionsstrategie. Denn einige Konzepte dieser beiden EAs sind so grundlegend, dass sie, wie in Abschnitt 3.3 dargestellt, auch in GLEAM Eingang gefunden haben.

3.1 Genetische Algorithmen

In diesem Abschnitt werden einige für GLEAM relevante Grundlagen erläutert. Da eine erschöpfende Darstellung aller GA-Varianten den Rahmen dieses Buches sprengen würde, wird auf die einschlägige Literatur verwiesen. Insbesondere geben Nissen [10] und Bäck, Fogel und Michalewicz [37] einen guten Überblick.

Die von Holland [25] entwickelten klassischen Genetischen Algorithmen benutzen Bit-Strings zur Darstellung der durch die Evolution zu verändernden Größen. Dabei erfolgt eine Abbildung der einzelnen phänotypischen Größen entsprechend ihrem Wertebereich auf binäre Substrings, die dann zusammen den Bitstring des Individuums darstellen. Zur Bewertung eines Individuums bedarf es einer entsprechenden inversen Abbildung, die den String aufteilt und die Teilstücke in die zugehörigen Allelwerte rückabbildet. Die Abbildungen werden *Codierung* und *Decodierung* genannt. Damit können logische, ganzzahlige und reellwertige Parameter des Phänotyps behandelt werden. Abb. 3.1 zeigt ein Beispiel für drei ganzzahlige Parameter P_1, P_2, P_3 und einen boolschen Wert P_4. Auf Grund der expliziten Beschränkungen des Beispiels genügen 17 Bits zur Codierung der vier Parameter.

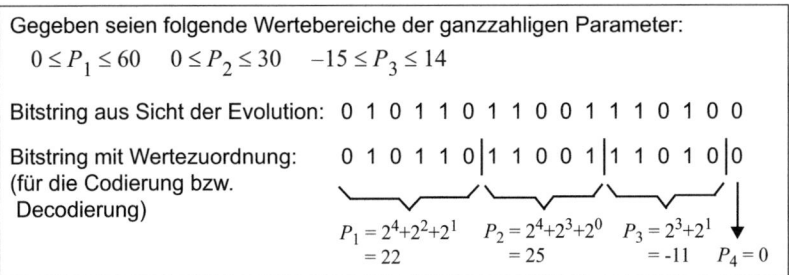

Abb. 3.1: Beispiel eines binär codierten Chromosoms (Bitkette). Man beachte, dass das am weitesten links stehende Bit von Parameter P_3 als Vorzeichen interpretiert wird.

Die genetischen Operatoren kennen den phänotypischen Zusammenhang nicht und operieren in diesem Sinne blind über den Bitketten. Das Crossover ist beim klassischen GA der Hauptoperator, der mit einer bestimmten vorgegebenen Wahrscheinlichkeit P_c (typischer Wert $P_c > 0.6$) ausgeführt wird und an einem gleichverteilt zufällig bestimmten Punkt der beiden Eltern-Ketten ansetzt (1-Punkt-Crossover, siehe auch Abschnitt 2.2). Die beiden Elternketten werden zufällig mit einer Wahrscheinlichkeit ermittelt, die proportional zur Fitness steigt (fitness-proportionale Selektion). Nach dem Crossover findet eine Mutation beider Nachkommen in der Form statt, dass jedes Bit mit einer geringen Wahrscheinlichkeit P_m (z.B. $P_m = 0.001$) invertiert wird. Die Mutation ist dabei ein zweitrangiger Operator, welcher der Fixierung von Allelwerten entgegenwirken soll, siehe [25]. Insgesamt werden soviele Nachkommen erzeugt, wie die Elternpopulation Mitglieder hatte. Der Algorithmus folgt dem in Abb. 2.1 angegebenen Ablauf, wobei die erzeugten Nachkommen die Elternpopulation komplett ersetzen. Damit kann das bisher beste Individuum verloren gehen.

Die Codierung in Bitstrings hat mehrere Konsequenzen: Erstens lassen sich allgemeine genetische Operatoren formulieren, die völlig unabhängig von einer konkreten Anwendung implementiert werden können. Der Preis für den Vorteil sind die immer problemspezifisch zu realisierenden Codierungs- und Decodierungsalgorithmen. Bei der Mutation von ganzzahligen und reellwertigen Parametern führt diese Codierung zu relevanten Nachteilen, die sich aus der binären Repräsentation ergibt. So kann der Übergang von einer ganzen Zahl zur nächsten mit einer weitgehenden bis kompletten Änderung der Allele der Zahl einhergehen. Das gilt für alle Paare 2^n-1 und 2^n. Als Beispiel mögen die Zahlen $2^5-1 = 31 = 01111$ und $2^5 = 32 = 10000$ dienen. Generell unterscheiden sich die meisten benachbarten Zahlen in mehr als einer Bitposition und die Mutation von nur einem Bit führt zu einer Werteänderung, die in Abhängigkeit von der Position des Bits erheblich sein kann. Somit bedeuten kleine Unterschiede im Genotyp meist große Unterschiede im Phänotyp, was generell nicht wünschenswert ist und zu einer künstlichen Erschwerung des Suchprozesses führt. Dieser Nachteil wurde bereits früh von Hollstien [38] erkannt. Er benutzte eine spezielle Binärcodierung, bei der sich benachbarte Werte nur in einem einzigen Bit unterscheiden (Gray-Code) und erreichte damit bessere Resultate als mit der üblichen Binärcodierung. Ein weiterer Nachteil aller Arten binärer Codierung besteht darin, dass sie es nicht ermöglicht, strukturelle Eigenschaften vieler Aufgabenstellungen angemessen wiederzugeben und es damit sehr schwer, wenn nicht unmöglich gemacht wird, problembezogene genetische Operatoren zu verwenden. Das ist aber für viele praktische Anwendungen sinnvoll und kann zu einer erheblichen Steigerung der Performance beitragen. Außerdem kann eine ungünstige Codierung sogar aus einem einfachen unimodalen Problem einen komplexen multimodalen Suchraum der codierten Darstellung erzeugen [39].

Die Alternative zur binären Codierung sind Strings aus natürlichen oder reellen Zahlen, über deren erfolgreiche Anwendung Davis [40] vor allem bei hybriden GA-Formen berichtet. Weitere empirische Vergleiche, die eine Überlegenheit der reellwertigen

Codierung bestätigen, können für exemplarische Beispielanwendungen bei Janikow [41] und Wright [42] gefunden werden.

Nissen [10, S. 33] fasst die Einwände gegen und die Diskussion um die binäre Codierung folgendermaßen zusammen: „Nach Ansicht des Autors sollten sich die Lösungsrepräsentation und die Codierung möglichst direkt aus der gegebenen Problemstellung ableiten. Insbesondere sollten strukturelle Eigenheiten (Regelmäßigkeiten) des Lösungsraumes durch die Codierung erhalten bleiben, soweit sie den Suchprozess erleichtern. Vermieden werden müssen dagegen solche Codierungen, die den GA implizit irreführen, so dass global optimale Lösungen nicht gefunden werden können." Es sei schon an dieser Stelle darauf hingewiesen, dass das einige Jahre zuvor ausgearbeitete Codierungskonzept von GLEAM diesem Gedanken voll und ganz entspricht.

Ausgehend vom klassischen GA hat es neben den unterschiedlichen Codierungsansätzen auch noch hinsichtlich anderer Eigenschaften des Verfahrens eine Vielzahl von Weiterentwicklungen und Modifikationen gegeben, von denen hier nur die wichtigsten wiedergegeben werden können:

- **Selektion**
  Die Auswahl der Eltern kann statt auf der fitness-proportionalen Selektion des Holland'schen GAs auch auf anderen Selektionsmechanismen beruhen, siehe auch [43]. Ziel solcher Modifikationen ist eine effektive Balance zwischen *exploitation* und *exploration,* zwischen einem angemessenen Selektionsdruck und der Aufrechterhaltung einer ausreichenden Heterogenität der Population. Ein zu hoher Selektionsdruck birgt die Gefahr vorzeitiger Konvergenz auf suboptimale Lösungen in sich (zu große *exploitation*). Ein zu geringer Selektionsdruck erhält dagegen zwar die Lösungsvielfalt in der Population, bewirkt aber ein dem Random Search ähnliches Verhalten des GA, also zuviel *exploration*. Die fitness-proportionale Selektion hat die Tendenz eines zu starken Selektionsdrucks, was sich darin äußert, dass relativ früh auftretende gute Individuen die Population überschwemmen und so das Auffinden des Optimums verhindern. Auch wird berichtet, dass die Lösungen in einem fortgeschrittenen Stadium der Suche die Tendenz haben, sich immer ähnlicher zu werden, so dass der Crossover-Operator an Wirksamkeit verliert. Die wichtigsten Alternativen zur fitness-proportionalen Selektion sind die *rangbasierte* und *Wettkampf-Selektion*.

  Bei der von Baker [44] vorgeschlagenen *rangbasierten Selektion (ranking)* werden die zur Selektion anstehenden n Individuen entsprechend ihrer Fitness sortiert und erhalten dann gemäß ihrem Rang eine feste Selektionswahrscheinlichkeit zugeordnet:

$$P_s(a_i) = \frac{1}{n} \cdot \left(max - (max - min)\frac{i-1}{n-1} \right) \qquad 1 \le i \le n \qquad (3.1)$$

$$\text{wobei:} \quad P_s(a_i) \ge 0, \ \sum_{i=1}^{n} P_s(a_i) = 1$$

mit: $P_s(a_i)$: Selektionswahrscheinlichkeit des Individuums a_i mit Rangplatz i.

  max: benutzerdefinierte Obergrenze des Erwartungswerts für die durchschnittliche Nachkommenzahl eines Elters ($1.0 \leq max \leq 2.0$).

  min: Untergrenze des Erwartungswertes für die Nachkommenzahl eines Elters ($min = 2.0 - max$).

Da für die Selektion nun nur noch relative und keine absoluten Fitnesswerte maßgebend sind, werden besonders gute Individuen in ihrer Ausbreitung etwas gebremst und schlechtere erhalten im Gegenzug eine etwas größere Chance zur Reproduktion. Über die Funktion zur Zuordnung der Selektionswahrscheinlichkeiten kann der Selektionsdruck einfach und effektiv über die gesamte Zeit eines GA-Laufs gesteuert werden, ohne zusätzliche Maßnahmen zu erfordern, wie sie von verschiedenen Autoren [45, 46, 47] für die fitness-proportionale Selektion vorgeschlagen wurden. Baker [44] erzielte ausgezeichnete Ergebnisse bei Testfunktionen, die bei fitness-proportionaler Selektion zu vorzeitiger Konvergenz führten. Dabei musste allerdings eine niedrigere Konvergenzgeschwindigkeit in Kauf genommen werden. Auch Hoffmeister und Bäck [7] berichten von sehr guten Ergebnissen mit *ranking* bei multimodalen Funktionen und von schlechten bei unimodalen.

Die auf Brindle [48] zurückgehende *Wettkampf-Selektion*, von der es verschiedene Varianten gibt, wird hier in der Version von Goldberg und Deb [49] vorgestellt. Aus der Population werden zufällig so oft n_w Individuen ausgewählt (mit oder ohne Mehrfachauswahl), wie zur Erzeugung der Nachfolgegeneration notwendig sind. Aus den n_w Individuen (ein typischer Wert für n_w ist 2) wird jeweils das beste ausgewählt und so die Elterngruppe gebildet, aus der dann durch reine Zufallswahl die Crossover-Partner bestimmt werden. Goldberg und Deb betrachteten die erwarteten Wachstumsraten des Anteils bester Individuen an der Gesamtpopulation bei den drei Selektionsmechanismen in einem analytischen Vergleich: Bei fitness-proportionaler Selektion ist die Wachstumsrate anfangs meist wegen des zunächst großen Selektionsdrucks recht hoch, um dann mit Fortschreiten der Evolution stark abzunehmen. Bei den beiden anderen Selektionsarten sind die Wachstumsraten dagegen vergleichbar und relativ konstant.

- **Akzeptanzregel**:
  Beim klassischen GA werden alle Eltern durch ihre Nachkommen ersetzt (*generational replacement*). Auf Syswerda [50], Whitley [51] und Davis [40] geht ein anderes Akzeptanzverfahren zurück, bei dem nur wenige Nachkommen in die Nachfolgegeneration übernommen werden (*Steady-State GA*). Die Anzahl ersetzter Individuen wird zum Strategieparameter des GAs (meistens ein oder zwei pro Generation). Dabei werden die jeweils schlechtesten Individuen durch Kinder ersetzt, die sich von allen Individuen der Elterngeneration unterscheiden müssen (Vermeidung von Duplikaten).

Die Akzeptanzregel des Steady-State GAs ist damit nicht nur elitär, da das beste Individuum immer überlebt, sie fördert auch den Erhalt der Lösungsvielfalt innerhalb einer Population. De Jong [52] weist auf zwei Nachteile hin: Da die Gefahr, Allele durch Zufallseinflüsse zu verlieren größer ist als beim *generational replacement*, sind größere Populationen notwendig. Außerdem kann sich die Performance verschiedener GA-Läufe zufallsbedingt beträchtlich unterscheiden. Insgesamt hat jedoch das Steady-State Konzept als fester Bestandteil des erfolgreichen GENITOR-Algorithmus' (GENetic ImplemenTOR) von Whitley und Kauth [51, 53] zur breiteren Anwendung der GAs beigetragen. GENITOR benutzt auch die rangbasierte statt der fitness-proportionalen Selektion, womit sich durch eine geeignete Zuordnung der Selektionswahrscheinlichkeiten zu den Rangpositionen der Selektionsdruck leicht und gezielt variieren lässt. Whitley [53] berichtet von einer rascheren und besseren Fokussierung der Optimierung auf erfolgversprechende Regionen des Suchraums im Vergleich zu den traditionellen GA-Formen.

- **Strategieparameter**
Zu den Strategieparametern zählen unter anderem die Populationsgröße, Anzahl der Nachkommen pro Paarung oder pro Generation, Mutations- und Crossover-Raten und eventuelle Parameter für Selektions- und Akzeptanzverfahren. Für die Populationsgröße gilt, dass grundsätzlich abzuwägen ist zwischen der Gefahr vorzeitiger Konvergenz auf ein Suboptimum bei zu kleinen Populationen und unnötig hohem Rechenaufwand bei zu umfangreichen Populationen. Häufig wird mit Größen zwischen 30 und 200 gearbeitet, was empirisch gewonnenen Empfehlungen von Grefenstette [54] in etwa entspricht. Bei komplexen Anwendungen und Parallelimplementierungen [17] werden auch erheblich größere Populationen benutzt. Hinsichtlich der Mutationsraten gibt es eine Vielzahl von Veröffentlichungen, die sich allerdings meist auf binäre Repräsentationen beziehen und die auch nur unter dieser Voraussetzung gültig sind [39, 55, 56]. Typische Werte liegen zwischen 0.001 [57] und 0.01 [54] pro Bit.

Vor allem bei nicht-binären Codierungen werden neben den bisher behandelten auch andere Mutations- und z.T. auch Rekombinationsoperatoren benutzt. Spielen z.B. kombinatorische Aspekte bei einer Aufgabenstellung eine Rolle, werden häufig ganzzahlige Codierungen benutzt und Permutations-Mutationen benötigt, welche die Genreihenfolge auf dem Chromosom verändern. Bei reellwertiger Codierung gibt es z.B. Mutationsvarianten, die entweder einen komplett neuen Wert auswürfeln oder den vorhandenen Wert nur zufallsbedingt gering verändern [40]. Neben dem 1-Punkt-Crossover wurde auch mit Crossover-Arten experimentiert, die an mehreren Punkten im Chromosom ansetzen (n-Punkt-Crossover). Hinsichtlich der Wirkung gibt es unterschiedliche Aussagen, wobei darüber Einigkeit besteht, dass zu viele Crossover-Punkte keine Verbesserung bringen [50, 55, 57, 58].

3.2 Evolutionsstrategie

Seit Rechenbergs Veröffentlichung der Evolutionsstrategie 1973 [23] wurde das Verfahren erheblich weiterentwickelt und verfeinert [59 - 62]. Daher wird hier auf eine Beschreibung von Schwefel und Bäck zurückgegriffen [6, 24, 63, 64]. Die ES geht von einem reellwertigen Vektor x_i aus n Parametern der betrachteten Optimierungsaufgabe (bei der ES als *Entscheidungsvariable* bezeichnet) und n' Mutationsschrittweiten σ_j ($1 \leq n' \leq n$) als Individuum aus. Das Besondere ist nun, dass die Mutationsschrittweiten als Strategieparameter eines Individuums zusammen mit seinen Entscheidungsvariablen der Evolution unterworfen werden. Dadurch findet eine Optimierung auf zwei Ebenen statt, zum einen auf der Problemebene selbst und zusätzlich auf der Ebene der Schrittweitensteuerung. Das Verfahren läuft in fünf Schritten ab, siehe auch Abb. 2.1:

1. **Initialisierung der Startpopulation**
   Sofern kein Vorwissen verfügbar ist, werden die Entscheidungsvariablen der μ Individuen der Startpopulation zufällig erzeugt und die Schrittweiten einheitlich eher zu groß gewählt, um der Gefahr vorzeitiger Konvergenz vorzubeugen.

2. **Partnerwahl**
   Pro Generation werden λ Kinder von jeweils zwei zufällig bestimmten Eltern erzeugt, wobei alle Eltern mit gleicher Wahrscheinlichkeit ausgewählt werden. Bäck und Schwefel [64] empfehlen für λ den siebenfachen Wert von μ, der bei stark multimodalen Problemen (siehe auch Abschnitt 5.4.3.1) erhöht werden sollte, um den explorativen Charakter der Suche zu verstärken.

3. **Erzeugung eines Nachkommens**
   Das Kind wird durch Rekombination erzeugt und dann mutiert. Dabei kommen unterschiedliche Rekombinationsverfahren für die Entscheidungsvariablen und die Strategieparameter zum Einsatz. Die Entscheidungsvariablen des Kindes werden zufallsbestimmt von einem der Elternteile kopiert (diskrete Rekombination), während bei den Mutationsschrittweiten eine Durchschnittsbildung der korrespondierenden Elternwerte erfolgt (intermediäre Rekombination). Die nachfolgende Mutation des entstandenen Offsprings erfolgt in zwei Stufen: Zuerst werden die Mutationsschrittweiten verändert und dann damit die Entscheidungsvariablen mutiert. Die Mutationsschrittweiten σ_j des Kindes werden mit Hilfe der Log-Normalverteilung wie folgt neu berechnet [64]:

$$\sigma'_j = \sigma_j \cdot e^{(\tau \cdot N(0,1) + \tau_j \cdot N_j(0,1))} \tag{3.2}$$

mit: $N(0,1)$:   normalverteilte Zufallsgröße mit Erwartungswert Null und Standardabweichung Eins

$N_j(0,1)$:   für jedes σ'_j neu bestimmte normalverteilte Zufallsgröße mit Erwartungswert Null und Standardabweichung Eins.

Für die beiden Steuerparameter τ und τ_j werden Werte von

$$(\sqrt{2 \cdot n})^{-1} \text{ und } (\sqrt{2\sqrt{n}})^{-1}$$

empfohlen. Häufig werden jedoch beide auf Eins gesetzt. Die Schrittweiten werden durch den globalen Term $\tau \cdot N(0, 1)$ einheitlich verändert, während der Term $\tau_j \cdot N_j(0, 1)$ individuelle Korrekturen an den einzelnen Schrittweiten gestattet. Die Entscheidungsvariablen x_i werden mit Hilfe normalverteilter Zufallsgrößen mit den Mutationsschrittweiten σ_j des Kindes als Standardabweichung mutiert:

$$x'_i = x_i + N_j(0, \sigma'_j)$$

mit: $N_j(0, \sigma)$: Für jede Entscheidungsvariable neu bestimmte normalverteilte Zufallsgröße mit Erwartungswert Null und Standardabweichung σ.

Falls $n' < n$ ist, gelten einzelne Mutationsschrittweiten für die Mutation von mehr als einer Entscheidungsvariablen.

4. **Akzeptanzregel**
Nach Bildung aller λ Nachkommen wird die Elterngeneration nach zwei unterschiedlichen Strategien gebildet. Bei der (μ, λ)-ES ersetzen die μ besten Nachkommen die Elterngeneration vollständig. Bei der $(\mu + \lambda)$-ES bilden Eltern und Kinder eine gemeinsame Gruppe, aus der die μ besten Individuen für die Nachfolgegeneration ausgewählt werden (elitäre Strategie).

5. **Abbruchkriterium**
Nach Schwefel kann das Verfahren beendet werden, wenn sich die Fitnesswerte des besten und schlechtesten Individuums einer Population nur noch um ein vorgegebenes $\varepsilon > 0$ unterscheiden [24, 63].

Eine der wesentlichen Besonderheiten der Evolutionsstrategie ist die *adaptive Mutationsschrittweitensteuerung*, zu deren Ausgestaltung Schwefel folgende Anforderungen stellt [24, 63]: Kleine Änderungen der Schrittweite sollen häufiger erfolgen als große, wobei der Erwartungswert für den Faktor zur Multiplikation mit der Schrittlänge gemäß Gl. (3.2) bei Eins, also bei keiner Änderung liegen soll. Außerdem sollen Verkleinerungen genauso wahrscheinlich sein wie Vergrößerungen. Die verwendete Log-Normalverteilung zur Mutation der Strategieparameter erfüllt die Anforderungen. Schwefel betont die Notwendigkeit der Rekombination der Mutationsschrittweiten, damit im Lauf der Evolution ein internes Modell günstiger an die Topologie der Fitnessfunktion angepasster Schrittweiten gebildet werden kann. Er begründet das folgendermaßen: Da die Konvergenzgeschwindigkeit einer ES mit geringerer Anzahl an Entscheidungsvariablen zunimmt, haben Individuen mit einzelnen Mutationsraten nahe Null eine höhere Reproduktionschance. Das führt aber in der Regel zu vorzeitiger Stagnation bei einem Suboptimum, da nur noch ein Unterraum des ursprünglichen Suchraums betrachtet wird. Rekombination wirkt dem Phänomen entgegen, indem sie tendenziell zu geringe Mutationsraten durch die Durchschnittsbildung wieder erhöht. Schwefel hat diese Überlegung durch praktische Experimente bestätigt. Hoffmeister und Bäck [7] betonen, dass zu geringe Populationsgrößen μ wegen des starken Selektionsdrucks die Variationsbreite der Mutationsraten zu sehr verringern und so eine effektive Selbstadaption verhindern, während zu große Populationen schlechten Strategieparametersätzen eine zu große Überlebenschance einräumen. Die richtige Wahl von μ erfordert somit Erfahrung und ist von der Komplexität der Anwendung, also der Anzahl der Entscheidungsvariablen und der Fitnesstopologie abhängig. Leider ist letztere häufig vorher nicht bekannt. Bäck [6] begründet die normalverteilte Mutation der Entscheidungsvariablen mit der Beobachtung, dass in der Natur kleine Veränderungen an den Nachkommen häufiger auftreten als große.

Die elitäre Variante der ES weist laut Bäck, Hoffmeister und Schwefel [6] einige Nachteile auf. Dazu gehört ihre Tendenz zur vorzeitigen Stagnation bei einem Suboptimum und eine verschlechterte Selbstanpassungsfähigkeit der Strategieparameter vor allem bei zu geringen Populationsgrößen. Daher wird von Bäck und Schwefel die Verwendung der (μ, λ)-ES empfohlen [64].

Ein weiteres wesentliches Merkmal, das die ES von den Genetischen Algorithmen unterscheidet, ist neben der Schrittweitensteuerung die *auslöschende Selektion*, die sich darin äußert, dass Individuen mit niedrigen Fitnesswerten keine Chance zur Reproduktion haben. Die Fitness eines Offsprings entscheidet lediglich darüber, ob es in die Elterngeneration aufgenommen wird, aber nicht wie bei den GAs darüber, mit welcher Wahrscheinlichkeit es wieviel Nachkommen erzeugt. Hoffmeister und Bäck [7] haben daran anknüpfend zwei Selektionsprinzipien der Genetischen Algorithmen auf eine (μ, λ)-ES angewandt und deren Auswirkungen auf die Konvergenzgeschwindigkeit und -sicherheit zusammen mit den Folgen für die Selbstanpassung der Strategieparameter untersucht. Sie definieren die (μ, λ)-*fitness-proportionale* und die (μ, λ)-*linear-rangbasierte Selektion* ausgehend davon, dass die Population bereits entsprechend ihrer Fitness sortiert vorliegt, folgendermaßen (vergleiche auch Abschnitt 3.1):

(μ, λ)-fitness-proportionale Selektion:

$$P_s(a_i) = \frac{f(a_i)}{\displaystyle\sum_{j=1}^{\mu} f(a_j)} \qquad 1 \le i \le \mu$$

(μ, λ)-linear-rangbasierte Selektion, siehe auch Gl. (3.1):

$$P_s(a_i) = \frac{1}{\mu} \cdot \left(max - (max - min)\frac{i-1}{\mu - 1} \right) \qquad 1 \le i \le \mu$$

mit: $P_s(a_i)$: Selektionswahrscheinlichkeit des Individuums a_i

$f(a_i)$: Fitness des Individuums a_i

max: benutzerdefinierte Obergrenze des Erwartungswertes für die durchschnittliche Nachkommenzahl eines Elters ($1.0 \leq max \leq 2.0$).

min: Untergrenze des Erwartungswerts für die Nachkommenzahl eines Elters ($min = 2.0 - max$).

Hoffmeister und Bäck [7] kommen zu dem Ergebnis, dass auslöschende Selektion unbedingt für eine erfolgreiche Selbstadaption der Mutationsschrittweiten erforderlich ist und damit immer $\mu < \lambda$ sein muss. Sie begründen das damit, dass zwar Individuen mit besser angepassten Mutationsschrittweiten auch tendenziell zu besseren Fitnesswerten führen, aber wegen der stochastischen Natur des Verfahrens auch Individuen mit schlechten Strategieparametern gute Lösungen hervorbringen können. Um das auszugleichen und den besseren Strategieparametern zum Durchbruch zu verhelfen, ist die mehrfache Anwendung eines jeden Strategieparametersatzes notwendig, müssen also mehr Nachkommen erzeugt werden als für die neue Elterngeneration notwendig sind. Beim Vergleich der beiden neuen Selektionsschemata mit dem traditionellen ((μ, λ)-Selektion) kommen sie zu folgenden Schlüssen:

- Die Qualität der Selbstadaption wird von der Rate μ / λ beeinflusst. Für schwach multimodale Funktionen empfehlen sie Werte von 1/5 bis 1/7.

- Ein Selektionsverfahren gilt als *hart*, wenn der Selektionsdruck groß ist, so dass schlechtere Individuen eine geringere Reproduktionschance besitzen. Die (μ, λ)-fitness-proportionale Selektion ist härter als die (μ, λ)-linear-rangbasierte Selektion, die wiederum härter ist als die reine (μ, λ)-Selektion.

- Bei der unimodalen Testfunktion führt ein zunehmender Selektionsdruck zu steigender Konvergenzgeschwindigkeit.

- Im multimodalen Testfall führt dagegen steigende Selektionshärte zu einer abnehmenden Konvergenzsicherheit (zuviel *exploitation* und zuwenig *exploration*). Diese Tendenz kann durch die elitäre ES-Variante noch verstärkt werden. Höhere μ / λ-Raten verbessern zwar das Konvergenzverhalten, führen aber bei allen drei Selektionsformen nicht zu einer befriedigenden Konvergenzwahrscheinlichkeit.

Beyer [65] liefert eine weitergehende Analyse der dynamischen Eigenschaften etablierter aktueller ES Algorithmen im Bereich reellwertiger Suchräume unter besonderer Berücksichtigung der selbstadaptiven Eigenschaften, siehe auch [66].

Explizite Beschränkungen stellen für die ES kein Problem dar, denn ihre Verletzung wird einfach als Letalmutation behandelt, d.h. der Offspring wird nicht akzeptiert [24, 63]. Hingegen verringern Nebenbedingungen, die sich aus mehreren Variablen zusammensetzen und zu verbotenen Bereichen führen, generell die Konvergenzsicherheit der ES hinsichtlich des globalen Optimums, da die Schrittweitenanpassung dazu führen kann, dass verbotene Zonen nicht mehr übersprungen werden können. Eine hilfreiche

Maßnahme besteht darin, die Populationsgröße μ deutlich größer zu wählen als die Anzahl derartiger Nebenbedingungen und die Startpopulation möglichst gleichmäßig im Suchraum zu verteilen. Schwefel [24, 63] hat bei hochbeschränkten Problemstellungen unter Verwendung eines Verfahrens von Box [67] vorgeschlagen, eine Ersatzzielfunktion zu verwenden, welche die Anzahl verletzter Nebenbedingungen bewertet, um überhaupt erst einmal gültige Startlösungen zu erhalten. Einen anderen Weg gehen Oyman, Deb und Beyer, die eine bei den GA bewährte Methode zur Behandlung von Beschränkungen in das ES paradigma integrieren.

Bisher wurde die ES nur unter dem Gesichtspunkt der reellwertigen Optimierung betrachtet und ganzzahlige oder kombinatorische Problemstellungen blieben unberücksichtigt. Rudolph [69] hat eine parallelisierte Variante der Standard-ES mit periodischer Migration (siehe Abschnitt 2.1) auf das kombinatorische Traveling Salesman Problem (TSP, siehe auch Abschnitt 2.5) angewandt. Er benutzt die Indizes der nach der Größe sortierten Liste der Entscheidungsvariablen zur Bestimmung der TSP-Tour, ein durch die notwendigen Sortierungsvorgänge aufwendiges Verfahren. Zu einer dem kombinatorischen Charakter der Aufgabenstellung angemesseneren Vorgehensweise kommt Herdy [70] durch die Einführung ganzzahliger Entscheidungsvariablen und problemangepasster Mutationsoperatoren unter Beibehaltung des Mechanismus zur Schrittweitensteuerung. Herdy löst mit seiner ES-Modifikation auch erfolgreich andere ganzzahlige und kombinatorische Aufgabenstellungen wie das Mimikry-Problem, ein magisches Quadrat und Rubik's Cube [70].

3.3 Schlußfolgerungen für GLEAM

Die Erfahrungen der GAs und der ES bestätigen den Gedanken einer möglichst problemnahen Repräsentation der zu optimierenden Parameter, der auch Grundlage für die Formulierung des Konzepts von GLEAM war. Von den GAs wurde die rankingbasierte Partnerauswahl übernommen und von der ES das Prinzip, dass kleinere Veränderungen bei der Mutation wahrscheinlicher sind als große. Außerdem sollen kleine genotypische Änderungen auch nur entsprechend kleine Änderungen am Phänotyp bewirken. Zu dem Standardsatz an Rekombinationsoperatoren gehören ein an die Verhältnisse von GLEAM angepasstes 1-, 2- und ein n-Punkt-Crossover. Schließlich werden auch in GLEAM wesentlich mehr Nachkommen pro Paarung erzeugt, als die Population Mitglieder, und damit Eltern, enthält. Damit gilt auch hier $\mu < \lambda$.

Ein weiteres Konzept, das Eingang in GLEAM gefunden hat, ist das des in Abschnitt 2.5 vorgestellten Nachbarschaftsmodells zur Strukturierung der Population. Es sei an dieser Stelle der Vollständigkeit halber erwähnt, auch wenn es selbst nichts mit einem der klassischen EA-Ansätze zu tun hat.

4 Evolutionärer Algorithmus GLEAM

Nachdem die allgemeinen Eigenschaften eines Evolutionären Algorithmus' beschrieben wurden, soll nun der Evolutionäre Algorithmus GLEAM (General Learning Evolutionary Algorithm and Method) in seinen Grundzügen vorgestellt werden. Dabei werden vor allem die Unterschiede bzw. neuen Konzepte von GLEAM behandelt, denn die Grundlagen bilden die bereits vorgestellten Merkmale Evolutionärer Algorithmen und brauchen daher nicht weiter erläutert zu werden.

Die Weiterentwicklung eines Evolutionären Algorithmus zu GLEAM war deshalb notwendig, weil die bisherigen Algorithmen für die Aufgabe, beliebige Prozessabläufe zu planen und während des zeitlichen Ablaufes zu steuern, nicht geeignet waren [1]. Außerdem sollte GLEAM ein breites Anwendungsspektrum erlauben und neue, von der Biologie inspirierte Metastrukturen, enthalten. Der daraus entwickelte Algorithmus ist speziell für die beabsichtigte Planung, Optimierung und Steuerung von Prozessabläufen geeignet [2], er wurde jedoch mit gleichem Erfolg auch für andere Anwendungen wie Scheduling oder Designoptimierung eingesetzt, siehe Kapitel 6.

Noch eine Bemerkung zu dem Attribut „Learning" im Akronym von GLEAM: Es war (und ist) beabsichtigt, in GLEAM Anwendungen zu behandeln, die ein Lernen beinhalten, d.h. die beispielsweise auf dem System bisher unbekannte Situationen durch eine Art „Suchverhalten" reagieren, um damit neue Wege zum Bewältigen der unbekannten Situation zu finden. Dieser Ansatz ist noch nicht konkreter erforscht, daher wird er hier nicht weiter berücksichtigt. (Die Erwähnung im Namen möge der Leser verzeihen).

4.1 Definition und Struktur des genetischen Codes von GLEAM

In der Biologie wird der genetische Code nicht nur als "Bauplan" im statischen Sinne verwendet, etwa um die Farbe der Haare zu definieren, sondern er wird auch für den Start von Prozessen "abgetastet", z.B. zur Festlegung des Zeitpunktes, wann andere Gene „eingeschaltet" werden, oder wann welche Wachstumsprozesse stattfinden. Dies geht über die rein statische Beschreibung durch eine „Bauzeichnung" hinaus, es wird ein Zeitmodell oder zumindest ein Zeitbezug zugrunde gelegt. Denn die durch den genetischen Code definierten Lebewesen entwickeln sich im Ablauf der Zeit, indem sie sich in Größe und Struktur verändern. Da dieser Prozess ebenso wie der momentane Aufbau eines Lebewesens von seinen Genen gesteuert wird, ist es naheliegend, auch die Planung und Optimierung technischer Prozesse wie die Bewegung eines Roboters mit Hilfe eines genetischen Codes zu beschreiben.

Daher basiert der Evolutionäre Algorithmus GLEAM auf einem sog. **Aktionsmodell**. Es enthält nicht nur die Parameter zur Steuerung von technischen Prozessen und Abläufen, sondern enthält auch die Festlegung, zu welchem Zeitpunkt welche Prozesse begonnen oder beendet werden. Ein Prozess besteht in diesem Zusammenhang aus einer oder mehreren Aktionen, deren Parameter durch die Evolution verändert werden und deren Bedeutung sich durch die Implementierung einer Aktionssimulation mit einem entsprechenden Interpreter der Aktionen ergibt. GLEAM wurde also vor allem zur Generierung und Optimierung von Plänen entwickelt, welche dynamische Prozesse steuern.

Neben dem Aktionsmodell enthält GLEAM ein weiteres neues Konzept, nämlich das der **Segmente**. In der Biologie werden die Gene zusammengefasst zu Chromosomensträngen, außerdem sind bestimmte Genabschnitte in ihrer Gesamtheit für einen Vorgang zuständig, etwa das Wachstum. GLEAM enthält die Zusammenfassung von Aktionsfolgen des Gencodes zu sog. Segmenten. Diese Segmente spielen eine besondere Rolle bei Mutation und Rekombination. Sie werden als eine Einheit, die eine Teillösung des Problems enthalten kann, betrachtet und erlauben, diese Information als Block weiterzugeben. Dies dient einer Beschleunigung der Evolution.

Die Umsetzung dieses neuen oder erweiterten Ansatzes erfolgte mit Hilfe von Konzepten der Informatik, wie strukturierten Datentypen oder dynamischen Listen. Diese sind erforderlich, da der Aufbau des genetischen Codes in GLEAM nicht mehr einfache reellwertige Vektoren umfasst, sondern variabel aufgebaute und dynamisch veränderbare Strukturen. Denn es ist in der Regel nicht vorher bekannt, wie viele Aktionen zur Bewältigung eines Prozesses benötigt werden, etwa wie viele Bewegungsanweisungen für eine kollisionsfreie Bewegungsbahn notwendig sind.

Natürlich kann GLEAM auch für Probleme angewandt werden, die im obigen Sinne als statisch betrachtet werden können, etwa die Anordnung von Maschinenbelegungen für einen optimalen Produktionsplan. Darauf wird in Abschnitt 4.3 noch näher eingegangen.

Der genetische Code für ein Individuum besteht in GLEAM aus einer Anzahl von Segmenten (mindestens eins). Jedes Segment besteht aus einer Anzahl von Aktionen (mindestens eine). Ein Aktionscode setzt sich zusammen aus der Aktionskennung (eine Zahl), der je nach Aktionstyp eine gewisse Anzahl von Parametern folgen, wobei es auch parameterlose Aktionen geben kann. Ein Parameter kann vom Typ Integer oder Real sein (Integer schließt die Datentypen Boolean und Zeichen mit ein).

Eine Population M von μ Individuen wird formal wie in 4.1 dargestellt, definiert:

$M = \{ c_1, c_2, \ldots, c_\mu \}$ *mit* $\mu \in N$, i.d.R. ist $\mu > 2$

$c_i = (V, S_1, S_2, \ldots, S_r)$ *mit* $V = (l_1, l_2, \ldots, l_r)$ $l_i \in N$

$l_i = k$ oder p   *mit* k, $p \in N$ p ist Adresse bzw. Zeiger

$S_i = (a_{i1}, a_{i2}, \ldots, a_{il})$ *mit* $i \in N$ and $l \in H$

$a_{ik} = (ak)$ *oder* $(ak, p_1, p_2, \ldots, p_z)$*mit* ak, $z \in N$ und $p_i \in N \cup \Re$

Die Bedeutung der einzelnen Elemente ist:

c_i: Aktionskette, in der EA-Terminologie auch als Individuum oder Chromosom bezeichnet

V: Verwaltungsinformation für ein Individuum

l_i: Kennzahlen oder Adressen (Zeiger), z.B. Länge der Segmente

S_i: Segment, bestehend aus einer Folge von Aktionen

a_{ik}: Aktion

ak: Aktionskennung (Integer)

p_i: Parameter einer Aktion (Integer oder Real)

Abb. 4.1: Formale Definition der Population und des Genmodells der Individuen von GLEAM

Abb. 4.2 zeigt eine Aktionskette gemäß der Definition von 4.1 entsprechend ihrer Implementierung als eine dynamisch verzeigerte Liste:

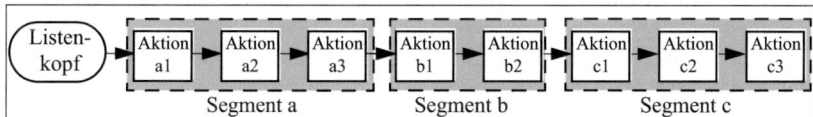

Abb. 4.2: Beispiel einer Aktionskette mit Segmenten und der unterliegenden Listenstruktur

Der Listenkopf enthält Verwaltungsinformationen, wie Länge oder Fitness der Aktionskette. Die Aktionen bestehen aus Verbunden von Daten mit der entsprechenden Aktionskennung sowie ihren Parametern, der Speicherplatz für eine Aktion wird dynamisch nach Bedarf erzeugt und wieder gelöscht.

Die Segmentierung bedeutet in GLEAM die Unterteilung des Chromosoms in Abschnitte, über die auch bestimmte genetische Operatoren, wie Segmente löschen/einfügen/vertauschen oder in der Aktionsfolge invertieren, ausgeführt werden. Auch die Segmentgrenzen unterliegen der Evolution. Durch die Segmentierung soll die Herausbildung von Teillösungen gefördert werden, die als Ganzes Gegenstand evolutionärer Veränderung sein können. Bei den später beschriebenen Roboteranwendungen basierend auf dem Aktionskonzept sind in den Ergebnisketten auch Segmente beobachtet worden, die solche Teillösungen enthalten haben. Wenn die Startpopulation durch Auswürfeln, d.h. mit zufällig bestimmten Individuen, initialisiert wird, werden auch die Segmentgrenzen willkürlich gesetzt. Sollte schon ein Vorwissen vorhanden sein, sollte man deswegen sinnvolle Teillösungen bzw. die entsprechenden Aktionen dazu in Segmente einteilen. Da die Rekombination über die Segmente und nicht wie sonst durch willkürliche Unterteilung des Codes erfolgt, steigt die Wahrscheinlichkeit, dass durch die Kombination zweier guter Teillösungen schneller eine sehr gute Gesamtlösung eines Problems entsteht. Die Segmentierung hat ihr entferntes Vorbild in der Biologie durch die Zusammenfassung von Genen zu Sequenzen und Chromosomen. Auch in diesem Fall dient die Einteilung in Unterstrukturen der Beschreibung von Teillösungen bzw. Einheiten im Bauplan von Lebewesen.

Das in Abb. 4.1 formal definierte **Genmodell** von GLEAM kann sowohl statisch interpretiert werden und damit zur Lösung entsprechender Optimierungsaufgaben dienen (siehe auch Abschnitt 4.3 und die Abschnitte 6.5 bis 6.8.2 in Kapitel 6), oder aber als Aktionsmodell zur Beschreibung dynamischer Vorgänge Verwendung finden. Es wird an Hand der Verwendung als Aktionsmodell in den folgenden Abschnitten näher erläutert.

4.2 Aktionskonzept für die Planung und Steuerung von Prozessabläufen

Nach der Erzeugung einer Aktionskette durch die Evolution wird sie zum Feststellen ihrer Fitness „ausgeführt". Dazu wird sie beim Aktionsmodell durch einen Interpreter ausgewertet, wobei entsprechend dem Aktionscode (simulierte) Aktionen zu einem bestimmten Zeitpunkt im Prozessablauf angestoßen oder beendet werden. Während dieser Aktionsausführung werden Daten für die Berechnung der Fitness gesammelt und am Ende der Ausführung aller Aktionen des Chromosoms eine Fitness für diese Aktionskette ermittelt.

Der Zeitbezug wird in GLEAM durch die Definition eines Zeittaktes ähnlich wie bei einer Robotersteuerung erreicht. Die Dauer des Zeittaktes kann vom Anwender frei festgelegt werden. Für die Simulation einer Aktionskette mit Zeittakt gilt dann folgendes: Die erste Aktion einer Aktionskette startet zum Zeitpunkt t_0. Die nächste Aktion startet nach einer (simulierten) Zeitdauer von einem Zeittakt Δt, usw. Daraus ergibt sich folgender Bezug:

$$\text{Aktion } a_1 \rightarrow t_0$$

$$\text{Aktion } a_2 \rightarrow t_0 + \Delta t$$

$$\ldots\ldots \qquad \ldots\ldots$$

$$\text{Aktion } a_i \rightarrow t_0 + (i\text{-}1)*\Delta t$$

Es gibt zwei wichtige Elemente im Standard-Aktionsmodell, die für die Zeitsteuerung zuständig sind:

a) Die beiden parameterlosen Aktionstypen BLOCK_BEGIN und BLOCK_END dienen der Klammerung von Aktionen. Alle Aktionen, die in der Aktionskette zwischen einem BLOCK_BEGIN und dem dazugehörigen BLOCK_END vorkommen, starten zum gleichen Zeitpunkt t_n und erst die Aktion nach der BLOCK_END-Aktion startet zum nächsten Zeitpunkt $t_n + \Delta t$:

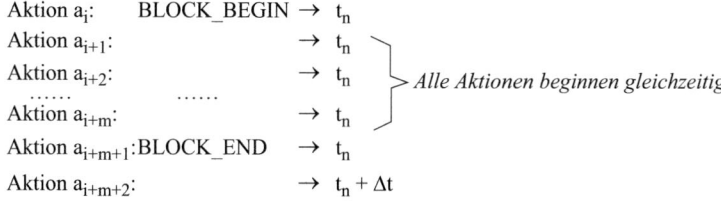

$$
\begin{aligned}
&\text{Aktion } a_i: \quad\;\; \text{BLOCK\_BEGIN} \;\rightarrow\; t_n \\
&\text{Aktion } a_{i+1}: \qquad\qquad\qquad\;\; \rightarrow\; t_n \\
&\text{Aktion } a_{i+2}: \qquad\qquad\qquad\;\; \rightarrow\; t_n \;\Big\rbrace\; \textit{Alle Aktionen beginnen gleichzeitig} \\
&\text{......} \qquad\qquad \text{......} \\
&\text{Aktion } a_{i+m}: \qquad\qquad\qquad\; \rightarrow\; t_n \\
&\text{Aktion } a_{i+m+1}: \text{BLOCK\_END} \;\rightarrow\; t_n \\
&\text{Aktion } a_{i+m+2}: \qquad\qquad\qquad \rightarrow\; t_n + \Delta t
\end{aligned}
$$

b) Der Aktionstyp UNCHANGED enthält einen Parameter *n* vom Typ Integer. Eine Aktion dieses Typs bewirkt, dass die Ausführung der auf das UNCHANGED folgenden Aktion um *n* Zyklen verschoben wird, so dass die aktuellen Einstellungen durch die vorangegangenen Aktionen während dieser *n* Zyklen unverändert bleiben und weiter wirken:

$$
\begin{aligned}
&\text{Aktion } a_i \qquad\qquad\qquad\;\; \rightarrow\; t_i \\
&\text{Aktion } a_{i+1}: \text{UNCHANGED } n \;\rightarrow\; t_i + \Delta t \qquad \textit{n Zeittakte lang beginnt keine Aktion} \\
&\text{Aktion } a_{i+2}: \qquad\qquad\qquad\; \rightarrow\; t_i + (n+1)*\Delta t
\end{aligned}
$$

Mit den Aktionen BLOCK_BEGIN und BLOCK_END sowie UNCHANGED können beliebige Abläufe und Zeitpunkte zum Starten und Beenden von Aktionen modelliert werden.

4.2.1 Anwendungsbeispiel für das Aktionskonzept

Als einen Anwendungsfall, für den das beschriebene Aktionskonzept notwendig ist, wird an dieser Stelle anhand eines einfachen Beispiels die Planung von kollisionsfreien Roboterbewegungen behandelt. Die Anwendung von GLEAM auf die Robotertechnik erfolgte durch Definition von primitiven Achsbewegungen des Roboters als Aktionen einer Aktionskette, welche dann die gesamte Bewegung beschreibt. Eine derartige Aktion lautet: *„Bewege Achse 3, indem die Achse mit einer Beschleunigung von 48 Grad/Sekunde² auf eine Geschwindigkeit von 12 Grad/Sekunde gebracht wird"*. Anschließend wird eine UNCHANGED-Aktion ausgeführt, wobei 10 Takte lang keine neue Aktion begonnen wird. Beendet wird diese Bewegung durch eine Stop-Aktion oder durch das Ende der Aktionskette, das durch ein definiertes Herunterfahren aller noch aktiven Bewegungen umgesetzt wird. Die zugehörige Stop-Aktion (oder Stop-Befehl) lautet beispielsweise *„Stop Achse 3 mit einer Verzögerung von 17 Grad/ Sekunde²"*. Formal würde angegeben:

1003, 48.0, 12.0   *(Kennung 1003 für Bewegung Achse 3, dann folgen die Parameter)*

1015, 10   *(Kennung 1015 für UNCHANGED, dann folgt der Parameter)*

1009, 17.0   *(Kennung 1009 für Stop Achse 3, dann folgt der Parameter)*

Die Interpretation einer Aktionskette mit diesen drei Aktionen führt zu dem in Abb. 4.3 dargestellten Zeitablauf.

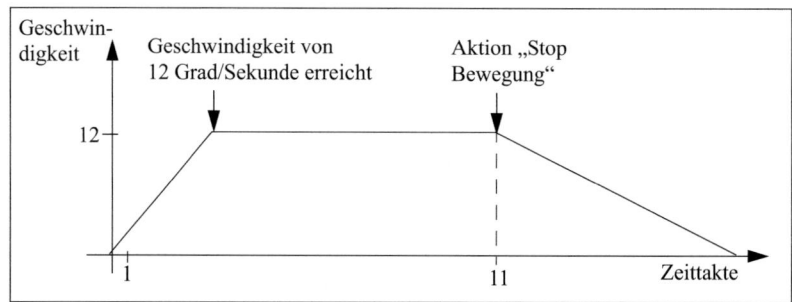

Abb. 4.3: Zeitlicher Ablauf der Ausführung der drei Beispielaktionen. Dargestellt ist das resultierende Geschwindigkeitsprofil der Achse 3.

Zeitpunkt 0 sei der Bewegungsstart, d.h. der Simulator führt die Aktion „Bewege Achse 3" aus. Nach einem Zeittakt, z.B. nach 100 ms, führt der Simulator die nächste Aktion aus und das ist UNCHANGED mit 10 Takten. Folglich wird die nächste Aktion erst bei Takt 11 nach 1 s interpretiert. Während dieser Zeit wird das Anfahren der Achse 3 mit einer Beschleunigung von 48 Grad/Sekunde^2 ausgeführt. Sie wird solange beschleunigt, bis nach 250 ms die Geschwindigkeit von 12 Grad/Sekunde erreicht wird. Dann behält die Achse die Geschwindigkeit von 12 Grad/Sekunde bei, bis nach 1 s oder 10 Zeittakten die Stop-Aktion ausgeführt wird (vom Start nach 1.1 s). Die Bewegung der Achse wird dann mit einer Verzögerung von 17 Grad/Sekunde^2 beendet.

Wenn mehrere Achsen gleichzeitig bewegt und in ihrer Geschwindigkeit verändert werden, können Roboterbewegungen mit beliebiger Dynamik und Geometrie erzeugt werden. Das folgende Beispiel einer Aktionskette umfasst die Steuerung der ersten drei Achsen des Mitsubishi-Roboters RV-M1, siehe auch Abb. 4.4:

1. : Block_Beginn
2. : Start_Motor 2, Rampe = 60, Geschwindigkeit = 7   *durchgezogene Linie in 4.4*
3. : Start_Motor 3, Rampe = 55, Geschwindigkeit = 12   *gepunktete Linie in 4.4*
4. : Block_End
5. : Unverändert: Takt_Anzahl = 12
6. : Motor_aus 3, Rampe = 60
7. : Start_Motor 1, Rampe = 48, Geschwindigkeit = 15   *gestrichelte Linie in 4.4*

8. : Unverändert Takt_Anzahl = 20

9. : Motor_aus 1, Rampe = 12

10.: Unverändert: Takt_Anzahl = 10

11.: Start_Motor 1, Rampe = 20, Geschwindigkeit = -15

12.: Unverändert: Takt_Anzahl = 20

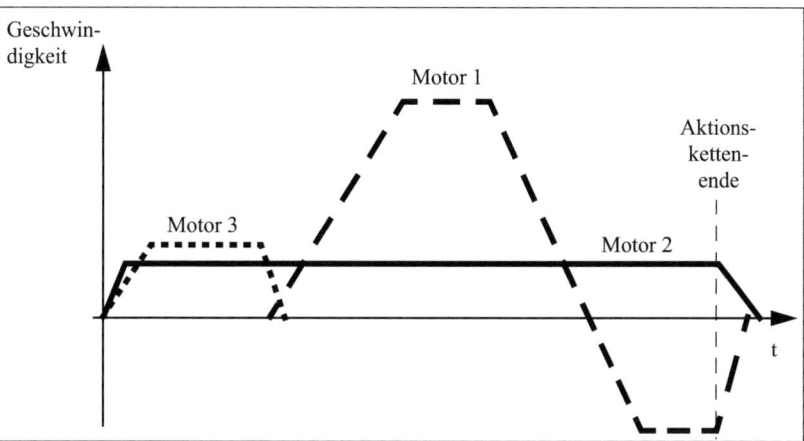

Abb. 4.4: Achsgeschwindigkeitsprofile, die sich aus den zwölf Anweisungen des Beispiels ergeben.

Die resultierende Roboterbewegung ist in Abb. 4.5 zu sehen. Die Bewegungsbahn des Greifers des Mitsubishi-Roboters (nur sie ist für den Anwender von Interesse) ist durch eine Linie gekennzeichnet. Die Dynamik, d.h. die Geschwindigkeitsänderungen sind so leider nicht zu sehen, sie werden durch die obigen Geschwindigkeitsprofile angedeutet.

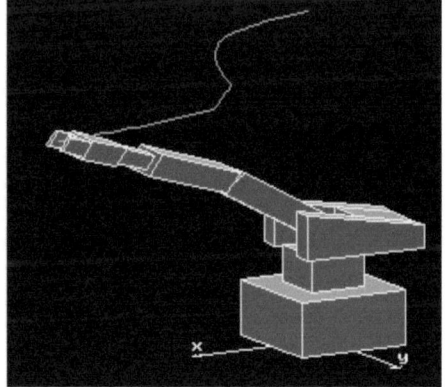

Abb. 4.5: Die sich aus dem Beispiel von Abb. 4.4 ergebende Roboterbewegung

Später bei der Beschreibung konkreter Anwendungen wird in Kapitel 6 noch gezeigt, wie kollisionsfreie Roboterbewegungen mit Hilfe des Aktionskonzepts in relativ kurzer Zeit generiert werden können. Ein weiteres Anwendungsbeispiel wäre die Planung von Bewegungen eines autonomen Fahrzeugs.

4.2.2 Typen von Aktionen und Aktionsketten

Die Implementierung des Aktionskonzepts von GLEAM erfolgte basierend auf dem in Abschnitt 4.1 definierten Genmodell mit Hilfe der Definition abstrakter Datentypen. Ein Aktionstyp kann eine beliebige Folge von Parametern der Datentypen Real und/ oder Integer umfassen, wichtig ist nur, dass auch Interpreter und Simulator diese Parameter entsprechend auswerten. Außerdem wird in GLEAM der Bereich eines Aktionsparameters vom Anwender festgelegt, damit die Evolution Parameterwerte nur über diesen Bereich variiert.

Ansonsten gibt es keine Einschränkungen (außer der Speichergröße) für die Definition von Aktionstypen. Der Anwender kann entsprechend dem zu lösenden Problem beliebige Aktionstypen definieren. Das Genmodell umfasst bei GLEAM die formale bzw. syntaktische Beschreibung der Aktionstypen und darauf aufbauend der Aktionsketten bestehend aus Objekten (Genen oder Aktionen) der zuvor definierten Aktionstypen. Wenn das Genmodell ein Aktionsmodell mit dynamischer Interpretation beschreibt, werden die einzelnen Gene meist als Aktionen bezeichnet.

GLEAM unterstützt derzeit folgende drei Aktionskettentypen:

Typ 1: *Fest vorgegebene Länge, die für alle Aktionsketten gilt; die Reihenfolge der Aktionen ist irrelevant*
Die Aktionskette besteht aus jeweils genau einer Aktion von jedem Aktionstyp, wobei die Reihenfolge in der Aktionskette keine Bedeutung hat.

Typ 2: *Fest vorgegebene Länge, die für alle Aktionsketten gilt; die Reihenfolge der Aktionen ist relevant*
Die Aktionskette besteht aus jeweils einer Aktion von jedem Aktionstyp, wobei die Reihenfolge wichtig ist.

Typ 3: *Variable Länge der Aktionsketten, die Reihenfolge der Aktionen ist relevant*
Die Aktionskette besteht aus einer oder mehreren Aktionen von beliebigen Aktionstypen, wobei die Reihenfolge von Bedeutung ist. Die Auswahl eines Aktionstyps bei der Bildung einer Aktionskette erfolgt nach Wahrscheinlichkeiten, die den jeweiligen Aktionstypen im Genmodell zugeordnet sind. Aktionsketten dieses Typs haben eine variable Länge.

Es sei hier nochmals darauf hingewiesen, dass selbstverständlich der Interpreter des Simulators entsprechend dem Typ der Aktionsketten und der Bedeutung der Aktionen implementiert werden muss.

Für Aktionsmodelle kommen meist nur Aktionsketten des dritten Typs in Frage, da bei allen bisherigen Anwendungen dieser Klasse die Reihenfolge der Aktionen relevant ist und die Anzahl der Aktionen, die zur Erfüllung einer gegebenen Aufgabe benötigt werden, a priori nicht festgelegt werden kann. Allerdings gibt es auch Anwendungen für diesen Aktionskettentyp, die kein dynamisches Aktionsmodell benötigen, wie die in Abschnitt 6.8.2 beschriebene Designoptimierung einer Aktorplatte zeigt.

4.3 Statische Interpretation des Genmodells

Wenn bei der Interpretation einer Aktionskette der in den vorigen Abschnitten beschriebene Zeitbezug fehlt, handelt es sich um eine statische Interpretation des Genmodells, wie sie für viele Anwendungsfälle auch ausreicht.

Ein Beispiel für die Verwendung von Aktionsketten des Typs 1 (alle Aktionstypen kommen genau einmal in beliebiger Reihenfolg vor) ist die Optimierung des Designs eines Heterodynempfängers, wie in Abschnitt 6.8.1 beschrieben. Hier geht es nur darum, Parameter möglichst günstig einzustellen und die Reihenfolge dieser Parameter in der Kette spielt dabei keine Rolle. Alle reelwertigen, ganzzahligen oder gemischt-ganzzahligen Optimierungsprobleme fallen in diese Klasse.

Wenn dagegen auch kombinatorische Aspekte eine Rolle spielen, kommen Aktionsketten vom Typ 2 (alle Aktionstypen kommen genau einmal in bedeutungtragender Reihenfolge vor) ins Spiel. Als Beispiel mag die Zuordnung von Jobs zu Ressourcen dienen, wie sie in Abschnitt 6.7.3 vorgestellt wird. Die Parameter der Aktionen legen hierbei die aus einer Menge alternativer Ressourcen auszuwählende Ressource fest. Die Reihenfolge der Aktionen entspricht dabei der Reihenfolge der Zuordnung der Jobs zu den ausgewählten Ressourcen, wobei jeweils das frühestmögliche ausreichend große Zeitfenster belegt wird. Es gibt auch andere Möglichkeiten ein Scheduling-Problem auf ein Genmodell abzubilden, wie die Lösungen in den Abschnitten 6.7.1 und 6.7.2 zeigen. Dort wird auch motiviert, warum anders als hier angedeutet vorgegangen wurde.

Aber auch Aktionsketten vom Typ 3 (alle Aktionstypen kommen beliebig oft und in bedeutungtragender Reihenfolge vor) kann man statisch interpretieren. Nämlich dann, wenn es beispielsweise nicht nur um die Parametrierung einzelner Komponenten eines Designs geht sondern auch um deren Anzahl und Anordnung, wie bei der in Abschnitt 6.8.2 beschriebenen Anwendung.

4.4 Genetische Operatoren von GLEAM

Die Evolution wird in GLEAM durch eine Reihe genetischer Operatoren vorangetrieben, die sich in vier große Gruppen einteilen lassen: Segment-, Aktions- und Parametermutationen sowie Crossover-Operatoren [1]. Anwendungsspezifische Operatoren können über eine Standardschnittstelle leicht integriert werden. Alle Individuen einer Population werden der Reihe nach zum Elter und die Auswahl des Partners für das Crossover erfolgt durch rangbasierte Selektion gemäß Gl. (3.1) aus Abschnitt 3.1. Die

Selektion des Partners erfolgt innerhalb einer vorgegebenen Nachbarschaft des Elter in einem Deme, wie in Abschnitt 2.5 beschrieben. Die Wahrscheinlichkeit, ob und wie oft ein genetischer Operator auf eine Aktionskette angewandt wird, kann in Abhängigkeit von der Länge der Aktionskette und der Fitness des Elter durch eine GLEAM-Steuerdatei für die Evolution parametriert werden. Darüberhinaus können beliebige genetische Operatoren zu einer hintereinander auf den gleichen Offspring angewandten Operatorsequenz zusammengefasst werden, wobei jedem Operator eine eigene Ausführungswahrscheinlichkeit zugeordnet wird. Jede Sequenz erzeugt einen (bei Mutationen) oder zwei Nachkommen (beim Crossover). Damit entstehen pro Paarung in der Regel mehr als ein Offspring. Nur der beste Nachkomme einer Paarung konkurriert mit seinem Elter gemäß den folgenden alternativen Akzeptanzregeln um den Fortbestand in der nächsten Generation:

- Akzeptiere alle
  Der beste Nachkomme ersetzt immer sein Elter. Bei der elitären Variante geschieht das nur, wenn entweder das Elter nicht das beste Individuum des Demes ist oder aber der Nachkomme eine bessere Bewertung als das beste Individuum des Demes hat.

- Lokal Schlechtestes
  Der beste Nachkomme ersetzt sein Elter nur, wenn er besser als das schlechteste Individuum des Demes ist. Auch hier gibt es eine elitäre Variante, die der Akzeptiere-alle-Regel entspricht.

- Elter-Verbesserung
  Der beste Nachkomme ersetzt sein Elter nur, wenn er besser als das Elter ist. Die Regel ist immer elitär.

Die besten Ergebnisse wurden bei der Roboteranwendung mit der Elter-Verbesserung und der elitären Variante der Lokal-Schlechtestes-Strategie erzielt [19].

4.4.1 Segmentmutationen

Die in Abschnitt 4.1 bereits formal beschriebene Metastruktur der Aktionsketten in Form von Segmenten ist in der Regel phänotypisch nicht relevant, hat aber Einfluss auf die meisten genetischen Operatoren. Beim Initialisieren werden zunächst willkürlich Segmentgrenzen gesetzt. Diese werden durch genetische Operatoren verändert: Eine Segmentgrenze kann verschoben werden, ein Segment kann geteilt oder mit einem Nachbarsegment zusammengefasst werden.

Weitere Operatoren behandeln die Segmente als eine Einheit, d.h. ein Abschnitt der Aktionskette wird in seiner Gesamtheit einer der folgenden Operation unterworfen:

<u>Segment löschen:</u> Ein Abschnitt in der Aktionskette wird gelöscht, wobei die Kette mindestens zwei Abschnitte haben muss. Abb. 4.6 zeigt dazu ein Beispiel.

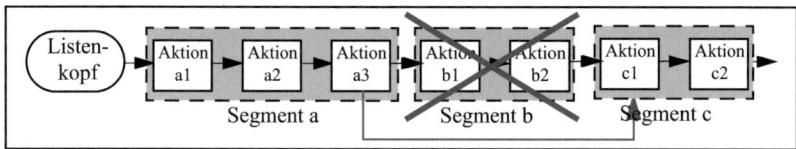

Abb. 4.6: Segmentlöschung

<u>Segment duplizieren:</u> Ein Abschnitt in der Aktionskette wird kopiert und hinter seinem Original eingefügt, siehe Abb. 4.7.

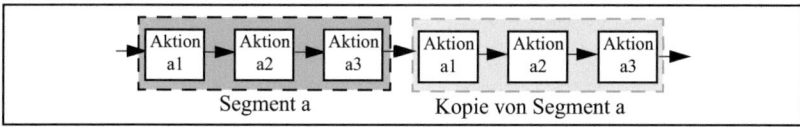

Abb. 4.7: Segmentdublizierung

<u>Segment verschieben:</u> Ein Abschnitt der Aktionskette wird an eine beliebige andere Stelle in der Aktionskette zwischen zwei anderen Segmenten verschoben. Abb. 4.8 illustriert dies.

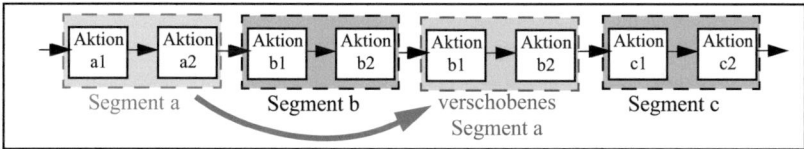

Abb. 4.8: Segmentverschiebung

<u>Segment austauschen:</u> Die Plätze zweier Segmente innerhalb einer Aktionskette werden vertauscht, d.h. die jeweiligen Abschnitte werden an den jeweils anderen Ort in der Aktionskette eingehängt, siehe Abb. 4.9.

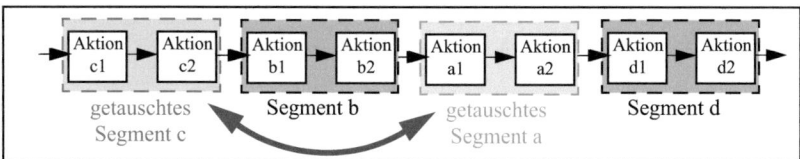

Abb. 4.9: Segmentvertauschung

<u>Segment neu erstellen:</u> Ein neues Segment wird an beliebiger Stelle zwischen anderen Segmenten oder am Anfang bzw. Ende der Aktionskette eingefügt, siehe Abb. 4.10.

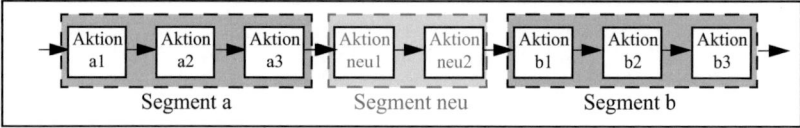

Abb. 4.10: Neuerstellung eines Segments

<u>Segment invertieren:</u> Die Reihenfolge der Aktionen innerhalb eines Segments wird umgedreht, d.h. die letzte Aktion des Segment wird die erste, die vorletzte die zweite, usf., siehe Abb. 4.11.

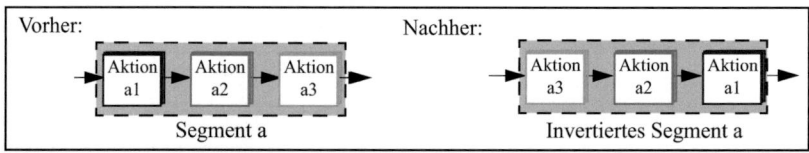

Abb. 4.11: Segmentinversion

Diejenigen Segmentmutationen, welche die Länge einer Aktionskette verändern, etwa Löschen oder Einfügen eines Segments, sind für Anwendungen, die eine feste Länge der Aktionskette erfordern, nicht zugelassen, siehe auch Tabelle 4.1.

Insgesamt kann festgestellt werden, dass gerade für Aufgabenstellungen mit einer unbekannten Anzahl von Aktionen, wie der Erzeugung von Bewegungsanweisungen für kollisionsfreie Roboterbewegungsbahnen, das Konzept der Segmente eine deutliche Bereicherung der genetischen Operatoren darstellt und zur Beschleunigung der Erzeugung guter Bewegungsbahnen dient.

4.4.2 Aktionsmutationen

Ähnlich wie die Segmentmutationen können die Aktionsmutationen die Anzahl und/ oder die Reihenfolge der Aktionen innerhalb einer Aktionskette verändern. Auf die Änderung der Aktionsreihenfolge beschränkt sind die Mutationen zur Verschiebung und zum Austausch von Aktionen. Reihenfolge und Länge verändern dagegen das Einfügen, Löschen und Verdoppeln von Aktionen. Durch Löschen und Verschieben von Aktionen können Segmente ihre letzte Aktion verlieren, wodurch sie ebenfalls gelöscht werden und indirekt die Anzahl der Segmente verringert wird. Ein Löschen wird nur bei Ketten mit mindestens zwei Aktionen (oder, bezogen auf Segmente, von zwei Segmenten) ausgeführt, um das Entstehen leerer Ketten zu verhindern.

Mutation	Typ der Aktionskette (Länge, Aktionsreihenfolge)		
	fest, irre- levant	fest, relevant	dynamisch, relevant
Änderung von Parameterwerten der Aktionen eines Segments	ja	ja	ja
Kleine Parameteränderung (10% des Wertebereichs) der Aktionen eines Segments	ja	ja	ja
Neuer Wert für einen Parameter der Aktionen eines Segments	ja	ja	ja
Zusammenfassung zweier Segmente	ja	ja	ja
Teilung eines Segments	ja	ja	ja
Verschieben von Segmentgrenzen	ja	ja	ja
Inversion der Aktionen eines Segments		ja	ja
Verschieben eines Segments		ja	ja
Verschmelzen zweier nicht benachbarter Segmente		ja	ja
Substitution eines Segments durch ein anderes			ja
Einfügen eines neuen Segments			ja
Löschen eines Segments			ja
Verdoppeln eines Segments			ja

Tab. 4.1: Segmentmutationen und ihre Anwendbarkeit je nach Aktionskettentyp

Für die Aktionsmutationen gilt entsprechend das für die Segmente beschriebene Vorgehen, das durch Abb. 4.12 illustriert wird.

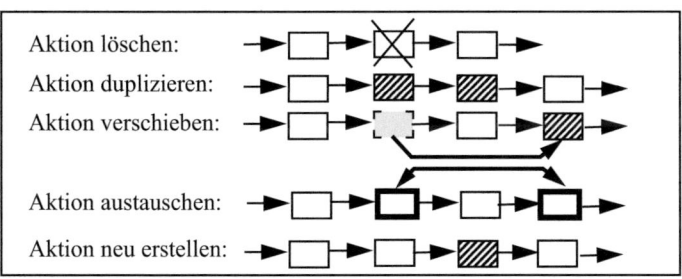

Abb. 4.12: Änderung der Parameterwerte einer Aktion

Je nach Typ der Aktionskette werden die verschiedenen Aktionsmutationen in GLEAM unterschiedlich angewandt, siehe Tabelle 4.2.

Mutation	Typ der Aktionskette (Länge, Anordnung)		
	fest, irrelevant	fest, relevant	dynamisch, relevant
Änderung des Parameterwertes einer Aktion	ja	ja	ja
Kleine Parameteränderung (10% des Wertebereichs)	ja	ja	ja
Neuer Wert für einen Parameter einer Aktion	ja	ja	ja
Neuer Wert für alle Parameter einer Aktion	ja	ja	ja
Verschiebung (Translokation) einer Aktion		ja	ja
Substitution einer Aktion durch eine andere			ja
Einsetzen einer neuen Aktion			ja
Löschen einer Aktion			ja
Verdoppeln einer Aktion			ja

Tab. 4.2: Aktionsmutationen und ihre Anwendbarkeit je nach Aktionskettenklasse

Natürlich kann beispielsweise das Löschen einer Aktion zu einer unplausiblen Aktionskette führen, zumindest kann sie dann teilweise sinn- oder nutzlose Aktionsfolgen enthalten. So kann die Aktionsfolge Motor_an 1, ..., Motor_aus 1, ... durch das Löschen der Aktion Motor_an 1 die dann sinnlose Aktion Motor_aus 1 enthalten, da ja Motor 1 nicht mehr angeschaltet wurde. In GLEAM werden die Aktionsketten einem anwendungsbezogenen Plausibilitätstest unterzogen. Bei diesem Test werden die durch Mutationen entstandenen sinnlosen oder überflüssigen Aktionen identifiziert und entweder entfernt oder die Aktionskette anderweitig „repariert", oder aber die gesamte Aktionskette wird verworfen.

4.4.3 Parametermutationen

Die Parametermutationen verändern willkürlich, aber mit einer gewissen Wahrscheinlichkeitsverteilung, den Wert eines oder mehrerer Parameter einer Aktion. Das Genmodell sieht vor, dass für jeden Parameter explizite Grenzen für seine Werte vorgegeben werden, innerhalb der ein Parameterwert mutiert werden kann. Als Beispiel diene der Parameter „Geschwindigkeit" bei der bereits erwähnten Roboteranwendung. Dieser Parameter sollte nur zwischen einem Minimalwert (ganz langsame Roboterbewegung) und Maximalwert schwanken.

Bei einer Parametermutation wird entweder der Parameterwert innerhalb der vorgegebenen Grenzen neu ausgewürfelt oder es findet eine Veränderung ausgehend vom aktuellen Wert statt. Dabei wird zuerst gleichverteilt entschieden, ob der Wert verkleinert

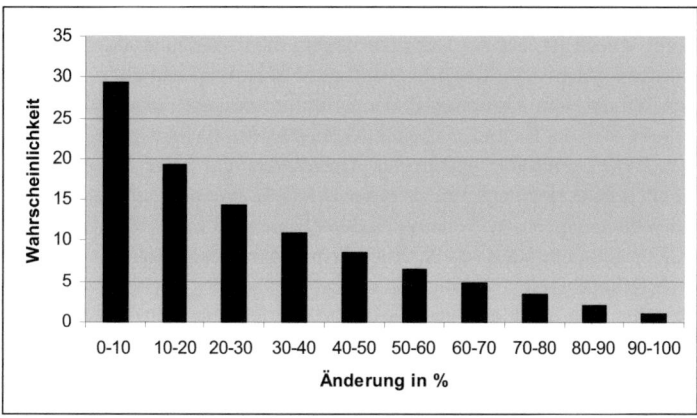

Abb. 4.13: Wahrscheinlichkeitsklassen für Veränderung eines Parameterwerts
in Prozent des Änderungspotentials

oder vergrößert wird. Danach wird das Änderungspotential als Betrag der Differenz
zwischen dem aktuellen Wert und der betroffenen Wertebereichsgrenze bestimmt und
in zehn Klassen eingeteilt. Die erste Klasse umfasst Änderungen bis zu 10% des Änderungspotentials, die zweite bis zu 20% usw. Nach zufällig gleichverteilter Bestimmung
der Klasse wird der Änderungsbetrag ausgewürfelt. Die sich daraus ergebende Verteilung der Änderungswahrscheinlichkeiten zeigt Abb. 4.13.

Kleinere Änderungsbeträge von Parametern sind dabei wesentlich wahrscheinlicher
als größere. Die Änderungsmutation führt in dieser Hinsicht zu einem ähnlichen Resultat wie die Mutation der Entscheidungsvariablen bei der Evolutionsstrategie (siehe
Abschnitt 3.2), hat aber den Vorteil einer wesentlich schnelleren Berechnung, da auf
die Bestimmung der Normalverteilung verzichtet wird. Außerdem vermeidet die hier
vorgestellte Art der Mutation eine Überschreitung der Wertebereichsgrenzen, wie sie
bei der Standard-ES vorkommen kann.

Ein weiterer Mutationsoperator ist für kleine relative Änderungen zuständig. Er arbei-
tet ebenfalls mit der in Abb. 4.13 dargestellten Verteilung, nutzt aber nur einen Bereich
von 1% des Änderungspotentials. Neben den Mutationen zur Veränderung der Parameter *einer* Aktion gibt es noch die bereits erwähnten segmentbezogenen Mutationen, die
alle Aktionen eines Segments in der zuvor beschriebenen Weise mutieren.

Das Genmodell von GLEAM gestattet es, jedem Parameter genau eine Aktion zuzu-
ordnen oder aber einige Parameter zu einer Aktion zusammenzufassen. Dies ist ein
Freiheitsgrad, der je nach Aufgabenstellung und Zielsetzung unterschiedlich gestaltet
werden kann, wie auch nachstehende Überlegungen zeigen. Die Zweckmäßigkeit einer
Codierung hängt auch mit den verwendeten genetischen Operatoren zusammen. Die
klassischen Genetischen Algorithmen kommen auf Grund der universellen Bitreprä-

sentation mit allgemeinen anwendungsneutralen genetischen Operatoren aus, was insofern ein Vorteil ist, als der Kern der genetischen Maschine anwendungsneutral implementiert werden kann. Der offensichtliche Nachteil besteht darin, dass problembezogenes Wissen vom Kernprozess der Evolution ausgeschlossen bleibt. Das hier vorgestellte Modell der Repräsentation in Aktionsketten erlaubt dagegen die Formulierung eines Satzes neutraler genetischer Operatoren, die unter Einhaltung der im Aktionsmodell hinterlegten Informationen, wie z.b. Wertebereichsgrenzen, an die Aufgabenstellung angepasste Mutationen durchführen können. Außerdem kann durch geeignete Zusammenfassung von Parametern in einer Aktion erreicht werden, dass sie nicht durch Rekombinationsoperatoren aufgespalten werden können. Letzteres ist ein häufiges Problem bei den klassischen GAs. Zusätzlich können anwendungsspezifische Operatoren implementiert werden, da die Aktionsketten in Verbindung mit dem Genmodell genügend problembezogene phänotypische Informationen beinhalten.

Das in GLEAM benutzte Genmodell erlaubt zusammen mit den vordefinierten genetischen Operatoren eine flexible Abbildung unterschiedlichster Aufgabenstellungen auf eine festimplementierte evolutionäre Maschine, ohne die Option zusätzlicher aufgabenbezogener Operatoren aufzugeben. Dies wird später bei der Vorstellung der verschiedenen Anwendungen von GLEAM noch deutlicher.

4.4.4 Crossover-Operatoren

Im bisher implementierten Standard von GLEAM sind drei Crossover-Operatoren enthalten: das konventionelle 1-Punkt- und ein n-Punkt-Crossover, wie am Ende des Abschnitts 2.2 beschrieben, sowie ein Operator zum Austausch genau eines Segments. Bei den beiden ersteren befinden sich die Crossover-Punkte immer auf zufällig ausgewählten Segmentgrenzen, d.h. es wird beachtet, dass Segmente relativ abgeschlossene Teillösungen enthalten können.

Da das Crossover an Wirksamkeit verliert, je ähnlicher die Eltern sind, ist es sinnvoll ihren Hammingabstand zu messen und ab einer vorgegebenen Ähnlichkeit kein Crossover mehr auszuführen. Der Hammingabstand ist dabei ein Maß für die Unterschiedlichkeit zweier Aktionsketten. Er berücksichtigt je nach Aktionskettentyp die Parameter, die Aktionsreihenfolge und gegebenenfalls auch die Aktionspräsenz. Eine ausführliche Beschreibung würde den Rahmen sprengen und kann in [4] gefunden werden.

4.5 Plausibilitätstest und Genetic Repair

Bedingt durch die große Vielfalt der genetischen Operatoren und ihrer je nach der vom Anwender definierten Wahrscheinlichkeit einer Anwendung auf Nachkommen werden vor allem bei Aktionsketten beliebiger Länge und Zusammensetzung auch Ketten bzw. ein genetischer Code erzeugt, der

- Redundanzen enthält,
- sinnlose Aktionen umfasst,
- zu Fehlern bei der Ausführung der Aktionen führt.

Damit nicht alle diese Aktionsketten gelöscht werden müssen oder nutzlose Zeit mit ihrer Interpretation im Simulator verbraucht wird, erfolgt nach Anwendung der genetischen Operatoren ein Plausibilitätstest und, falls notwendig, eine Reparatur des genetischen Codes. Wenn z.b. beim Plausibilitätstest Redundanzen in der Aktionskette festgestellt werden, wird die überflüssige Aktion gelöscht. Ein Beispiel ist die doppelte Generierung von BLOCK_BEGIN, ohne dass ein BLOCK_END dazwischen vorkommt. Sollte umgekehrt nur ein BLOCK_BEGIN ohne ein entsprechendes BLOCK_END in der Aktionskette vorkommen, so wird das sinnlose BLOCK_BEGIN entfernt. Entsteht durch Mutation und Rekombination eine Aktionskette, die nur aus BLOCK_BEGIN, BLOCK_END und UNVERÄNDERT besteht, so wird diese sinnlose Kette gelöscht.

Neben den als Beispiel oben aufgeführten Aktionen BLOCK_BEGIN und BLOCK_END können in der Regel je nach Anwendung von GLEAM noch weitere Aktionen und deren Vorkommen oder Anordnung zu Redundanzen und Fehlern im Code führen. Beispielsweise wird bei der Anwendung auf einem Industrieroboter die Aktion entfernt, die eine Roboterachse stoppt, ohne dass vorher die Achse bewegt wurde. Dies ist jedoch immer anwendungsspezifisch, daher wird für jede Anwendung ein entsprechender Plausibilitätstest und ein Genetic Repair implementiert.

4.6 Evolutionsablauf bei GLEAM

Im Wesentlichen verläuft die Evolution in GLEAM nach dem in Abb. 2.1 dargestellten Grundmuster aller Evolutionären Algorithmen und die GLEAM-Umsetzungen der meisten Schritte von Abb. 2.1 wurden in den vorigen Abschnitten erläutert. Lediglich zu drei Schritten sind noch die nachfolgenden Ergänzungen notwendig. Sie betreffen die Erzeugung der Startpopulation, die Nachkommensbildung und das Abbruchkriterium.

4.6.1 Initialisierung der Startpopulation

In Abb. 4.14 sind die unterschiedlichen Möglichkeiten zur Bildung einer Startpopulation zusammengefasst. Die einfachste und gebräuchlichste Initialisierung der Startpopulation erfolgt durch „Auswürfeln" von Individuen, d.h. je nach Aktionskettentyp werden die Aktionsparameter, ihre Reihenfolge und die Häufigkeit ihres Auftretens per Zufall bestimmt. Dabei werden bei GLEAM im Gegensatz zu vielen anderen EAs die Parameter der Aktionen auf die vorgegebenen Grenzen beschränkt. Die zufällige Erzeugung hat den Vorteil einer breiten Streuung der Individuen im Parameterraum.

Dabei können, wie im Abschnitt 4.5 beschrieben, unplausible bzw. fehlerhafte Aktionsketten (d.h. Individuen) wieder gelöscht und die Erzeugung eines Individuums per Zufall wiederholt werden.

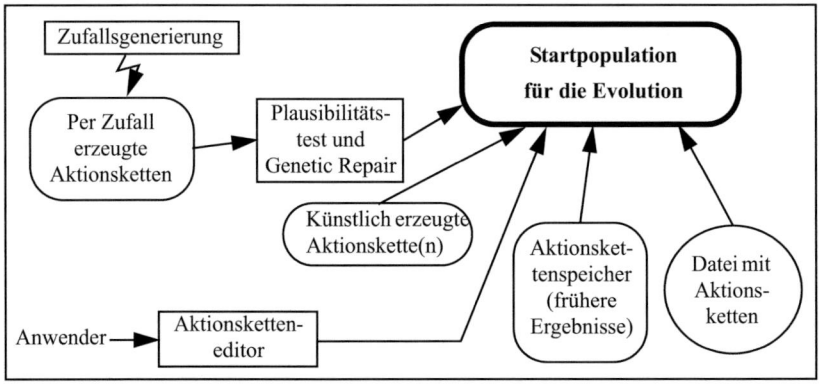

Abb. 4.14: Möglichkeiten zur Erzeugung einer Startpopulation

Falls bereits Evolutionsergebnisse für eine Aufgabenstellung in Form von Aktionsketten als Resultate früherer Evolutionsläufe vorliegen, können diese bei GLEAM entweder direkt aus dem Aktionskettenspeicher oder (nachdem sie vorher gesichert wurden) von einer Datei eingelesen und als Bestandteil der Startpopulation verwendet werden. Dies kann den Vorteil haben, dass der Evolutionsprozess mit Hilfe der früheren Ergebnisse sofort in der Nähe des globalen Optimums starten kann, und nur noch eine zu verfeinernde Lösung als weitere Annäherung an das Optimum gesucht werden muss. Allerdings ist damit die Gefahr verbunden, nicht in der Nähe des globalen Optimums, sondern bei einem oder mehreren Suboptima mit dem erneuten Evolutionslauf zu beginnen. Das kann zu einer längeren Evolutionszeit zum Erreichen des globalen Optimums führen, oder schlimmer noch, dazu, dass das globale Optimum gar nicht mehr gefunden wird. Eine Maßnahme, die diesem Effekt entgegenwirkt, besteht darin, den größten Teil der Startpopulation (mindestens 80 %) mit zufällig erzeugten Individuen zu besetzen, um so eine große Divergenz zu erreichen.

Eine weitere Möglichkeit ist die Anreicherung der Startpopulation durch künstlich erzeugte Aktionsketten. Dies kann in seltenen Fällen „von Hand" mit einem speziellen Aktionsketteneditor erfolgen oder durch Heuristiken, wie sie unter anderem in Kapitel 5 und darin insbesondere in Abschnitt 5.3.3.2 beschrieben werden. Das heuristische Vorgehen ist immer anwendungsbezogen, d.h. die Konstruktion der Aktionsketten basiert auf heuristischen Regeln, die angeben, wie eine erfolgreiche Aktionskette aussehen könnte. Auch hierbei gilt, dass nur ein kleiner Teil der Startpopulation so erzeugt werden sollte, es sei denn, die verwendeten Heuristiken garantieren eine breite Streuung ihrer Resultate.

4.6.2 Erzeugung von Nachkommen mit Genetic Repair

Sofern es möglich ist, aus dem Genotyp eines Individuums Rückschlüsse auf dessen phänotypische Eigenschaften zu ziehen, ohne die Aktionskette zuvor zu simulieren, kann eine genotypische Reparatur (genetic repair) sinnvoll sein und durchgeführt werden. Ein Beispiel dafür ist der in Abschnit 4.5 beschriebene Plausibilitätstest mit anschließender Reparatur bei der Roboteranwendung. Ein anderes Beispiel ist die in Abschnitt 6.7.3 beschriebene Scheduling-Anwendung im Grid.

Generell birgt die genotypische Reparatur die Gefahr in sich, phänotypisch sinnvolle Veränderungen, die über phänotypisch weniger sinnvolle Zwischenschritte erfolgen, zu erschweren, indem sie diese Zwischenschritte „weg repariert". Ein Beispiel dazu ist in Abschnitt 6.7.3 ausführlich beschrieben, wobei sich in diesem Fall eine phänotypische Reparatur von vergleichbarer Wirksamkeit als effizienter erwiesen hat. Es ist also je nach Anwendung zu entscheiden, ob und wenn ja welche Reparaturmechanismen sinnvoll sind und es muss gegebenenfalls einem Vergleichstest überlassen bleiben, die wirksamere Variante zu ermitteln.

4.6.3 Stagnationsorientierte Abbruchkriterien

Neben den in Abb. 2.1 aufgeführten Standardabbruchkriterien Evolutionärer Algorithmen wie Zeit-, Qualitäts- oder Generationslimits sind auch stagnations- oder konvergenzorientierte Abbruchkriterien sinnvoll. Von *Stagnation* kann gesprochen werden, wenn im Laufe einer vorgegebenen Anzahl an Generationen keine Verbesserung stattgefunden hat und von *Konvergenz*, wenn sich alle Individuen einer Population genotypisch ähnlich sind. Letzteres kann durch den paarweisen Vergleich des Hammingabstands aller Individuen einer Population ermittelt werden. Aus Aufwandsgründen wurde in GLEAM darauf verzichtet und auf die Stagnation innerhalb der Nachbarschaften (Demes) zurückgegriffen. Dazu wurden die folgenden zwei Kriterien formuliert:

GDV: **G**enerationen ohne **D**eme-**V**erbesserung
>   Es werden diejenigen Generationen gezählt, in deren Verlauf bei keinem Deme eine Verbesserung des lokal besten Individuums stattgefunden hat. Das Auftreten einer Verbesserung setzt den Zähler zurück, so dass nur die aufeinanderfolgenden Generationen ohne Deme-Verbesserung ermittelt werden. Überschreitet deren Anzahl ein vorgegebenes Maß, wird die Evolution abgebrochen.

GAk: **G**enerationen ohne **Ak**zeptanz
>   Hierbei werden die fortlaufenden Generationen gezählt, in denen noch nicht einmal ein Nachkomme akzeptiert wurde. Dieses Kriterium ist schärfer als die GDV und daher kann auch bei einem geringeren Wert als bei GDV bereits von Stagnation gesprochen werden.

Ein häufig benutzter Wert für GDV ist 1000 und für GAk 500 Generationen. Bei langen Simulationszeiten können geringere Werte sinnvoll sein.

4.7 Simulation des Evolutionsergebnisses

Zur Ermittlung der Fitness eines Individuums muss seine Aktionskette interpretiert und bewertet werden, was meist durch Simulation geschieht. Der Simulator dient dabei eigentlich zwei Aufgaben. Er wird in jedem Fall zur Bewertung eines Evolutionsergebnisses benötigt, wobei die Simulation einer Aktionskette gewissermaßen das „Leben" darstellt, in dem sich das Optimierungsergebnis der Evolution „bewähren" muss. Bei GLEAM resultiert die Simulation und die dabei gewonnenen Ergebnisse in einer Fitnessnote[1] und der Zuordnung zu einer Güteklasse. Dies erfolgt durch eine Bewertung nach meist unterschiedlichen Kriterien, wie in Abschnitt 4.8 beschrieben. Da die Simulation während eines Evolutionslaufes mit jedem Nachkommen durchgeführt werden muss, läuft sie ohne jede Ausgabe an den Anwender ab.

Die zweite Aufgabe des Simulators ist die Darstellung eines Evolutionsergebnisses. Der Anwender kann dabei selbst das Resultat anschauen, begutachten und es mit den Zielen seiner Bewertung vergleichen. Dies ist besonders am Anfang einer neuen Aufgabenstellung wichtig, wenn die Bewertung noch eingestellt werden muss, d.h. die in Abschnitt 4.8 vorgestellten Normierungsfunktionen der einzelnen Kriterien und ihre Gewichtung nachjustiert werden müssen.

Für die ersten Roboteranwendungen wurde eine Modellierungssoftware implementiert, die es erlaubt, verschiedene Robotertypen in Form eines Drahtmodells darzustellen. Der Robotersimulator wurde später durch eine Volumendarstellung erweitert, siehe Abb. 4.15. Außerdem kann während der Simulation eine Datei mit den entsprechenden Befehlen in einer Roboterprogrammiersprache erzeugt werden. Diese Datei kann

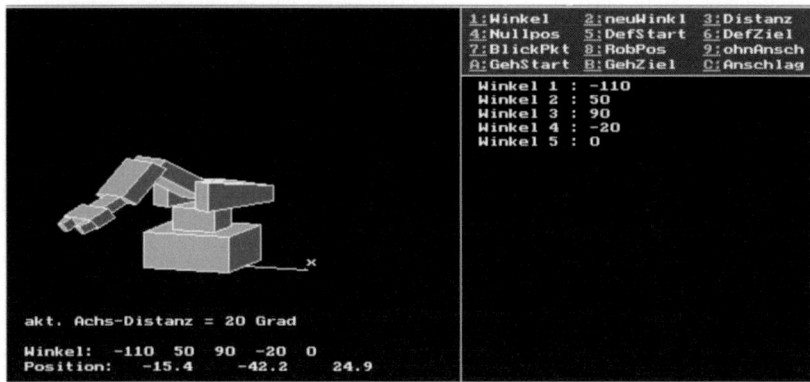

Abb. 4.15: Simulation des Mitsubishi-Roboters in GLEAM

---

1. Die Begriffe *Fitness* und *Note* werden in GLEAM synonym verwendet. Zu beachten ist aber im Gegensatz zu allgemeinen EA, dass in GLEAM-Kontext immer eine normierte Fitness, wie in Abschnitt 4.8 beschrieben, gemeint ist.

dann auf eine Robotersteuerung geladen und ausgeführt werden, damit ein Industrie-roboter die zuvor nur geplanten Bewegungen in Realität durchführt.

Die aktuelle GLEAM-Implementierung enthält auch standardisierte Schnittstellen zu externen Simulatoren, darunter Matlab und ANSYS[2]. GLEAM gibt hierbei die Para-meter vor und der Simulator liefert als Ergebnis Werte für zuvor festgelegte Kriterien, die dann der in Abschnitt 4.8 beschriebenen Bewertung unterzogen werden.

4.8 Bewertung von Aktionsketten

Bei fast allen Aufgabenstellungen müssen mehrere Kriterien berücksichtigt werden, nach denen optimiert werden soll, sowie Restriktionen, die eingehalten werden müs-sen. Verletzt ein Individuum solche Restriktionen, so stirbt es in der Natur in der Regel vor der Möglichkeit, sich fortzupflanzen. Manchmal überlebt es aber trotzdem und sei-ne Erbinformationen gehen nicht verloren. Bei GLEAM gibt es ebenfalls die Möglich-keit, ein Individuum nicht sofort sterben zu lassen, sondern es zwar stark abzuwerten, aber mit dieser Deklassierung zunächst weiterleben zu lassen. Damit wird ihm die Chance gegeben, eventuell eine gute Teillösung weiterzuvererben. Dies ist besonders dann wichtig, wenn alle oder fast alle Individuen einer Population beispielsweise beim Evolutionsstart so schlecht sind, dass sie eine oder mehrere Restriktionen verletzten (z.B. Kollision mit einem Hindernis oder Achsanschlag). Eine differenziert abwerten-de Bewertung von Restriktionsverletzungen ermöglicht es, dass sich der Grad oder der Umfang der Restriktionsverletzung in den Individuen und damit im Genpool vermin-dert, bis die Verletzungen der Restriktionen schließlich verschwinden. Würde man statt dessen solche Individuen sofort vernichten, kann dies die Suche nach dem Weg aus den verbotenen Zonen des Parameterraums unter Umständen erheblich erschweren bzw. verlangsamen.

In GLEAM findet die in Abschnitt 2.3 vorgestellte gewichtete Summe zur Zusammen-fassung der Ergebnisse der einzelnen Kriterien zu einem Fitnesswert Verwendung. Dazu muss der numerische Wert, den ein Kriterium liefert, auf einer einheitlichen Fit-nessskala abgebildet werden. Für diesen Zweck stehen insgesamt sechs Normierungs-funktionen zur Verfügung: *linear, exponentiell* und *gemischt linear-exponentiell,* jeweils in den Varianten proportional und umgekehrt-proportional. Als Fitness- oder Notenskala wurde dabei ein Wertebereich von Null bis $f_{max} = 100000$ gewählt, wobei jede Optimierungsaufgabe in ein Maximierungsproblem überführt wird. Die einzelnen Normierungsfunktionen werden nachfolgend beschrieben:

---

2. Matlab ist ein eingetragenes Warenzeichen der MathWorks Inc. und ANSYS der ANSYS Inc.

Proportional linear:

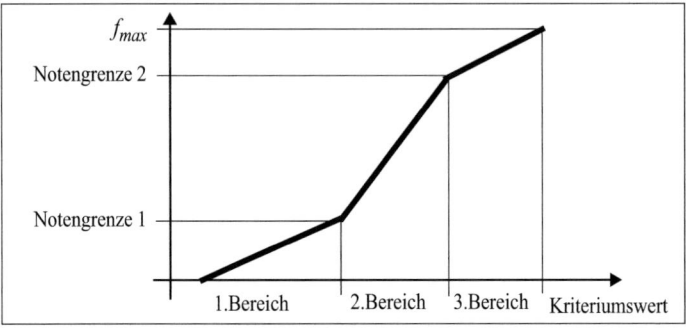

Abb. 4.16: Beispiel einer proportional linearen Bewertungsfunktion

Abb. 4.16 zeigt ein Beispiel einer proportional linearen Bewertungsfunktion mit ihren drei linearen Bereichen. Die Steigung kann pro Bereich unterschiedlich definiert werden, z.b. wird man den ersten Bereich relativ flach wählen, damit auch sehr schlechte Werte für ein Kriterium benotet werden und ein etwas weniger schlechter Wert eine geringfügig bessere Note erhalten sollte, um eine Verbesserung festzustellen. Der zweite Bereich erhält dagegen den stärksten Anstieg, da er dem Bereich der erwarteten Verbesserungen entspricht. Der dritte Bereich repräsentiert hingegen Werte, die so gut sind, dass mit ihnen eher nicht gerechnet wird. Diese Argumentation zur Festlegung der drei Bereiche legt auch nahe, dass man die Grenzen nach ersten Erfahrungen anpassen sollte. Das gilt natürlich auch sinngemäß für die nachfolgend behandelten Bewertungsfunktionen.

Umgekehrt proportinal linear:

Die Kurve in Abb. 4.17 entspricht der von Abb. 4.16, nur mit dem Unterschied, dass die Steigung negativ bzw. fallend ist.

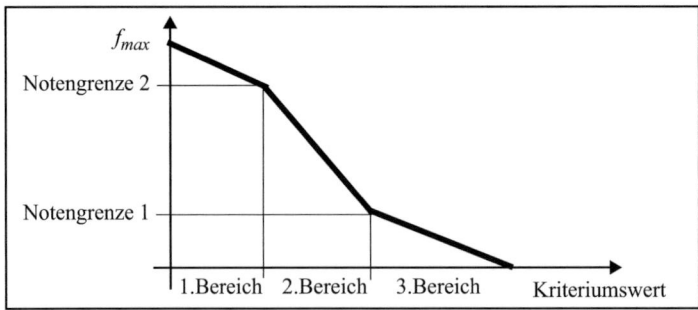

Abb. 4.17: Beispiel einer umgekehrt proportional linearen Bewertungsfunktion

Proportional exponentiell:

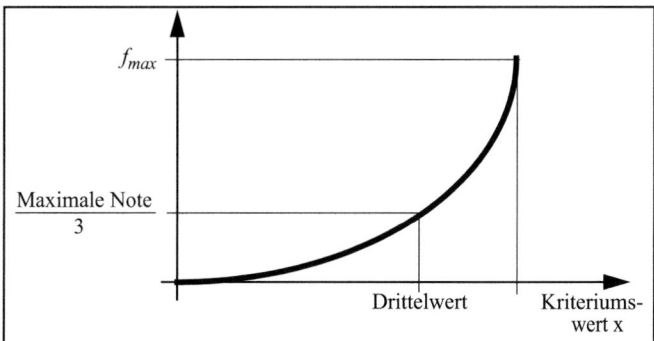

Abb. 4.18: Beispiel einer proportional exponentiellen Bewertungsfunktion

Die Kurve in Abb. 4.18 stellt eine e-Funktion dar. Ihr Verlauf wird so berechnet, dass bei einem vorgegebenen Drittelwert für ein Kriterium genau ein Drittel der maximalen Noten vergeben wird. Der Vorteil dieser Normierungsfunktion liegt darin, dass auch noch sehr kleine Werte berücksichtigt werden. Sie ist z.B. dann zu empfehlen, wenn man die erwarteten Ergebnisse recht gut abschätzen kann, aber auch sehr kleine Werte vorkommen können.

Umgekehrt proportinal exponentiell:

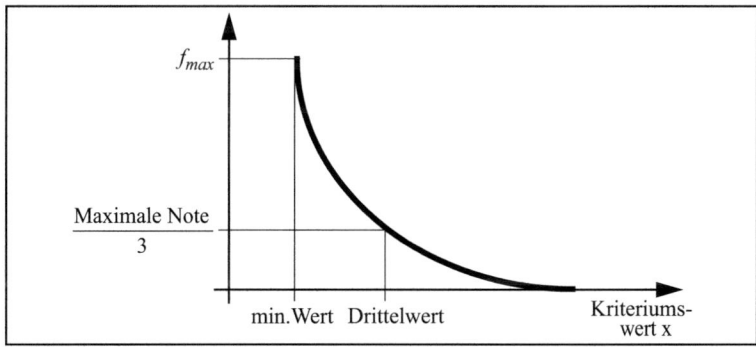

Abb. 4.19: Beispiel einer umgekehrt proportional exponentiellen Bewertungsfunktion

Die in Abb. 4.19 gezeigte Kurve stellt eine umgekehrt proportionale e-Funktion dar. Sie beginnt bei einem vorgegebenen minimalen Kriteriumswert. Ihr Verlauf wird so berechnet, dass bei einem vorgegebenen Drittelwert für ein Kriterium genau ein Drittel der maximalen Noten vergeben wird.

Proportional gemischt linear-exponentiell:

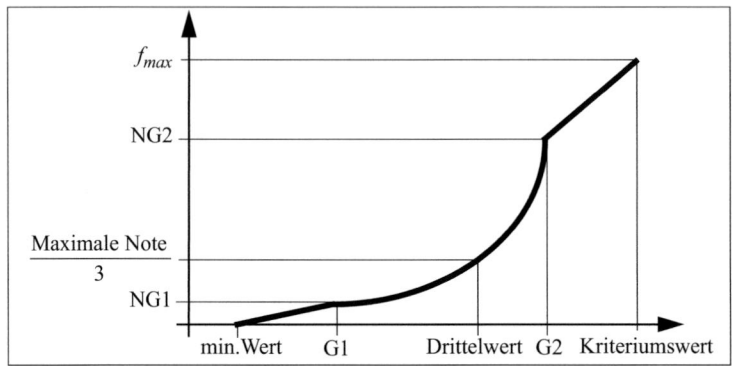

Abb. 4.20: Beispiel einer proportionalen, gemischt linear-exponentiellen Bewertungsfunktion

Die Kurve setzt sich aus den drei in Abb. 4.20 dargestellten Teilen zusammen. Der erste Teil reicht vom minimalen Kriteriumswert bis zum Wert G1 und ist eine Gerade. Der zweite Teil von G1 bis G2 stellt eine e-Funktion dar, wobei wie oben beschrieben ein Drittelwert vorgegeben wird. Der dritte Teil von G2 bis zum maximalen Kriteriumswert ist wieder linear.

Umgekehrt proportional gemischt linear-exponentiell:

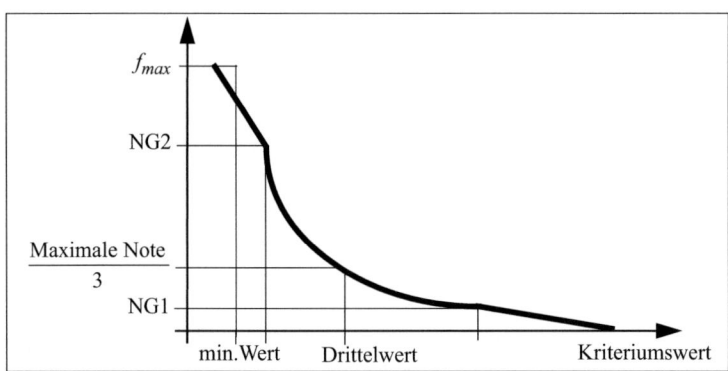

Abb. 4.21: Beispiel einer umgekehrt proportionalen, gemischt linear-exponentiellen Bewertungsfunktion

Die Kurve entspricht der oberen proportionalen gemischt linearen und exponentiellen Kurve, nur ist sie in diesem Falle nicht steigend sondern fallend.

Außerdem können **Straffunktionen** definiert werden, die dann wirksam werden, wenn die Ober- bzw. Untergrenzen der Normierungsfunktionen über- bzw. unterschritten werden, die Lösung sich also in einem verbotenen Bereich befindet. Die Normierungsfunktion liefert bei Straffunktionen einen Wert zwischen Null und Eins, mit dem die gewichtete Summe der Kriterien (Rohsumme) multipliziert wird. Dies gilt für alle Straffunktionen und das Resultat ist die Endnote oder Fitness des Individuums. Typischerweise findet dabei eine der beiden e-Funktionen Verwendung. Auf die Verwendung von Straffunktionen wird noch in den Anwendungsbeispielen von Kapitel 6 eingegangen werden.

Abb. 4.22 zeigt eine Übersicht über die Kriterien und deren Gewichtung, welche für die Roboteranwendung Verwendung finden. Die Tabelle besteht aus den Namen der Kriterien, der Prioritätsklasse, (*Prio-Klasse*) dem Anteil an der Gesamtwertung (*Max-Note* dividiert durch 1000 ergibt den prozentualen Anteil), der *Erfüllungsnote* bzw. dem *-wert* und einer Kennung, die besagt, ob zu dem Kriterium eine Straffunktion gehört oder nicht (*StrafFkt PrioKl.*). Auf die Bedeutung der einzelnen Spalten wird noch in den folgenden Abschnitten näher eingegangen werden.

```
              Aktuelle Bewertungskriterien:

In- Notenkriterium        Prio-    Max-   Erfüllungs-   StrafFkt
dex                       Klasse   Note   note    wert  PrioKl.
 1:Zielabweichung     :    1      58000  15520     30   inaktiv
 2:Bewegungsdauer     :    3       5000   3105     15   inaktiv
 3:Bahnabweichung     : inaktiv       0      0     60   inaktiv
 4:Aktionskettenlaenge:    3       5000   2260    100      1
 5:Anz.ausgef.Befehle :    4       3000   1500     60   inaktiv
 6:Restweg bei Crash  :    2       2000      0   0.01      1
 7:Energieverbrauch   : inaktiv       0      0  0.025   inaktiv
 8:Orientierungsabw.  :    1      20000  10000    0.5   inaktiv
 9:Orientierungsänderg:    3       5000   5000      0   inaktiv
10:gesamte Bahnlänge  :    4       2000   1000     50   inaktiv
11:Mit Zwischenpositio: inaktiv       0     35    500   inaktiv
```

Abb. 4.22: Tabelle der Bewertungskriterien am Beispiel der Roboteranwendung

Dieses Bewertungsschema kann über die Definition von Parametern (interaktiv oder durch eine Textdatei) verändert oder es können auch neue Kriterien definiert werden. Allerdings ist im letzteren Fall noch die Implementierung einer Rohwerterfassung durch den Simulator für das Kriterium notwendig, z.B. die Berechnung des Abstandes eines Roboters zur Zielposition beim Kriterium Zielabweichung.

4.8.1 Prioritätssteuerung der Bewertung

Jedes Kriterium liefert einen Notenbeitrag zur letztlich alles entscheidenden Fitnessnote einer Aktionskette ab. Zur Berechnung dieser Gesamtnote muss die Optimierung nach mehreren Kriterien Kompromisse eingehen, wenn die Kriterien von einander abhängen oder sich widersprechen. Die Kompromisslinien bestimmt dabei der Anwender, indem er zunächst die Kriterien unterschiedlich gewichtet. Zusätzlich gibt es in GLEAM noch neben der reinen Gewichtung eine Prioritätssteuerung für die einzelnen Kriterien. Die Idee besteht dabei darin, einzelne weniger wichtige Kriterien zunächst auszublenden und anfangs nur die wichtigsten zur Optimierung heranzuziehen. Wenn für diese Kriterien jeweils eine gewisse Qualität (*Erfüllungswert* und -*note* in Abb. 4.22) erreicht wurde, werden die weniger wichtigen Kriterien zugeschaltet. Das hat zwei wesentliche Effekte: Erstens wird damit dafür gesorgt, dass Nebenkriterien sich entweder gar nicht oder nur in sehr geringen Maße auf Kosten von Hauptkriterien durchsetzen können, da es eine untere Qualitätsschranke für die Hauptkriterien gibt, unter die ein Absinken mit einem vergleichsweise großen Notenverlust verbunden ist. Zweitens konzentriert sich die Evolution zunächst darauf, entsprechend den Hauptkriterien brauchbare Näherungslösungen zu finden, die dann Ausgangspunkt für weitere Verbesserungen sind.

Insgesamt können soviel Prioritätsstufen vergeben werden, wie Kriterien definiert sind (höchste Klasse ist 1). In der Praxis hat es sich allerdings herausgestellt, dass weniger Prioritätsklassen (meist 2 bis 4) ausreichen. Bei mehr als zwei Prioritätsklassen wird das Schema für jede Klasse erneut angewendet: erst wenn alle Kriterien der aktuellen Prioritätsklasse hinreichend erfüllt sind, werden die Kriterien der nächst schlechteren Prioritätsklasse in die Ermittlung der Gesamtnote mit einbezogen.

Ähnliches gilt für die Straffunktionen. Auch bei ihnen können Prioritätsklassen vergeben werden (siehe Abb. 4.22), die eine gestaffelte Zuschaltung bewirken, wobei die Prioritäten nicht mit denen der zugehörigen Kriterien identisch sein müssen. In der bisherigen Praxis wurde aber davon kaum Gebrauch gemacht.

4.8.2 Beispiel einer Bewertung

In Abb. 4.23 ist ein Bewertungsbeispiel gemäß der in Abb. 4.22 dargestellten Kriterien wiedergegeben. Über der Bewertungsberechnung stehen die Ergebnisdaten der Simulation, so wie sie vom Simulator geliefert werden. Sie sind die Eingangsdaten der Normierungsfunktionen. Im unteren Teil stehen dann sortiert nach den Prioritätsklassen die aktiven Kriterien mit ihren ungewichteten Teilnoten als Ergebnis der Normierungen. Daraus ergeben sich dann die gewichteten Noten in der rechten Spalte, die eingeklammert sind, wenn mindestens ein Kriterium höherer Priorität seine Erfüllungsnote nicht erreicht hat. Dies ist bei dem Kriterium *Orientierungsänderung* der Fall, so dass die beiden Kriterien mit niedrigerer Priorität (hier 4) nicht zum Zuge kommen.

Die Berechnung der ungewichteten Note ausgehend von einer Kennziffer (dem sog. Rohwert) des Simulators kann im einfachsten Fall eine lineare Abbildung des Rohwertebereichs auf den Notenwertebereich sein. Man kann aber auch in Erwartung bestimmter Zielwerte wie z.B. Null oder ganz kleiner Werte für die Zielabweichung eine

```
      Bewertung der letzten Simulation
      Ergebnisdaten der Simulation:
Zielabweich:   0.77 %
Orientierg.:  0.1388608
AbbrRestweg: 0 mm
BewegDauer :  8.2 sec
AK-Laenge  : 11 Aktionen
Orient.änd.: 204.9994 Grad
Befehlsanz.: 11 ausgef.Bef.
Bahnlänge  : 70.94 %
--------------------------------------------
                  Bewertung:
In- Krite-        Kl Gew  Ungew    Mind      Gew.
dex rium             [%]   Note    Note      Note
 1: Zielabweich:   1  58  96673   15520     56071
 8: Orientierg.:   1  20  64585   10000     12917
 6: AbbrRestweg:   2   2 100000       0      2000
 2: BewegDauer :   3   5  82332    3105      4117
 4: AK-Laenge  :   3   5  99400    2260      4970
 9: Orient.änd.:   3   5      0    5000         0
 5: Befehlsanz.:   4   3  98800    1500 (  2964)
10: Bahnlänge  :   4   2  70939    1000 (  1419)
--------------------------------------------
Gesamtnote (ohne Straffunktion):            80074
Keine Straffunktion angewandt.
Gesamtnote:                                 80074
                                            ======
```

Abb. 4.23: Bewertung eines beispielhaften Evolutionsergebnisses an Hand der Kriterien von Abb. 4.22

Exponentialfunktion, wie in Abb. 4.19 dargestellt, als Normierungsfunktion mit Null als vollem Notenwert und einem Drittel des Notenwerts bei einer Abweichung von z.B. einem Viertel der Gesamtwegstrecke vorgeben. Das bewirkt, dass ernsthaft Notenpunkte erst in ziemlicher Zielpunktnähe vergeben werden, womit ein Absinken unter diese Nähe wegen z.B. sehr kurzer Bahnlänge verhindert wird. Dies kann dann vorkommen, wenn die Annäherung an das Bewegungsziel die Fitness wesentlich weniger erhöht, als dies durch eine Verkürzung der Bewegungsbahn möglich ist. Man muss also aufpassen, dass man bei der Gewichtung keine unerwünschte „Verzerrung" des Suchraums bewirkt. Ansonsten können, um im Beispiel zu bleiben, sehr kurze Bewegungsbahnen, die aber nicht ans Ziel führen, ein schwer zu überwindendes „Suboptimum" darstellen. Ihre Fitness ist zu hoch im Vergleich zu Bewegungen, die sich langsam dem Ziel annähern.

Es empfiehlt sich, mit der Bewertung je nach Anwendung etwas zu experimentieren, um ein Gefühl für problembezogene Bewertungen zu erhalten.

4.9 Vergleich von GLEAM mit anderen EAs

Zwischen GLEAM einerseits und den klassischen GAs und der ES andererseits gibt es eine Reihe von Gemeinsamkeiten und Unterschieden: GLEAM und die ES setzen auf eine dem Phänotyp möglichst nahe kommende Codierung und auf die Beachtung des Prinzips der starken Kausalität, wonach kleine Änderungen auch nur kleine Wirkungen verursachen sollen. Die aufwendige Berechnung normalverteilter Mutationen wurde durch die einfacheren klassengesteuerten Änderungswahrscheinlichkeiten (siehe Abb. 4.13) ersetzt, die außerdem die vorgegebenen Wertebereichsgrenzen einhält. Auf die adaptive Mutationsschrittweitensteuerung durch zusätzliche Strategieparameter im

Chromosom, die vor allem bei unimodalen Problemen und bei der Annäherung an das Optimum von Vorteil ist, wurde wegen ihrer Tendenz zu suboptimalen Lösungen bei beschränkten oder stark multimodalen Problemen[3] verzichtet. Ein Vergleich der Ähnlichkeit der Codierung der biologischen Chromosomen mit denen der drei Algorithmen ergibt, dass die klassischen GAs auf der Ebene der Basenpaare ansetzen, GLEAM und in bestimmter Weise auch die ES hingegen auf der Ebene der Gene, siehe Abb. 4.24.

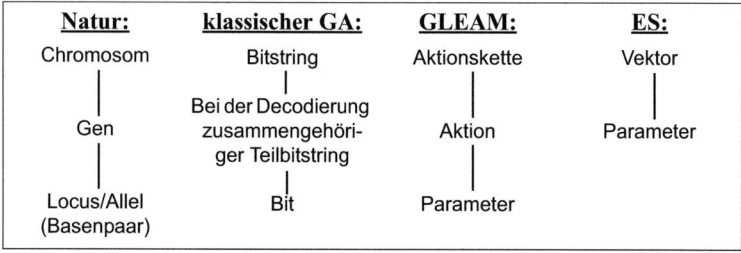

Abb. 4.24: Vergleich der Codierungsebenen

Die Selektions- und Akzeptanzmechanismen von GLEAM entsprechen eher den bei den GAs üblichen Verfahren. Das Nachbarschaftsmodell ist weder in einem der beiden klassischen Ansätze noch im ersten GLEAM-Entwurf [1] enthalten. Es ist vielmehr eine eigenständige Erweiterung des sonst üblichen panmiktischen Populationsmodells. Bei einem Vergleich zwischen GAs und der ES stellen Hoffmeister und Bäck [7, S.23] fest: „ESs are predestined to parameter optimization, while GAs cover a much broader application domain."[4] Letzteres trifft ebenfalls auf GLEAM zu, da es ohne Modifikationen auch für kombinatorische oder (gemischt) ganzzahlige Probleme geeignet ist. Weitere kennzeichnende Merkmale von GLEAM [2] sind das allgemeine Aktionsmodell mit seiner Ausrichtung auf die Planung und Optimierung dynamischer Abläufe, die Aktionsketten (Chromosom) dynamischer Länge und die der Evolution unterworfene Segmentierung der Ketten mit den darauf aufbauenden genetischen Operatoren.

---

3. Auf den Begriff der *starken Multimodalität* wird in Abschnitt 5.4.3.1 noch näher eingegangen. Intuitiv handelt es sich dabei um sehr viele anstelle nur eines Suboptimums, das ja bereits genügen würde, um von Multimodalität zu sprechen.

4. „Evolutionsstrategien sind prädestiniert für Parameteroptimierung, während die Genetischen Algorithmen ein wesentlich breiteres Anwendungsgebiet abdecken."

5 Industrietaugliche Evolutionäre Algorithmen H!GLEAM und HyGLEAM

5.1 Anforderungen an einen industrietauglichen Evolutionären Algorithmus

An ein industrietaugliches Optimierungs- oder Planungsverfahren können folgende sieben Forderungen gestellt werden, deren Erfüllung für EA im Allgemeinen und für GLEAM im Besonderen in den nachfolgenden Abschnitten untersucht wird:

1. Abgrenzung des Einsatzgebiets: Da es kein effizientes *Universalverfahren für alles* gibt (siehe Abschnitt 2.7), ist eine klare Abgrenzung des sinnvollen Einsatzgebiets notwendig.

2. Robustheit: Das Verfahren muss auch bei „ungünstigen" Parametern der Anwendung oder Anwendungssituationen funktionieren.

3. Einfachheit: Wünschenswert sind möglichst wenig Strategieparameter (siehe auch Abschnitt Abb. 3.1, S. 27), die nicht zu sensibel auf schlechte Einstellungen reagieren. Man sollte nur wenig Vorwissen für einen erfolgreichen Einsatz benötigen.

4. Integration existierender Lösungen: Es sollte möglich sein, existierende Lösungen in das Verfahren einzubeziehen. Es erhöht die Akzeptanz beim Anwender erheblich, wenn ein neues Verfahren zumindest nicht schlechter ist als das bisherige, da es mit dessen Lösungen startet und diese dann nur verbessern kann.

5. Geschwindigkeit: Die beste Lösung nützt nichts, wenn sie zu spät kommt.

6. Erweiter- und Anpassbarkeit: Wenn man ein neues Verfahren anwenden möchte, sollte mindestens zu Beginn die Handhabung möglichst einfach sein und es sollte schnell zu Lösungen führen. Nach einigen erfolgreichen Anwendungen steigen jedoch meist die Ansprüche zum Beispiel durch anspruchsvollere Aufgabenstellungen oder kürzere Vorgabezeiten. Daher kann eine leichte Erweiter- und Anpassbarkeit auch als ein Kriterium für einen industrietauglichen Algorithmus angesehen werden, wenn auch mit geringerer Priorität als die anderen.

7. Verfügbarkeit von Software und Wartung: Da dieser Aspekt die Randbedingungen der Implementierung eines Verfahrens und weniger das Verfahren selbst

betrifft und seine Behandlung den Rahmen des Buches sprengen würde, wird er trotz seiner Bedeutung hier nicht weiter behandelt.

Ergänzend zu den in Abschnitt 2.7 gemachten Aussagen über das Einsatzgebiet Evolutionärer Algorithmen muss zwischen verschiedenen Anwendungsfeldern und -zielen unterschieden werden. So sind beispielsweise für die reine Parameteroptimierung andere Mutationsoperatoren sinnvoll als für eine rein kombinatorische Aufgabenstellung. Liegt dagegen eine Mischform vor, hat also die Aufgabe sowohl kombinatorische Aspekte als auch anzupassende Parameter, wird die Obermenge der Mutationen für Parameter- und kombinatorische Optimierung benötigt. Zum Einsatzbereich gehört auch das Anwendungsziel: Soll *eine* Lösung (im Rahmen eines automatisierten Prozesses) gefunden oder die Menge aller guten Kompromisse (Pareto-Menge) für eine nachfolgende menschliche Endentscheidung bestimmt werden? Da EA beide Alternativen anbieten, siehe Abschnitt 2.3, und es klare Abgrenzungen der Anwendungsgebiete gibt, ist der erste Punkt insgesamt für EA und GLEAM erfüllt. Bisher erprobte Anwendungsgebiete für GLEAM umfassen die Parameteroptimierung, kombinatorische Optimierung, Mischformen von beiden und die Planung dynamischer Abläufe basierend auf dem Aktionskonzept.

Für EA kann allgemein gesagt werden, dass sie als robust gelten und dass bei EA mit elitärer Akzeptanz der Nachkommen durch die Aufnahme existierender Lösungen in die Startpopulation zumindest deren Qualität als Ergebnis erreicht wird. Damit können die Punkte 2 und 4 für elitäre EA allgemein als erfüllt angesehen werden.

Zur Einfachheit der Handhabung des Verfahrens (Punkt 3) gehören neben dem allgemeinen Aspekt der Strategieparameter bei EAs noch die Frage nach der Codierung und der Bewertung. Hier ist insbesondere die in Abschnitt 3.1 aufgestelle Forderung nach einer Lösungsrepräsentation, die sich möglichst direkt aus der Problemstellung ableiten lässt, zu stellen. Die Forderung nach einer einfachen Codierung erfüllen EA-Implementierungen, die über ein konfigurierbares Genmodell mit typisierten Genen (mindestens ganzzahlig und reellwertige) verfügen und genetische Operatoren bereitstellen, welche die darin enthaltenen Wertebereichsgrenzen der Parameter berücksichtigen. Dies gilt insbesondere auch für GLEAM, das darüber hinaus auch noch die applikationsspezifische Aggregation zusammengehöriger Parameter in Aktionen erlaubt.

Für die Bewertung muss zunächst das Chromosom rückübersetzt und interpretiert werden, siehe Abschnitte 3.1 und Abb. 3.1. Die Rückübersetzung entfällt bei problemnahen Codierungen und es bleibt die Interpretation, die häufig durch Simulation erfolgt. Diese liefert meist mehrere Kennziffern (mehrkriterielle Optimierung), für die nun entweder, wie in Abschnitt 4.8 beschrieben, die gewichtete Summe gebildet wird oder es findet Pareto-Optimierung statt (erläutert in Abschnitt 2.3). Auch wenn, wie in GLEAM, für die Aufstellung der gewichteten Summe geeignete Hilfsmittel, wie Normierungsfunktionen für einzelne Kriterien, zur Verfügung gestellt werden, ist dies keine einfache Aufgabe. Der Anwender muss sich dabei zunächst klar werden, was ihm und vor allem *in welchem Maße* es ihm wichtig ist. Zum zweiten muss er ein Verständnis dafür entwickeln, wie die Bewertung der Evolution die Richtung zum (Optimierungs-)Ziel weist. Ohne eine Mindestmaß an Grundkenntnissen über die Wirkungsweise von Evolutionären Algorithmen wird man dabei nicht auskommen.

Auf die Aspekte der Formulierung eines geeigneten Genmodells und einer zielführenden Bewertung wird bei der Vorstellung verschiedener Anwendungen in Kapitel 6 noch vertiefend eingegangen werden.

Bleibt das Problem der vergleichsweise vielen Strategieparameter von EAs (siehe auch Abschnitt 5.4), die einer einfachen Handhabung entgegenstehen. Für den Anwendungsbereich der Parameteroptimierung wird es durch die in Abschnitt 5.4.1 vorgestellte neue und für EA allgemein anwendbare Methode zur adaptiven Hybridisierung, die in HyGLEAM[1] enthalten ist, weitgehend gelöst. Vom EA wird dabei gefordert, dass die Population größer als eins ist und dass die Nachkommen mit den Eltern um die Aufnahme in die Nachfolgegeneration konkurrieren (Plus-Strategie im Sinne der ES-Terminologie, siehe auch Abschnitt 3.2). Außerdem ist es hilfreich, wenn pro Paarung mehrere Nachkommen erzeugt werden.

Die Frage der <u>Geschwindigkeit</u> (Punkt 5) kann nur anwendungsabhängig beantwortet werden: Zum einen legt die Anwendung den verfügbaren Zeitrahmen für eine Optimierung fest und zum anderen bestimmt ihre Komplexität und die Anzahl ihrer Parameter den Zeitbedarf für einen Optimierungslauf genauso wie die Dauer der Evaluation einer vorgeschlagenen Lösung (Fitnessberechnung). Insbesondere können Maßnahmen zur schnelleren Fitnessberechnung häufig verwendeten Simulation den gesamten Optimierungsprozess beschleunigen. Davon abgesehen bieten sich zwei Maßnahmen zur Beschleunigung eines EA an: Erstens durch Ausnutzung der dem EA innewohnenden Parallelität in Form der gleichzeitigen Berechnung aller Individuen einer Population pro Generation, siehe auch die Abschnitte 2.5 und 6.4. Im Grunde ist es eigentlich so, dass die sequentielle Berechnung der Nachkommen ein Zugeständnis an die bis vor kurzem üblichen Rechner mit nur einem Prozessor ist. Zweitens durch Anreicherung des EAs mit problemspezifischem Wissen oder allgemein anwendbaren lokalen Suchverfahren. Die so entstehenden Hybride H!GLEAM (Heuristisches GLEAM) und HyGLEAM werden im Laufe dieses Kapitels detailliert vorgestellt.

Bei praktischen Anwendungen kommt noch ein pragmatischer Gesichtspunkt hinzu: Wenn der verfügbare EA im gegebenen Zeitrahmen in der Regel bessere Lösungen liefert als das bisher benutzte Verfahren, so ist seine Anwendung gerechtfertigt, auch wenn die Lösungen noch suboptimal sind. Hinzu kommt, dass durch die üblichen Leistungssteigerungen bei der Rechnerhardware deren Einsatz beim EA zu besseren Lösungen führen wird, während die meisten konventionellen Verfahren nur das Gleiche schneller berechnen.

---

1. HyGLEAM steht in Anlehnung an GLEAM für <u>Hy</u>brid <u>G</u>eneral Purpose <u>E</u>volutionary <u>A</u>lgorithm and <u>M</u>ethod.

Hinsichtlich der im sechsten Punkt angesprochenen Erweiterbarkeit gibt es bei den EA eine Reihe von Möglichkeiten. Dies beginnt bei speziellen, der Aufgabenstellung angepassten Mutations- und/oder Rekombinationsoperatoren, die zusätzlich oder an Stelle der vorhandenen eingesetzt werden. Denkbar sind auch Reparaturmechanismen (siehe auch die Abschnitte 4.5, 6.7.3.5 und 6.8.2.1), die problemspezifisch unzulässige Nachkommen in zulässige verwandeln. Außerdem können zur Bildung der Startpopulation alle möglichen Verfahren herangezogen werden, da sie zunächst einmal völlig unabhängig vom EA sind. Wichtig ist dabei jedoch, dass erstens die Ergebnisse dieser Verfahren hinreichend unterschiedlich sind und dass sie nur einen kleinen Teil der Startpopulation bilden[2]. Dies ist notwendig, um eine divergente Startpopulation zu erhalten, die der Evolution Raum für die Suche gibt. Die in diesem Kapitel vorgestellten Weiterentwicklungen von GLEAM, das Heuristiken verwendende H!GLEAM und das lokale Suchverfahren integrierende HyGLEAM, stellen Schnittstellen für die zuvor genannten Erweiterungen zur Verfügung.

Zusammenfassend können die vielen Strategieparameter, die langsame Konvergenz in der Nähe eines Optimums und der hohe Bedarf an Fitnessberechnungen als wesentliche Hindernisse für einen EA-Einsatz benannt werden. Damit zeichnen sich die EA zwar durch ein breites Anwendungsspektrum, aber nicht durch eine vergleichbar breite Anwendung aus. Dieses Kapitel ist Maßnahmen gewidmet, die hierzu Abhilfe schaffen sollen.

5.2 Hybride Evolutionäre und Memetische Algorithmen

Wie bereits mehrfach erwähnt, benötigen EAs vergleichsweise viele Evaluationen und konvergieren in der Nähe von (Sub-)Optima schlecht. Vor allem letzteres ist durch die ungerichtete Suche der genetischen Operatoren und den Mangel an einem „evolutionären Feintuning" begründet. Der Gedanke liegt nahe, Evolutionäre Algorithmen mit anderen meist problemspezifischen lokalen Suchverfahren (LSV) oder Heuristiken zu kombinieren. Die dabei entstehenden hybriden Algorithmen können bezüglich ihres Aufbaus in vier Gruppen eingeteilt werden:

1. Aufgabenteilung
   Dabei wird das Problem in meist zwei Teilaufgaben zerlegt, von denen dann die eine vom EA bearbeitet wird. Der EA gibt jede generierte Lösung an das LSV zur Optimierung der Parameter der zweiten Teilaufgabe weiter, wobei die vom EA bestimmten Parameter fixiert bleiben. Der wesentliche Unterschied zu den drei nachfolgenden Gruppen besteht darin, dass beide Verfahren nur ihren jeweiligen Problem- und Parameteranteil sehen und bearbeiten. Da diese Art der Hybridisie-

---

2. Der Anteil sollte im Allgemeinen 10 % nicht überschreiten. Wenn die erzeugenden Verfahren jedoch eine große Vielfalt garantieren, wie es bei einigen der nachfolgend beschriebenen Fall ist, kann der Anteil auch auf ca. 25 % steigen.

rung ausgesprochen anwendungsspezifisch ist, wird sie hier nur der Vollständigkeit halber erwähnt und nicht weiter behandelt.

2. Vorinitialisierung der Startpopulation
Mit Hilfe eines meist heuristischen Verfahrens wird die gesamte Startpopulation oder nur ein Teil davon initialisiert. Ein eventueller Rest wird zufällig bestimmt. Der Grundgedanke besteht darin, die evolutionäre Suche bereits mit meist zulässigen Lösungen einer bestimmten Qualität beginnen zu lassen und so die Zeit zum Auffinden befriedigender Bereiche des Suchraums zu verkürzen. Man sollte beachten, dass durch die künstlich erzeugte Startpopulation eine unerwünschte Fokussierung auf Suboptima oder Teile des Suchraums erfolgen kann. Darauf wird später noch eingegangen.

3. Nachoptimierung der EA-Ergebnisse
Die Nachoptimierung der EA-Ergebnisse mit lokalen Verfahren wird häufig auch als „Local Hill Finding + Local Hill Climbing" bezeichnet. Der EA wird zum Auffinden einiger vielversprechender Regionen des Suchraums benutzt und anschließend wird ein LSV zur Bestimmung der exakten lokalen Optima verwendet. Das beste dieser Optima wird dann als Lösung betrachtet und man hofft, dass sich darunter das globale Optimum befindet.

4. Direkte Integration
Bei der direkten Integration lokaler Verfahren in die evolutionäre Suche gibt es mehrere Möglichkeiten. LSVs können als eine spezielle Mutation oder als Reparaturkomponente realisiert werden, die durch das Crossover und durch Mutationen entstandene unzulässige Lösungen wieder in zulässige verwandeln und gegebenenfalls verbessern. Eine weitere Variante besteht darin, dass alle oder nur ein Teil der vom EA erzeugten Nachkommen mit einem LSV verbessert werden. Ziel dabei ist, dass der EA nur noch über der Menge der lokalen Optima des Suchraums operieren muss. Diese Form der Hybridisierung wird auch als Memetischer Algorithmus (MA) bezeichnet, ein Begriff, der auf Moscato zurückgeht [71] und in der Literatur immer häufiger Verwendung findet.

Die ersten drei Gruppen lassen sich relativ leicht realisieren, da sie im Grunde auf eine Hintereinanderausführung unterschiedlicher Optimierungsverfahren hinauslaufen, die für sich jeweils unangetastet bleiben, während hingegen die direkte Integration einen größeren Eingriff in den Evolutionären Algorithmus selbst darstellt.

Der Pseudocode eines allgemeinen Memetischen Algorithmus' ist in Abb. 5.1 dargestellt. Der nicht-kursive Teil entspricht dem Ablauf eines EA, wie in Abb. 2.1 gezeigt, während die kursive die Erweiterung zum MA darstellt. Dabei gibt es zwei Alternativen: Entweder werden Nachkommen ausgehend vom Elter direkt durch lokale Verbesserung erzeugt (*LSV-Nachkommenserzeugung*) oder es werden mit konventionellen genetischen Operatoren erzeugte Nachkommen dem LSV unterworfen. Im letzteren Fall können alle oder nur ein wahrscheinlichkeits- und/oder fitness-bedingter Teil der

Nachkommen einer Paarung lokal verbessert werden. Dies kontrolliert die *LSV-Bedingung*. Natürlich können auch beide Alternativen zusammen auftreten, jedoch werden per LSV oder Heuristik erzeugte Nachkommen in der Regel nicht noch einmal einer lokalen Verbesserung unterzogen. Daher die Trennung im Pseudocode. Mit Hilfe der *LSV-Bedingung* wird Einfluss auf das Verhältnis von Breiten- zu Tiefensuche genommen: Nur den besten Nachkommen einer Paarung zu verbessern, stärkt die Tiefensuche, während die Verbesserung aller oder wenigstens eines Teils der Geschwister mehr Gewicht auf die Breitensuche verlagert. Letzteres ist vor allem bei stark oder extrem multimodalen Aufgaben (siehe auch Abschnitt 5.4.3.1) angezeigt. Anschließend wird das Chromosom im Falle von *Lamarckscher Evolution* an die gefundene Verbesserung angepasst oder es bleibt bei *Baldwin-Evolution* unverändert, so dass nur der Fitnesszuwachs wirksam ist. Im Bild wird nicht zwischen heuristischer und anwendungsneutraler Verbesserung unterschieden; beides wird unter dem Begriff *LSV* subsumiert.

Initialisierung und Bewertung der Startpopulation
REPEAT UNTIL Terminierungsbedingung (Generationsschleife)
   FOR alle Individuen der Population
   Partnerwahl
   IF LSV-Nachkommenserzeugung **THEN**
     Erzeuge und bewerte LSV-Nachkommen
   ELSE
     Erzeuge und bewerte Nachkommen durch genetische Operatoren
     IF LSV-Bedingung **THEN**
      LSV-Verbesserung des oder der ausgewählten Nachkommen
      Bewertung der verbesserten Nachkommen
   IF Lamarcksche Evolution **THEN**
     Chromosom-Anpassung gemäß LSV-Verbesserung
   Akzeptanz/Löschung des besten Nachkommen (Akzeptanzregel)
Liefere bestes Individuum (und weitere, falls gefordert) als Ergebnis

---

Abb. 5.1: Pseudocode eines allgemeinen Memetischen Algorithmus'. Die MA-spezifischen Teile sind kursiv hervorgehoben.

Die beiden nachfolgenden Abschnitte beschäftigen sich mit der Umsetzung des MA-Konzepts für den Anwendungsbereich der Roboterbahnplanung (H!GLEAM) und der Parameteroptimierung (HyGLEAM). H!GLEAM zielt vor allem auf eine Beschleunigung der Evolution durch eine Verringerung der Anzahl an rechenzeitintensiven Bewertungen (Simulationen). Bei HyGLEAM wird auch das Problem der einzustellenden Strategieparameter angegangen und die unterschiedlichen MA-Varianten und Weiterentwicklungen an Hand experimenteller Ergebnisse verglichen.

5.3 H!GLEAM

H!GLEAM (Heuristisches GLEAM) benutzt in Anlehnung an das allgemeine MA-Schema von Abb. 5.1 eine heuristische Vorinitialisierung eines Teils der Startpopulation, direkte heuristische Nachkommenserzeugung bei Erfüllung bestimmter Voraussetzungen (*Elter erfüllt die Verbesserungsbedingung*) und eine heuristische Verbesserung der Bewertung bei Vorliegen bestimmter Qualitätseigenschaften eines Individuums, wie Abb. 5.2 zeigt. Letzteres wird im Bild durch *bedingte heuristische Fitnessverbesserung* bezeichnet und erfolgt ohne Anpassung des Genotyps, also gemäß Baldwin-Evolution. Man könnte diese Art der Verbesserung in der Bewertungsphase auch als eine *phänotypische Reparatur* begreifen. Damit wird in H!GELAM sowohl die Baldwin- als auch die Lamarcksche Evolution angewandt.

> Zufällige und heuristische Initialisierung der Startpopulation
> Bewertung der Startpopulation
> **REPEAT UNTIL** Terminierungsbedingung (Generationsschleife)
>   **FOR** alle Individuen der Population
>   *IF Elter erfüllt die Verbesserungsbedingung* **THEN**
>   *Wähle Heuristik*
>   *Erzeuge heuristisch Nachkommen mit angepasstem Chromosom*
>   *Bewerte Nachkommen mit bedingter heuristischer Fitnessverbesserung*
>   Partnerwahl [ranking-basiert und innerhalb der Nachbarschaft]
>   **FOR** jeden Satz genetischer Operatoren
>   Erzeuge und *bewerte Nachkomme(n) mit bedingter heuristischer Fitnessverbesserung*
>   Akzeptanz/Löschung des besten Nachkommen (Akzeptanzregel)
> Liefere bestes Individuum (und weitere, falls gefordert) als Ergebnis

Abb. 5.2: H!GLEAM-Ausprägung des allgemeinen MA-Schemas von Abb. 5.1. GLEAM-Spezifika sind in eckigen Klammern angegeben, während die MA-spezifischen Teile kursiv dargestellt sind.

Die einzelnen Heuristiken und ihre Verwendung in H!GLEAM werden an Hand der in Abschnitt 4.2 behandelten Roboteranwendung und dem dort eingeführten Aktionsmodell vorgestellt. In der Praxis der Roboterprogrammierung können beliebige Aufgabenstellungen mit willkürlich angeordneten Hindernissen und in ihrer Kinematik auf bestimmte Weise eingeschränkte Industrieroboter vorkommen. Möchte man mit Hilfe Evolutionärer Algorithmen eine kollisionsfreie und optimierte Roboterbewegung erzeugen, die in ein Roboterprogramm integriert und/oder auf die Robotersteuerung geladen werden soll, so stellt die Praxis gewisse zeitliche Anforderungen an die Generierung einer kollisionsfreien Roboterbewegung. Zur Beschleunigung der Evolutionszeiten wurde GLEAM daher zu H!GLEAM erweitert, indem eine Reihe von heuristischen Operatoren eingeführt wurden.

Da die heuristischen Operatoren stark anwendungsbezogen sind, wird im folgenden auch in begrenztem Maße auf die Roboterprogrammierung und -steuerung eingegangen. Ohne grundlegende Kenntnisse in diesem Bereich sind die Operatoren und ihre Anwendung kaum zu verstehen. Allerdings ist das Konzept bzw. die Technik zum Einsatz solcher Operatoren auch auf andere Bereiche übertragbar, z.B. zur Prozesssteuerung.

5.3.1 Konzept der Heuristik für Aktionsketten

Die Aktionsketten, die in GLEAM den genetischen Code repräsentieren, bewirken bestimmte Operationen bei der Ausführung bzw. Simulation. Wenn sich umgekehrt die Parametrierung einer Aktion genau berechnen lässt, um eine bestimmte Wirkung zu erzielen, kann man künstlich Aktionen generieren, die beispielsweise den Industrieroboter veranlassen, eine Achse um n Grad zu bewegen. Übertragen auf andere Aufgabenstellungen mit statischer Chromosomeninterpretation entspricht dies einer Aktionssequenz, die z.B. eine bestimmte Reihenfolge von Arbeitsschritten für einen Produktionsplan beschreibt, welche vom Anwender für den Start der Evolution vorgegeben wird.

Im einfachsten Fall wird eine berechnete Aktion in die Aktionskette eingefügt, wenn eine bestimmte Voraussetzung im Evolutionsablauf vorliegt. Dies kann bei der Generierung von kollisionsfreien Roboterbewegungen beispielsweise das Einfügen einer Drehung der Achse 0 um 160° sein, falls sich die Fitnessnote eine Anzahl von Generationen lang nicht verändert, siehe Abb. 5.3.

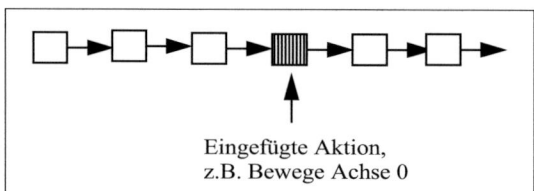

Eingefügte Aktion,
z.B. Bewege Achse 0

Abb. 5.3: Konstruierte Änderung einer Aktionskette

Eine erweiterte Form der Heuristik ist die Konstruktion von Aktionen und die sofortige Prüfung ihrer Wirkung durch Simulation oder Berechnung. So kann beispielsweise nach dem Einfügen einer Achsenbewegung des Roboters sofort per Simulation geprüft werden, ob dadurch eine Kollision verursacht wurde. Sollte dies der Fall sein, werden die Parameter der Aktion verändert oder diese verworfen, siehe Abb. 5.4.

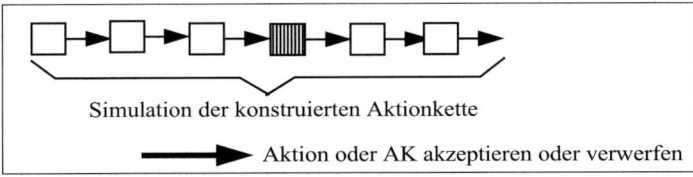

Simulation der konstruierten Aktionkette

➤ Aktion oder AK akzeptieren oder verwerfen

Abb. 5.4: Konstruktion und Prüfung einer Aktionskette

Der Vorgang des Konstruierens, Einfügens und Prüfens einer neuen Aktion in der Aktionskette kann auch mehrmals hintereinander ausgeführt werden.

5.3.2 Roboterprogrammierung und Kollisionsvermeidung

Üblicherweise werden Industrieroboter in einer Mischung aus Teach-in-Verfahren und textueller Programmierung kombiniert mit Simulationsunterstützung programmiert. Beim Teach-in-Verfahren wird der Roboter vom Programmierer per Handprogrammiergerät zu einzelnen Bewegungszielen gesteuert und die Zwischen- und Zielpositionen einer Bewegungsbahn abgespeichert, siehe Abb. 5.5. Daneben gibt es noch die Folgeprogrammierung, dabei wird der Industrierobo-

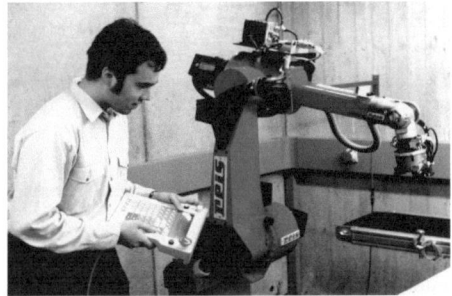

Abb. 5.5: Programmierung eines Industrieroboters mit dem Teach-in-Verfahren

ter gewissermaßen an die Hand genommen und die Bewegung „vorgemacht". Dies ist aber für die weitere Betrachtung von H!GLEAM nicht von Bedeutung und hier nur der Vollständigkeit halber erwähnt.

Im anschließenden Automatikbetrieb, wenn das Programm von der Steuerung ausgeführt wird, werden in einem bestimmten Zeittakt (z.B. alle 15 ms) Sollwerte für die Stützpunkte zwischen Start- und Zielposition berechnet. Dabei werden auch vom Programmierer vorgegebene Geschwindigkeits- und Geometrieparameter verarbeitet, siehe auch [72, 73]. Oft wird diese Programmierung durch ein textuelles Roboterprogramm ergänzt, das mehr die Programmablaufstruktur beschreibt und in das die Bewegungssequenzen eingebettet werden. Dieses kombinierte Vorgehen ist üblich. Mit einer reinen Offline-Programmierung, d.h. abstrakt und ohne den Roboter selbst zu den Positionen zu steuern, ist es schwer möglich, die Positionen und vor allem die Orientierung im Raum genau zu definieren. Dies kann durch eine Simulation verbessert werden, die es dem Anwender erlaubt, die Roboterbewegungen (einschließlich Zeitdauer) vor Ausführung auf der Steuerung zu testen.

Ein spezielles Problem ist dabei die Vermeidung von Kollisionen des Industrieroboters mit Hindernissen, Teilen von sich selber oder dem Boden. Der Programmierer achtet mehr auf die Bewegungsbahn, welche der Greifer oder ein Werkzeug im Raum von einer programmierten Position zur nächsten zurücklegt, oder eventuell noch auf Kollisionen von Roboterachsen an den programmierten Positionen. Letzteres ist bei der textuellen Offline-Programmierung kaum mehr möglich. Der Anwender kann nicht nur durch seine Vorstellungskraft die Kollisionsmöglichkeiten aller Roboterachsen einschätzen oder gar genau bestimmen. Letzteres kann durch eine graphische Simulation ermöglicht werden, da der Anwender dann die Bewegungen aller Achsen verfolgen kann und mögliche Kollisionen gemeldet bekommt. Allerdings weiß er dann immer noch nicht, wie eine kollisionsfreie Bewegung programmiert werden müsste.

Die Kollisionsmöglichkeiten eines Roboters hängen nicht nur von der Bewegungsbahn ab, sondern auch von seiner Kinematik. Je nach Art und Größe der Roboterachsen und in Abhängigkeit von den Achsanschlägen können die Kollisionsmöglichkeiten völlig unterschiedlich ausfallen. Dies bedeutet, dass für jeden Robotertyp die Strategien zur Kollisionsvermeidung und damit auch die heuristischen Operatoren an die jeweilige Kinematik angepasst werden müssen.

5.3.3 Definition der heuristischen Operatoren

Zum Start und während der Evolution soll die Chance, eine kollisionsfreie Bewegung in Richtung des Bewegungsziels zu generieren, durch heuristische Operatoren wesentlich erhöht werden. Diese Operatoren verändern den Gencode gezielt, ohne jedoch direkte Bahnberechnungen durchzuführen. Insofern arbeiten diese Operatoren ohne Kenntnis der konkreten Aufgabenstellung.

Die künstliche Generierung von genetischem Code bezieht sich nur auf die Codeelemente bzw. Aktionen zum Bewegen oder Abbremsen einer Roboterachse. Dazu werden die Parameter Beschleunigung a und zu erreichende Geschwindigkeit v_{max} sowie die Zeitdauer für das Beschleunigen und Halten der erreichten Geschwindigkeit berechnet und in den Code eingetragen.

Beispiel: Drehen der Achse 1 um 90°, d.h. Strecke $s = 90°$

$$t_{beschl} = v_{max}/a$$

Zeitdauer t_{beschl}, um auf die Geschwindigkeit v_{max} zu kommen

$$s_{beschl} = a/2 \cdot t_{beschl}^2$$

Strecke s_{beschl}, um auf die Geschwindigkeit v_{max} zu kommen

Falls s_{beschl} größer als die halbe Gesamtstrecke s ist, gilt

$$t_{beschl} = \sqrt{\frac{2 \cdot s}{a}}$$

d.h., es wird nur beschleunigt und abgebremst

$$s_{beschl} = s/2$$

Beschleunigungsstrecke ist $s/2$

$$v = a \cdot t_{beschl} \qquad \text{Geschwindigkeit nach dem Beschleunigen}$$

$$s_{geschw} = s - 2 \cdot s_{beschl} \qquad \text{Beschleunigungs- und Bremsstrecke sind gleich lang}$$

$$t_{geschw} = s_{geschw}/v \qquad \text{Dauer der Bewegung mit gleicher maximaler Geschwindigkeit}$$

Daraus folgt die Gencode-Generierung:

1.: `Start_Motor 1`, Rampe $= a$, Geschwindigkeit $= v$

2.: `Unveraendert`, Taktanzahl $= \dfrac{t_{beschl} - t_{geschw}}{taktzeit}$

3.: `Motor_aus 1`, Rampe $= a$

4.: `Unveraendert`, Taktanzahl $= \dfrac{t_{beschl}}{taktzeit}$

Wenn die obigen vier neuen Aktionen in den Gencode bzw. in die Aktionskette eingefügt werden, bewegt sich die Achse 1 des Roboters um 90°.

Die heuristischen Operatoren basieren auf ähnlichen Berechnungen, wie sie hier vereinfacht dargestellt wurden. Sie werden mit einer einzustellenden Wahrscheinlichkeit in den Gencode einer Roboterbewegung eingefügt. Dies erfolgt während des Ablaufs der Evolution als Ergänzung zu den üblichen genetischen Operatoren. Außerdem dienen die heuristischen Operatoren zum Ergänzen einer per Zufall erzeugten Startpopulation.

5.3.3.1 Kinematische Ableitung

Die heuristischen Operatoren ergeben sich aus den kinematischen Gegebenheiten eines Roboters. So sind beispielsweise die meisten Industrieroboter nicht in der Lage, mit der ersten Drehachse (Ständer oder Rumpf genannt) einen Vollkreis zu fahren (meist nur 270° bis 300°) und die anschließende Achse, die dem Schultergelenk entspricht, kann in der Bewegung nach hinten in der Regel nur 10° bis 40° von der Senkrechten abweichen, siehe Abb. 5.6. Dies gilt in der Regel auch für den Unterarm.

Durch diese Einschränkungen kann folgende Situation während des Evolutionslaufs entstehen: Der Roboter soll sich von einer Position vor ihm (in Grundstellung) zu einer Position hinter ihm bewegen. Dies geht jedoch nur, wenn er sich um die eigene Achse dreht. Wenn jedoch Bewegungsbefehle generiert werden, die den Roboterarm „über Kopf" nach hinten bis kurz vor den Anschlag bewegen, erfolgt zunächst eine positiv bewertete Annäherung an das Ziel, wie in Abb. 5.6 dargestellt. Demgegenüber erhalten alle Bewegungsansätze, die eine Rumpfbewegung beginnen, eine vergleichsweise schlechte Bewertung, da sie zunächst vom Ziel wegführen. Es besteht somit die Gefahr, dass der Evolutionsprozess längere Zeit „hängen bleibt".

  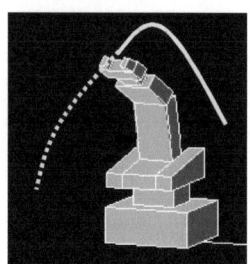

Startposition   „Hängenbleiben"   Zielposition so nicht erreichbar

Abb. 5.6: Entstehung einer „Sackgassensituation" durch einen ungeeigneten Bewegungsab-
lauf: Über den Kopf anstelle einer Drehung

Der heuristische Operator „Drehung um 90° bis 180° um den Roboterrumpf" kann in
solchen Situationen die Evolution erheblich beschleunigen, siehe Abb. 5.7.

   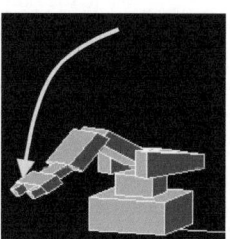

Startposition   Senkrechte Stellung   Drehung um 180°   Anfahren des Bewegungsziels

Abb. 5.7: Vermeidung der „Sackgassensituation" durch Drehung vor der Absenkung zur
Zielposition

Natürlich ist ein derartiger Operator von der Kinematik des Industrieroboters abhängig. Da aber viele Robotertypen einen sehr ähnlichen kinematischen Aufbau haben,
kann der Operator auf viele gängige Robotertypen angewandt werden.

5.3.3.2 Heuristischer Anteil von Individuen mit Suchbewegungen bei der Initia-
lisierung der Startpopulation

Die Startpopulation wird nicht mehr komplett per Zufall generiert, sondern ein Anteil
von etwa 25% wird mittels heuristischer Operatoren generiert. Dazu werden Aktionsketten generiert, die bestimmte Bewegungen enthalten, die erfahrungsgemäß in die
Nähe des Bewegungszieles führen und helfen, mögliche Hindernisse zu vermeiden, die
oben, unten oder seitwärts zum Ziel vorhanden sein können. So wird beispielsweise
eine Bewegungsfolge konstruiert, bei welcher der Roboter zunächst den Arm nach
oben streckt, sich in Zielrichtung dreht, und dann den Arm absenkt. Zu beachten ist,
dass zuerst ein Abbremsen aller Roboterachsen bis zum Stillstand eingefügt und die

dann erreichte Position festgestellt wird, damit von einem wohldefinierten Positions-
wert für die folgenden Berechnungen ausgegangen werden kann, siehe Abb. 5.8 oben.
Diese Verlangsamung der Bewegung wird im Erfolgsfall, wenn also das Bewegungsziel ohne Kollision erreicht wurde, durch den weiteren Evolutionsprozess „wegopti-
miert".

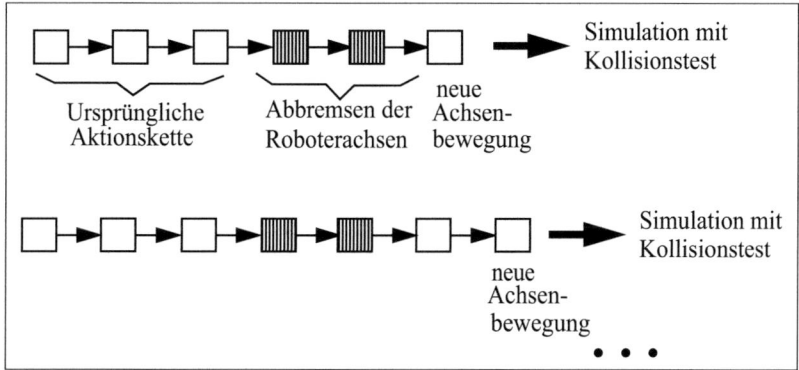

Abb. 5.8: Konstruktion einer Erweiterung einer Aktionskette

Bei der Konstruktion der Bewegung der einzelnen Roboterachsen wird die bis dahin
fertiggestellte Aktionskette nach jeder Einzelbewegung einer Achse simuliert und die
dann erreichte Position festgestellt, um prüfen zu können, ob eine Kollision erfolgte.
Sollte dies der Fall sein, werden nur die Achsenbewegungen vor der Kollision in die
Aktionskette aufgenommen, siehe Abb. 5.8 unten.

5.3.3.3 Einfügen heuristisch konstruierter Codesegmente durch genetische Operatoren während der Evolution

Mit einer einstellbaren Wahrscheinlichkeit werden folgende heuristische Operatoren
während des Evolutionsprozesses angewandt:

1. Am Ende einer Aktionskette wird eine Suchbewegung angefügt. Diese kann darin
   bestehen, den Roboterarm zunächst senkrecht nach oben zu bewegen, um dann
   den Arm in Zielrichtung zu drehen. Sollte dies nicht möglich sein, wird der Arm
   vor der Drehung gebeugt. Anschließend wird versucht, Ober- und Unterarm in die
   Zielstellung zu bewegen.

2. Es wird getestet, mit welcher Achse eine Bewegung ohne Kollision möglich ist.

3. Es wird nur am Ende der Aktionskette die Anwendung genetischer Operatoren
   zugelassen, dazu werden vorher per eingefügter Aktionen alle Achsen gestoppt.

4. Es wird an beliebiger Stelle in einer Aktionskette eine Rotation der Achse 1
   (Rumpf) oder der Achse 2 (Oberarm) auf den Zielwert eingefügt.

5. Es wird getestet, ob sich der Roboterarm über einem Hindernis befindet, falls ja, wird der Oberarm hochgezogen und der Unterarm angezogen, um unter das Hindernis zu kommen.

Wenn sich der Fitnesswert des besten Individuums über eine Anzahl von Generationen (z.B. 10 oder 20) noch nicht einmal geringfügig verbessert, dann wird per Zufall einer der beiden folgenden Operatoren auf eine zufällig ausgewählte AK angewandt:

1. Es wird das letzte Vorkommen einer Rotation (gilt nur für derartige Kinematiken) um die erste Roboterachse in einer AK gesucht. Diese Aktion wird entweder entfernt oder ihre Parameter werden verändert (Zufallsentscheidung). Falls keine solche Aktion zur Bewegung der ersten Achse existiert, wird sie generiert (mit Zufallswerten) und an einer zufällig gewählten Stelle in die AK eingefügt. Der Grund für ein solches Vorgehen ist, dass die Drehung des gesamten Roboterarms durch die erste Achse den größten Einfluss auf die Bewegungsbahn hat und daher auch mit einiger Wahrscheinlichkeit zu der problematischen Situation geführt hat.

2. Es werden zunächst Aktionen zum Abbremsen aller Roboterachsen an eine Kopie der bisher besten AK angehängt. Falls bei der Simulation dieser AK eine Kollision festgestellt wird, bedeutet dies den Abbruch des Versuchs und die Kopie wird vernichtet. Wenn keine Kollision beim Abbremsen erfolgte, wird wie folgt weiter vorgegangen:

   • Anhängen von Aktionen, die alle Achsen ins Ziel bewegen. Falls dadurch eine Kollision verursacht wurde, werden die angefügten Aktionen gelöscht und

   • neue Aktionen angefügt, die den Roboterarm nur zu 80% der Achsenbewegungen zum Ziel bewegt. Falls dadurch eine Kollision verursacht wurde, werden die angefügten Aktionen gelöscht und

   • neue Aktionen angehängt, die den Arm senkrecht nach oben bewegen, falls das Bewegungsziel höher liegt, ansonsten den Arm etwas nach unten bewegen und den Roboter mit der ersten Achse leicht drehen. Falls eine Kollision entsteht, werden die angehängten Aktionen gelöscht und und das Ganze bis zu 10 mal wiederholt, wobei die erste Achse jedesmal weiter gedreht wird. Diese Aktionen sollen dazu dienen, ein vermutetes Hindernis vor dem Ziel zu umfahren.

   • Falls alle bisherigen Versuche zu einer Kollision führten, werden Aktionen angefügt, die den Arm waagerecht ausgestreckt in Richtung Ziel bewegen, um den Roboter zwischen zwei vermuteten Hindernissen hindurch zu bewegen.

   Sollten alle diese Versuche zu einer Kollision geführt haben, wird die Kopie der AK gelöscht, ansonsten wird die neu gewonnene AK zusätzlich aufgenommen.

Ziel dieser Operatoren ist es, die erfolglosen Bewegungen schneller und gezielter abzuändern, als dies in der Regel durch die normalen genetischen Operatoren geschehen würde.

5.3.3.4 Automatische Zielfindung durch Anfügen von Bewegungen

Führt eine generierte Bewegungsbahn zu einer Position, die innerhalb eines vorgegebenen Radius' zum Zielpunkt liegt, wird die Bewegung zur Zielposition durch ein einfaches Verfahren im Rahmen der Simulation durchgeführt. Dazu werden alle Roboterachsen von ihrer letzten Position zu den Achswerten am Zielpunkt bewegt, indem interpolierte Zwischenpositionen im Steuertakt berechnet werden. Die resultierende Bewegungsbahn ist dann geradenähnlich, da die Bewegungsstrecke gering ist. Erfolgt bei dieser Bewegung zum Ziel eine Kollision, wird sie wieder rückgängig gemacht und die Aktionskette entsprechend schlechter bewertet. Diese Bewegung zum Ziel ist nicht in der AK enthalten, wird jedoch im Erfolgsfall zur Erzeugung des Roboterprogrammcodes verwendet. Dieses Vorgehen erinnert an die Lamarcksche Evolution.

Der Vorteil dieser Ergänzung liegt darin, dass die Evolutionszeit eingespart wird, um von einer zielnahen Position den exakten Zielpunkt anzusteuern. Wegen der geringen Strecke ist auch das Bewegungsstück fast eine Gerade, also auch relativ optimal. Der Sinn dieses Vorgehens besteht darin, der Evolution die Feinarbeit in der Nähe des Optimums abzunehmen. Es sollte nie vergessen werden, dass die Evolution eben kein Verfahren ist, eine Population vollständig zum präzisen Optimum zu führen. Denn damit wäre sie homogen und ihr biologisches Vorbild Umweltänderungen hilflos ausgesetzt.

5.3.3.5 Implementierung auf einer industriellen Robotersteuerung

Die beschriebenen heuristischen Operatoren wurden im Rahmen einer Implementierung von H!GLEAM auf einer industriellen Robotersteuerung entwickelt. Dadurch konnte die Zeit zum Generieren einer komplexen Bewegung in einem Hindernisparcours erheblich reduziert werden. Dies war vor allem deshalb nötig, weil die Simulationszeit, insbesondere die Kollisionsprüfung, mehr als 90% der gesamten Rechenzeit erforderte. Je weniger Generationen und damit Simulationen erforderlich wurden, desto schneller lag ein Ergebnis vor.

In diesem Zusammenhang zeigte sich, dass nur eine enge Verknüpfung von Evolutionären Algorithmen und Robotertechnik zu einem befriedigenden Ergebnis führen kann. Dies bedeutet, dass zum Definieren der heuristischen Operatoren sowohl technologisches Wissen über die Roboterkinematik und -steuerung notwendig ist, als auch die Fähigkeit, auf der Basis des genetischen Codes neue Bewegungen zu konstruieren.

Die Implementierung von GLEAM auf einer industriellen Robotersteuerung bedeutete, dass zwei unterschiedliche „Softwarewelten" mit verschiedenen Datenstrukturen und Programmierphilosophien aufeinander abgestimmt werden mussten. Dies gelang nur durch die Definition klarer Schnittstellen und einem modularen Aufbau der Software. Das Zusammenspiel der Komponenten zeigt Abb. 5.9.

Die Robotersteuerung enthält eine Bedienoberfläche zum Einstellen der Parameterwerte für GLEAM, wie die Anzahl der Generationen. Sie startet GLEAM und übergibt

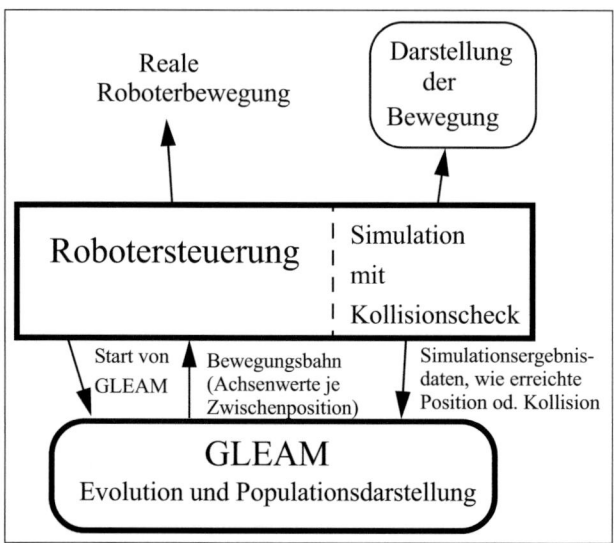

Abb. 5.9: Zusammenspiel der Komponenten von GLEAM und der Robotersteuerung

die Parameter. GLEAM erzeugt die AKs und wendet dazu die genetischen Operatoren an. Zur Bewertung schickt es die von den AKs erzeugten Bewegungen der Individuen in Form von Positionsdateien (Achsenwerte je Zeitintervall) an die Simulation auf der Steuerung, wo dann auch der Kollisionscheck durchgeführt wird. Außerdem liefert GLEAM eine Anzeige der Population. Dazu wird die Fitness eines jeden Individuums in Form eines gefärbten kleinen Rechtecks dargestellt (von dunkelgrün -> sehr gut bis dunkelrot -> sehr schlecht). Zum Schluß wird das Ergebnis des Evolutionslaufs graphisch durch das Programm ProVis Virtual Robot angezeigt. Dies wird in Abschnitt 6.3 noch genauer beschrieben.

Die einzelnen Bewegungen, die durch die heuristischen Operatoren eingeführt werden, sind natürlich auf bestimmte Robotertypen zugeschnitten, wobei man die Bewegungen für den jeweiligen kinematischen Robotertyp systematisieren kann. Es lassen sich für rein rotatorische Achsen, für translatorische und gemischte Achsentypen sowie für Vertikal- oder Horizontalschwenkarm-Roboter typische Bewegungsansätze definieren, welche die Kollisionsvermeidung erheblich beschleunigen. Außerdem lassen sich die heuristischen Operatoren bei Bedarf sicher noch verbessern und erweitern, indem sie z.B. stärker an die gegebene Kinematik oder Aufgabenstellung angepasst werden.

5.4 HyGLEAM

HyGLEAM (Akronym siehe Fußnote 1, Seite 63) enthält mehrere Varianten Memetischer Algorithmen basierend auf (derzeit) zwei allgemein anwendbaren lokalen Suchverfahren [4, 5, 74]. Diese bilden jeweils mit GLEAM zwei einfache MAs, die auch als SMA (Simple Memetic Algorithm) bezeichnet werden. Dazu kommt ein nachfolgend vorgestellter adaptiver multi-memetischer Algorithmus. Ausgehend von dem in Abschnitt 5.2 und Abb. 5.1 vorgestellten allgemeinen Schema eines Memetischen Algorithmus zeigt Abb. 5.10 dessen in HyGLEAM enthaltene Ausprägung für die beiden SMAs. Die Besonderheiten von GLEAM bei der Partnerwahl sind in eckigen Klammern angegeben. Hier werden nur durch konventionelle genetische Operatoren erzeugte Nachkommen einem lokalen Suchverfahren (LSV) unterworfen und es entfällt die direkte Nachkommenserzeugung per lokaler Verbesserung. Die Verbesserungsbedingung (*LSV-Bedingung*) von Abb. 5.1 ist auf die Alternative, nur den besten oder alle Nachkommen einer Paarung zu verbessern, beschränkt (*best-* oder *(statische) all-Verbesserung)*[3]. Anschließend wird der beste Nachkomme gemäß Lamarckscher Evolution genotypisch an die gefundene Verbesserung angepasst und dies obwohl die Frage, welcher der beiden Evolutionsarten besser sei, in der Literatur kontrovers diskutiert wird [75, 76, 77]. Meist wird der Baldwin-Evolution der Vorzug gegeben, da sie eine größere genetische Vielfalt über einen längeren Zeitraum bewirkt. Eigene Untersuchungen [78, 4] haben jedoch gezeigt, dass die Lamarcksche Evolution bei Verwendung des von Gorges-Schleuter [17] vorgeschlagenen Nachbarschaftsmodells zum Teil erheblich besser abschneidet[4]. Das hat seine Ursache darin, dass es der Gefahr vorzeitiger Konvergenz wirksam entgegentritt, wie in Abschnitt 2.5 ausgeführt. Ähnliches gilt übrigens auch für die Verwendung des Nachbarschaftsmodells bei der Evolutionsstrategie [20]. Daher verwendet HyGLEAM Lamarcksche Evolution und H!GLEAM bis auf eine spezielle Anwendung einer Heuristik ebenfalls.

Wie bereits in Abschnitt 5.1 ausgeführt wurde, stellt die hohe Anzahl an Strategieparametern ein Einsatzhindernis für EA dar. In diesem Abschnitt wird ein allgemeines Konzept für Memetische Algorithmen zur Überwindung dieses Problems vorgestellt. Zu den wichtigsten EA-Strategieparametern zählen die Populationsgröße, Mutations- und Crossover-Raten, die Anzahl der pro Paarung erzeugten Kinder und weitere Parameter, die von der konkreten Ausgestaltung eines EA abhängen, wie z.B. der Rankingfaktor bei rankingbasierter Selektion. Es wird davon ausgegangen, dass sich diese Parameter bis auf die Populationsgröße EA-spezifisch so einstellen lassen, dass sie für ein breites Spektrum von Parameteroptimierungsaufgaben geeignet sind. Durch die Erweiterung des EA zum MA kommen folgende Strategieparameter hinzu:

---

3. Nach Einführung der Adaption wird zwischen *statischer* und *adaptiver all-Verbesserung* unterschieden.

4. Siehe auch die Spalte L für die Lamarckrate in Tabelle 5.3, die den Anteil der Lamarckschen Evolution in Prozent angibt. In den beiden abweichenden Fällen fallen die Jobs mit Lamarckscher Evolution nur geringfügig schlechter aus.

Initialisierung und Bewertung der Startpopulation
REPEAT UNTIL Terminierungsbedingung (Generationsschleife)
  FOR alle Individuen der Population
    Partnerwahl [ranking-basiert und innerhalb der Nachbarschaft]
    FOR jeden Satz genetischer Operatoren
      Erzeuge und bewerte Nachkomme(n)
      IF nur den besten Nachkommen verbessern **THEN**
        LSV-Verbesserung des besten Nachkommen und Bewertung
      ELSE
        LSV-Verbesserung aller Nachkommen und Bewertung
      Chromosom-Anpassung gemäß LSV-Verbesserung
      Akzeptanz/Löschung des besten Nachkommen (Akzeptanzregel)
  Liefere bestes Individuum (und weitere, falls gefordert) als Ergebnis

---

Abb. 5.10: HyGLEAM-Ausprägung des allgemeinen MA-Schemas von Abb. 5.1. GLEAM-Spezifika sind in eckigen Klammern angegeben, während die MA-spezifischen Teile kursiv dargestellt sind.

1. Auswahl des LSVs sofern mehrere zur Verfügung stehen

2. Auswahl des Umfangs zu verbessernder Nachkommen pro Paarung: nur das beste, alle, zufallsbestimmter Anteil

3. Dauer und Genauigkeit der lokalen Suche (Anzahl der Iterationen, LSV-Abbruchschranke)

Die beiden letzten Parameter bestimmen letztlich die Aufteilung der Rechenzeit zwischen evolutionärer und lokaler Suche, eine Frage, auf deren grundlegende Bedeutung Goldberg und Voessner bereits 1999 hingewiesen haben [79]. Der in [80] weiterentwickelte systemtheoretische Ansatz kann leider für die praktische Anwendung keine verwertbaren Empfehlungen geben, wie die Autoren selbst einräumen. Letztlich geht es dabei auch um eine Kosten-Nutzen-Abwägung, was zu dem im nächsten Abschnitt vorgestellten Konzept der Kosten-Nutzen basierten Adaption führt.

Eigene Untersuchungen [78, 4] (siehe auch Abschnitt 5.4.3.2) zeigen deutlich, dass die Wahl eines geeigneten LSVs wesentlich für den Erfolg des resultierenden MA ist. Dies gilt auch für andere Anwendungsfälle über den Kreis der Parameteroptimierung hinaus, wie die Arbeiten von Hart [81], Krasnogor [82] sowie Ong und Keane [83] zeigen. Da es in der Regel im voraus nicht bekannt ist, welches LSV am besten oder zumindest zufriedenstellend arbeiten wird, liegt es nahe, alle geeignet erscheinenden LSVs in den MA zu integrieren und die LSV-Auswahl selbst adaptiv zu steuern. Aus dem einfachen MA[5] wird so ein <u>a</u>daptiv gesteuerter <u>m</u>ulti-<u>m</u>emetischer <u>A</u>lgorithmus (AMMA).

5.4.1 Konzept der Kosten-Nutzen basierten Adaption

Die adaptive Steuerung beruht auf dem beobachteten Erfolg ausgedrückt durch den erzielten Fitnesszuwachs und den dazu notwendigen Kosten in Form von Fitnessberechnungen. Sie wird zunächst am Beispiel der Bestimmung der Anwendungswahrscheinlichkeiten zwischen den beteiligten lokalen Verfahren *LS1*, ..., *LSn* beschrieben. Anfänglich sind alle Wahrscheinlichkeiten gleich. Die Anzahl der Anwendungen wird je Verfahren gezählt und der jeweils erreichte relative Fitnessgewinn *rfg* wird zusammen mit den dazu benötigten Evaluationen *eval* aufsummiert. Da ein bestimmter Fitnesszuwachs (Fitness nach der lokalen Suche (f_{LS}) abzüglich der Fitness nach Anwendung der genetischen Operatoren (f_{evo})) mit zunehmender Ausgangsfitness f_{evo} höher zu bewerten ist, wird statt des absoluten Wertes der Fitnessdifferenz ein relatives Maß benutzt, das sich am noch möglichen Fitnessgewinn orientiert. Dazu wird die Fitnessfunktion im Bereich $0..f_{max}$ normiert[6]. Der relative Fitnessgewinn *rfg* wird wie folgt berechnet:

$$rfg = \frac{f_{LS} - f_{evo}}{f_{max} - f_{evo}}$$

Die Ausführungswahrscheinlichkeiten der lokalen Verfahren werden neu justiert, wenn entweder jedes Verfahren mindestens $usage_{min}$ mal benutzt wurde oder nach spätestens $matings_{max}$ Paarungen. Die neue Relation zwischen den lokalen Verfahren berechnet sich wie folgt:

$$\frac{\sum rfg_{i, LS1}}{\sum eval_{i, LS1}} : ... : \frac{\sum rfg_{j, LSn}}{\sum eval_{j, LSn}}$$

Die Summen werden nach der Anpassung zurückgesetzt. Wenn die Anwendungswahrscheinlichkeit eines der Verfahren dreimal hintereinander weniger als ein P_{min} beträgt, wird es abgeschaltet. Um einer voreiligen Abschaltung entgegenzuwirken, wird bei erstmaliger Unterschreitung von P_{min} die berechnete Wahrscheinlichkeit auf P_{min} heraufgesetzt. Da sich dies in der Praxis als nicht ausreichend erwiesen hat, wird die neue Wahrscheinlichkeitsverteilung aus einem Drittel der alten und zwei Dritteln der neuen gebildet. Damit wird erreicht, dass sich die Anpassung der LSV-Wahrscheinlichkeiten etwas langsamer und weniger sprunghaft vollzieht.

---

5. Der zuvor eingeführte SMA-Begriff wird nun dahingehend präzisiert, dass es sich um einen MA mit einem Meme und ohne jede adaptive Anpassung seiner Anwendung handelt.

6. In GLEAM ist die Fitnessfunktion auf Grund der gewichteten Summe bereits normiert, siehe Abschnitt 4.8.

	Level 2	Level 3	Level 4	Level 5	Level 6	
...	$p = 0$	$p = 0.15$	$p = 0.25$	$p = 0.6$	$p = 0$	...
	$v = 200$	$v = 350$	$v = 500$	$v = 750$	$v = 1000$	

	Level 2	Level 3	Level 4	Level 5	Level 6	
...	$p = 0$	$p = 0$	$p = 0.4$	$p = 0.6$	$p = 0$	...
	$v = 200$	$v = 350$	$v = 500$	$v = 750$	$v = 1000$	

	Level 2	Level 3	Level 4	Level 5	Level 6	
...	$p = 0$	$p = 0$	$p = 0.32$	$p = 0.48$	$p = 0.2$	...
	$v = 200$	$v = 350$	$v = 500$	$v = 750$	$v = 1000$	

Abb. 5.11: Drei Phasen einer Levelbewegung am Beispiel der Überschreitung des Wahrscheinlichkeitsgrenzwertes von Level 5. Die jeweils momentan aktiven Levels sind grau hinterlegt. Die Levelwerte sind mit v angegeben und dienen hier nur der Illustration.

Der Ansatz kann leicht auf Strategieparameter, die beispielsweise die Genauigkeit der lokalen Suche kontrollieren, erweitert werden. Dazu wird der Wertebereich eines Strategieparameters in eine Anzahl von Bereichen unterteilt, was am Beispiel der Iterationsgrenze erläutert werden soll. Hierfür mögen m *Level* genannte Bereiche genügen, für die geeignete Werte zwischen *sehr wenig* und *sehr viel Iterationen* zu Grunde gelegt werden. Was dabei unter *sehr wenige* oder *viele* Iterationen zu verstehen ist, hängt vom jeweiligen LSV ab. Es sind, von der Levelbewegung abgesehen, immer genau drei benachbarte Level gleichzeitig *aktiv*, d.h. sie haben eine Wahrscheinlichkeit, ausgewählt zu werden, von $p > 0$. Die Anpassung der Wahrscheinlichkeiten erfolgt wie bei der LSV-Auswahl beschrieben. Wenn dabei der niedrigste oder höchste aktive Level eine Wahrscheinlichkeit von mehr als 50% erhält, erfolgt eine Levelanpassung, wie in Abb. 5.11 dargestellt. Dazu wird zunächst der Level am anderen Ende deaktiviert und seine Wahrscheinlichkeit dem Nachbarlevel zugeschlagen (mittlere Zeile von Abb. 5.11). Der neue Level (Level 6 im Bild) erhält 20% der Wahrscheinlichkeit der anderen beiden und wird damit aktiviert (letzte Zeile in Abb. 5.11). Damit wird eine Bewegung der aktiven Level auf der Skala möglicher Level entsprechend dem erreichten Fitnesszuwachs und der dazu erforderlichen Evaluationen erreicht. Da die geringste Levelwahrscheinlichkeit auf 0.1 festgesetzt wird, bleiben auch bei Erreichen des Skalenendes drei Level aktiv, wodurch eine dauerhafte Mobilität gewährleistet wird.

Mit Hilfe dieses Ansatzes wurden in HyGLEAM auch weitere Strategieparameter der Hybridisierung angepasst, wie z. B. neben dem reinen Iterationslimit von LSVs zusätzliche LSV-spezifische Abbruchschranken wie der Threshold th_R des Rosenbrock-Verfahrens, siehe Abschnitt 5.4.2. Solche Schranken haben gegenüber Iterationsgrenzen den Vorteil, dass sie als konvergenzbezogenes Abbruchkriterium sowohl spezifisch hinsichtlich der Anwendung als auch des konkreten Verlaufs einer lokalen Optimierung wirken. Außerdem kann die starre Alternative von Abb. 5.10 zur Verbesserung nur des besten Nachkommen einer Paarung, nämlich alle Nachkommen der Paarung zu verbessern, flexibler gestaltet werden, indem die Geschwister des besten Nachkommen zufällig der lokalen Verbesserung unterzogen werden (adaptive *all-Verb.* in Abb. 5.12). Dazu wird pro LSV ein neuer Strategieparameter *LSV_p* für diese Wahrscheinlichkeit eingeführt.

```
Initialisierung und Bewertung der Startpopulation
REPEAT UNTIL Terminierungsbedingung (Generationsschleife)
   FOR alle Individuen der Population
      Partnerwahl [ranking-basiert und innerhalb der Nachbarschaft]
      FOR jeden Satz genetischer Operatoren
         Erzeuge und bewerte Nachkomme(n)
         IF nur den besten Nachkommen verbessern THEN
            Wähle LSV und seine Parameter              // best-Verb.
            Verbessere besten Nachkommen durch das gewählte LSV
            Merke Bewertungen und Fitnesszuwachs
         ELSE
            Wähle LSV und LSV_p                        // all-Verb.
            FOR alle Nachkommen
               IF bester Evo-Nachkomme OR Verb. gemäß LSV_p THEN
                  Wähle Parameter des LSVs
                  Verbessere Nachkommen durch das gewählte LSV
                  Merke Bewertungen und FZ für LSV-Parametrierung
                  IF bester Nachkomme ungleich bester Evo-Nachkomme THEN
                     Addiere Unterschied zum Fitnesszuwachs als Belohnung
                     Merke Bewertungen und FZ für LSV-Wahl und LSV_p
      Chromosom-Anpassung gemäß LSV-Verbesserung
      Akzeptanz/Löschung des besten Nachkommen (Akzeptanzregel)
   Liefere bestes Individuum (und weitere, falls gefordert) als Ergebnis
```

Abb. 5.12: Um die Adaption erweiterter Pseudocode des MA-Schemas von HyGLEAM aus Abb. 5.10. Der MA-Anteil am EA ist kursiv und GLEAM-Spezifika sind in eckigen Klammern angegeben. Die Auswahloperationen (Wähle...) enthalten auch die beschriebenen Anpassungen der Wahrscheinlichkeiten, sofern die Voraussetzungen dazu erfüllt sind. *FZ* = Fitnesszuwachs

Abb. 5.12 zeigt den für das adaptive HyGLEAM erweiterten Pseudocode von Abb. 5.10, der noch eine extern einzustellende Option aufweist: Die Entscheidung über die Verbesserung nur des besten Nachkommen (im Bild: *nur den besten Nachkommen verbessern, best-Verb.*), im folgenden *best-Verbesserung* genannt oder aller (*all-Verb.* im

Bild) und mit *(adaptive) all-Verbesserung* bezeichnet. Alle anderen Entscheidungen (*Wähle...*) erfolgen durch den beschriebenen adaptiven Mechanismus. Dabei gibt es bei der all-Verbesserung folgende Besonderheit: Wenn nach erfolgter lokaler Verbesserung ein anderer Nachkomme als der Evolutionsbeste die größte Fitness hat, es also richtig war, nicht nur den Evolutionsbesten lokal zu verbessern, dann wird die Differenz zwischen dieser besten Fitness der Nachkommen und des verbesserten Evolutionsbesten als Belohnung zum Fitnesszuwachs hinzuaddiert. Dieser Anteil wird damit praktisch zweimal gezählt. Damit soll erreicht werden, dass sich die Bestätigung der Idee der all-Verbesserung, nämlich mehr Breitensuche zu betreiben, in einer etwas größeren Erhöhung der Wahrscheinlichkeit zur Verbesserung der Geschwister des Evolutionsbesten niederschlägt.

Erste Experimente haben gezeigt, dass die gegenseitige Beeinflussung der adaptiven Regelung aus unterschiedlichen Fitnessbereichen negative Auswirkungen haben kann. So kann es z.b. sinnvoll sein, anfänglich alle LSVs zu verwenden und in einer späteren Phase der Evolution einige abzuschalten. Mit anderen Worten: *was gut für schlechte Individuen ist, muss nicht geeignet für gute sein und umgekehrt können Verbesserungen bei guten Individuen den schlechten nicht helfen.* Um dieser Beobachtung gerecht zu werden, wurde eine getrennte Adaption für unterschiedliche Fitnessklassen eingeführt. Wenn ein Individuum eine Fitness erreicht, deren Klasse noch unbenutzt ist, werden die Level-Einstellungen der nächst niedrigeren genutzten Klasse kopiert, um bereits gelernte Lektionen nicht noch einmal lernen zu müssen. Danach entwickeln sich dann die Einstellungen pro Klasse unabhängig voneinander. Bei all-Verbesserung bestimmt die Fitness des Evolutionsbesten die Notenklasse zur Wahl des lokalen Verfahrens und der Wahrscheinlichkeit zur Verbesserung weiterer Nachkommen als nur des Evolutionsbesten, während die Parametrierung des gewählten LSVs entsprechend der zur Fitness eines jeden Nachkommens gehörenden Notenklasse eingestellt wird.

Das hier vorgestellte Adaptionsschema ist unabhängig vom verwendeten EA. Die einzigen in Abb. 5.12 enthaltenen GLEAM-Spezifika betreffen die bei der Partnerwahl benutzte rankingbasierte Selektion und die Beschränkung der Auswahl auf die Nachbarschaft. Für die Adaption ist es aber unbedeutend, wie die Partnerwahl zu Stande kam. Auch kann die in Abb. 5.12 enthaltene Lamarcksche Evolution leicht durch die Baldwin-Evolution ersetzt werden, wenn ein anderer EA auf Grund eines fehlenden Populationsmodells ein stärkeres Gewicht auf die Bewahrung genotypischer Diversität in der Population legen muss. Die in Abb. 5.12 enthaltene kontinuierliche potentielle Ersetzung des Elter durch den besten Nachkommen ist ebenfalls für das Adaptionsschema nicht relevant. Stattdessen könnte die Ersetzung der Eltergeneration am Ende einer Generation und auch ohne Berücksichtigung der Eltern erfolgen (nichtelitäre Komma-Strategie gemäß ES-Notation). Die fitnessklassen-bezogene Adaption ist bei normierten Fitnesswerten etwas einfacher zu realisieren als bei problemspezifischen Fitnesswerten, bei denen aber auch erwartete Unter- und Obergrenzen angegeben werden können. Lediglich die all-Verbesserung setzt die Erzeugung mehrerer Nachkommen pro Paarung voraus. Das ist aber auch schon die einzige Voraussetzung und sie betrifft auch nur diese Option. Daher kann das hier vorgestellte Kosten-Nutzen basierte Adaptionsschema ähnlich wie das Nachbarschaftsmodell von Gorges-Schleuter (vgl. Abschnitt 2.5) unabhängig vom verwendeten EA eingesetzt werden.

5.4.2 Adaptiver multi-memetischer Algorithmus in HyGLEAM

Die Implementierung des im vorigen Abschnitt beschriebenen Adaptionsschemas unterstützt die Integration beliebig vieler lokaler Suchverfahren oder Heuristiken, da die Adaption auf eine allgemeine Anzahl von LSVs mit einer unterschiedlichen Anzahl an Strategieparametern ausgelegt ist. Je nach Aufgabenstellung kann im Genmodell eingestellt werden, ob ein LSV aktiv ist oder nicht. Außerdem werden dort folgende Eigenschaften pro LSV festgelegt: Anzahl der Strategieparameter sowie deren Levelwerte und Startverteilungen. Die Integration eines neuen LSVs erfordert neben der Spezifikation seiner Daten im Genmodell und einer geeigneten Implementierung mit Schnittstellen für Aktionsketten und die Evaluation nur Erweiterungen des eigentlichen HyGLEAM-Codes für den Aufrufverteiler und die LSV-Registrierung.

Im Folgenden wird für die im nächsten Abschnitt vorgestellten Experimente eine HyGLEAM-Variante mit zwei LSVs betrachtet, in der neben dem EA GLEAM das Rosenbrock-Verfahren und der Complex-Algorithmus als lokale Suchverfahren enthalten sind. Die drei Algorithmen werden im folgenden mit G, R und C abgekürzt.

Das Ziel eines allgemein anwendbaren Verfahrens für die Parameteroptimierung erfordert die Verwendung anwendungsneutraler LSVs und damit insbesondere keiner Heuristiken. Da bei den meisten Anwendungen Ableitungen der Bewertungsfunktion nicht zur Verfügung stehen, müssen geeignete lokale Verfahren ableitungsfrei sein. Eine weitere Anforderung ist die nach der Berücksichtigung von Restriktionen, da praktische Anwendungen dies häufig verlangen. Es wurden zwei bekannte lokale Suchverfahren aus den 60-iger Jahren ausgewählt, nämlich das Rosenbrock-Verfahren [84] und der Complex-Algorithmus von Box [67]. Beide Verfahren werden gemäß der Implementierung von Schwefel [63] benutzt. Dort ist auch eine ausführliche Beschreibung zu finden, so dass hier nur ihre für die Verwendung zur Hybridisierung relevanten Eigenschaften angegeben werden.

Das Rosenbrock-Verfahren ist eine modifizierte Koordinatenstrategie, die entlang den Achsen eines im Raum rotierenden Koordinatensystems sucht. Das Koordinatensystem wird dabei in die am meisten Erfolg versprechende Richtung gedreht. Es bricht ab, wenn ein Maß für die Länge des zurückgelegten Weges und die Richtungsänderung einen vorgegebenen Wert unterschreitet. Dieser Parameter wird im folgenden als th_R bezeichnet (Rosenbrock threshold).

Der Complex-Algorithmus ist ein Polyederverfahren, das für Restriktionen erweitert wurde (constrained simplex[7]). Er terminiert, wenn entweder fünf mal hintereinander keine Verbesserung eintrat oder wenn die gleiche implizite Beschränkung fünf mal hintereinander eine unzureichende Kontraktion veranlasst hat. Die Implementierung beider Verfahren erlaubt außerdem die Vorgabe einer Iterationsgrenze.

5.4.3 Experimente mit HyGLEAM

Eine Verfahrenskombination wird zusammen mit einer konkreten Festlegung der Strategieparameter als *Job* bezeichnet. Auf Grund der stochastischen Natur der EA werden zur statistischen Absicherung pro Job eine größere Anzahl an Läufen benötigt und nur wenn alle Läufe erfolgreich waren, wird von einem *erfolgreichen Job* gesprochen. Die hier vorgestellten Resultate beruhen bei den erfolgreichen Jobs generell auf 100 Läufen. Vergleichende Aussagen basieren bei hinreichend ähnlichen Ergebnissen auf statistischen Untersuchungen wie dem t-Test[8]. Außerdem wird das Konfidenzintervall[9] für 95% Sicherheit angegeben. Die Ergebnisse der Experimente werden hier nur in zusammengefasster Form wiedergegeben. Details der Experimente mit den Basisalgorithmen und den einfachen MAs (SMAs) können in [78, 4, 5] und mit dem adaptiven multi-memetischen Algorithmus in [86, 87, 88] gefunden werden.

5.4.3.1 Testaufgaben

Auf Grund dieser Erfordernisse dürfen geeignete Testaufgaben nicht zu viel Rechenzeit pro Evaluierung beanspruchen. Daher werden in der Literatur gerne mathematische Benchmarkfunktionen benutzt, die nicht nur schnell berechnet werden können, sondern auch meist hinsichtlich ihrer Parameteranzahl und damit auch ihrem Schwierigkeitsgrad skalierbar sind. Nach Ansicht der Autoren sollten aber die so gewonnenen Erkenntnisse immer an einigen realen Anwendungen überprüft werden. Es werden daher neben fünf Benchmarkfunktionen, die der GENEsYs-Sammlung [89] entnommen wurden, noch zwei der in Kapitel 6 vorgestellten Anwendungen benutzt, nämlich die Designoptimierungsaufgabe von Abschnitt 6.8.1 und das Scheduling- und Ressourcenoptimierungsproblem von Abschnitt 6.7.1. Tabelle 5.1 gibt einen Überblick über wichtige Eigenschaften der sieben benutzten Testaufgaben für Parameteroptimierung. Die Unterscheidung zwischen uni- und multimodalen Suchräumen ist insofern nur bedingt hilfreich, als dass sie im multimodalen Fall hinsichtlich der Anzahl der Suboptima keine Aussage enthält. Es ist für das Auffinden des Optimums aber durchaus von erheblicher Bedeutung, ob es neben dem globalen Optimum z.B. noch tausen-

---

7. Das hier zu Grunde gelegte Simplex-Verfahren von Nelder und Mead [85] ist nicht mit dem gleichnamigen Algorithmus der linearen Programmierung zu verwechseln.

8. Der t-Test gibt Auskunft darüber, ob sich zwei Meßreihen mit welcher Sicherheit signifikant unterscheiden oder ob die Unterschiede zufälliger Natur sind.

9. Der tatsächliche Mittelwert einer Messung liegt mit der angegebenen Wahrscheinlichkeit innerhalb des Konfidenzintervalls. Diese Prüfung dient der statistischen Absicherung, da die GLEAM-Ergebnisse auf Grund der stochastischen Natur von EAs einer Schwankungsbreite unterliegen.

de oder nur einige wenige Suboptima gibt. Daher wird eine Aufgabe als *stark multimo-dal* bezeichnet, wenn sie mehr als das 20-fache ihrer Dimension an Suboptima aufweist, siehe Tabelle 5.1. Die letzte Spalte der Tabelle gibt die Genauigkeit der Zielwerte an, wobei lediglich im Falle von Shekel's Foxholes das exakte Optimum verlangt wird. Bei der fraktalen Funktion ist es negativ und unbekannt. Da die meisten realen Probleme mindestens multimodal sind, wurden vier der fünf Benchmarkaufgaben entsprechend gewählt. Die Aufgabe der unimodalen Kugelfunktion besteht darin, zu überprüfen, ob und inwieweit die gefundenen Ergebnisse, die sich vornehmlich am multimodalen Fall orientieren, auch bei Unimodalität zutreffen.

Testaufgabe	Parameteranzahl	Modalität	Implizite Restrikt.	Wertebereich	Zielwert
Schwefels Kugel (f1)	30 real	unimodal	nein	$[-5*10^6, 5*10^6]$	0.01
Shekel's Foxholes, rotiert (f5)	2 real	multimodal	nein	[-500, 500]	0.998004
Verallg. Rastrigin-Funktion, rotiert (f7)	5 real	stark multimodal	nein	[-5.12, 5.12]	0.0001
Fletcher & Powell (f16)	5 real	multimodal	nein	[-3.14, 3.14]	0.00001
Fraktale Funktion (f13)	20 real	stark multimodal	nein	[-5, 5]	-0.05
Designoptimierung, Abschn. 6.8.1	3 real	stark multimodal	nein		
Scheduling + Ressourcenopt., Abschn. 6.7.1	87 int.	multimodal	ja		

Tab. 5.1: Wichtige Eigenschaften der Testaufgaben (Funktionsnummern der GENEsYs-Sammlung in Klammern)

Das 30-dimensionale <u>Kugelproblem</u> von Schwefel [63, Probl. 1.1] wird erst durch den großen Wertebereich und durch die hohe Parameteranzahl schwierig. Der in der Tabelle angegebene Wertebereich und die Genauigkeit des Zielwerts wurden so gewählt, dass GLEAM es gerade noch und die beiden lokalen Verfahren bei normaler Parametrierung nicht mehr schaffen, das Problem zuverlässig zu lösen. Die Effektivität der Hybridisierung wird dadurch bestimmt, dass die Anzahl der jeweils benötigten Evaluationen des besten GLEAM-Jobs mit denen der Hybridisierungen verglichen wird. Daher sind die Testaufgaben so zu wählen, dass GLEAM sie lösen kann und sei es mit erheblichem Aufwand. Wenn andererseits ein lokales Verfahren die Testaufgabe sicher löst, ist sie zu einfach, um den Effekt einer Hybridisierung zu bestimmen. Schließlich wurde in Abschnitt 2.7 der sinnvolle Einsatzbereich von EA auf die mit konventionellen Methoden nicht lösbaren Aufgaben eingegrenzt. Das gilt natürlich auch für EA-Hybride. Der extrem geringe Gradient der Funktion in der Nähe des Minimums stellt für viele Suchverfahren ein großes Problem dar. Daher schneiden bei der Aufgabe Verfahren mit adaptiver Schrittweitensteuerung wie z.b. die ES besonders gut ab. Nachfolgend wird das Problem in den Tabellen und Bildern mit *Sphere* bezeichnet.

Shekel's Foxholes [90] ist eine vergleichsweise einfache multimodale Funktion, bei der sich in einer Ebene 25 Vertiefungen, die sogenannten Fuchslöcher, befinden, siehe die linke Grafik von Abb. 5.13. Das Minimum liegt bei (-31.92, -31.9481), also in der vorderen linken Ecke. Da die auf Grund des gewählten Wertebereichs relativ große Fläche außerhalb der Lochzone nahezu eben ist, haben lokale Suchverfahren häufig bereits Probleme, in den interessanten Bereich zu kommen. Aber auch für die Standard-ES gilt diese Aufgabe als schwierig [21]. Frühere Untersuchungen [4] haben gezeigt, dass das Problem wegen seiner regelmäßigen und achsparallelen Struktur für GLEAM relativ leicht zu lösen ist. Das liegt daran, dass die meisten Mutationen von GLEAM, wie bei den EA üblich, bevorzugt parallel zu den Koordinatenachsen suchen. Dies gilt vor allem bei Problemen mit wenigen Parametern, da die Wahrscheinlichkeit, dass mehr als einer durch eine einzige Mutation verändert wird, mit abnehmender Parameteranzahl sinkt. Da die schnelle Lösung durch GLEAM kaum Raum für Verbesserungen durch eine Hybridisierung lässt, wurde die Funktion um 30° im Raum gedreht, siehe den rechten Teil von Abb. 5.13. Das Beispiel zeigt anschaulich, dass es bei Schritten parallel zu den Koordinatenachsen bei der gedrehten Variante ungleich schwerer ist, in einem Schritt ein „Fuchsloch" zu verlassen und tief genug in ein anderes zu gelangen, um eine bessere Fitness zu erzielen.

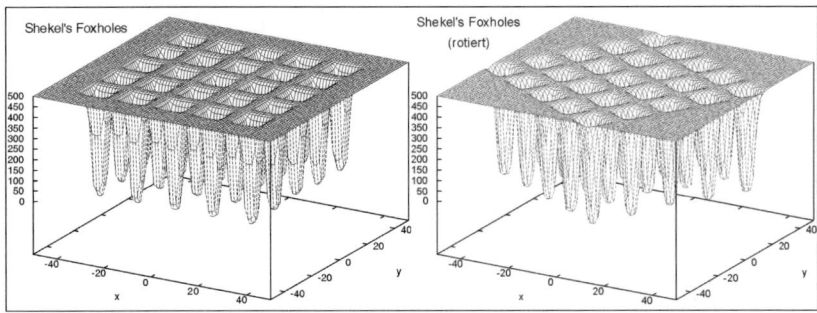

Abb. 5.13: Shekel's Foxholes (Ausschnitt). Links die Originalversion, rechts die schwierigere gedrehte Variante.

Die verallgemeinerte Rastrigin-Funktion [91] geht auf ein verallgemeinertes regelungstechnisches Problem zurück und gilt ebenfalls als schwierig für die Standard-ES [21]. Die stark multimodale Funktion ist im Bereich [-5.12, 5.12] definiert und hat ihr Minimum im Ursprung. Abb. 5.14 zeigt den 2-dimensionalen Fall im gesamten Wertebereich. Auch bei dieser Funktion war es auf Grund der im Bild erkennbaren achsparallelen Regelmäßigkeiten notwendig, sie durch eine Drehung um 30° schwieriger zu gestalten.

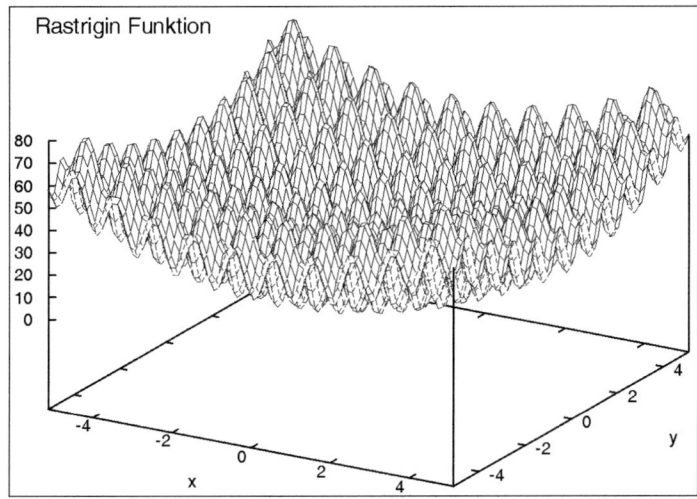

Abb. 5.14: Verallgemeinerte Rastrigin-Funktion

Die fünfdimensionale <u>Funktion nach Fletcher und Powell</u> [63, Problem 2.13] ist im Wertebereich [-3.14, 3.14] definiert und hat den Wert Null als Minimum. Bei den Experimenten wurde ein Zielwert von 0.00001 als ausreichend angesehen. Abb. 5.15 zeigt die 2-dimensionale Variante der multimodalen Funktion.

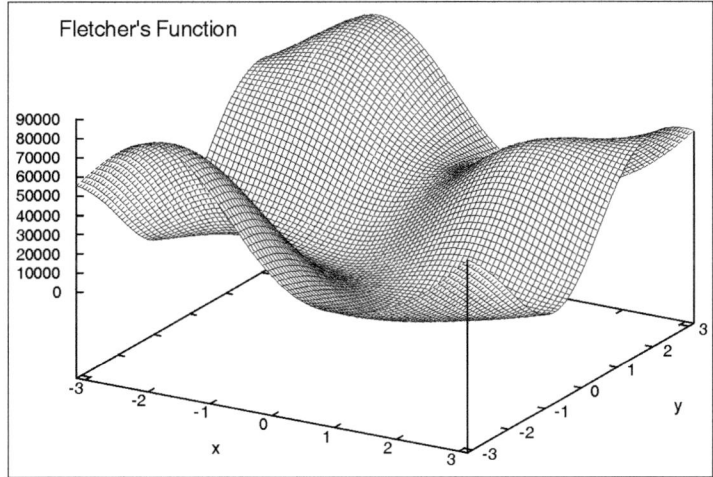

Abb. 5.15: Funktion nach Fletcher und Powell

Die fraktale Funktion nach Weierstrass und Mandelbrot [92] wird hier in ihrer 20-dimensionalen Ausprägung als Beispiel für eine extrem multimodale Funktion genutzt. Abb. 5.16 zeigt einen Ausschnitt. Anstelle ihres unbekannten und negativen Minimums wird ein Wert von -0.05 als Zielwert genommen.

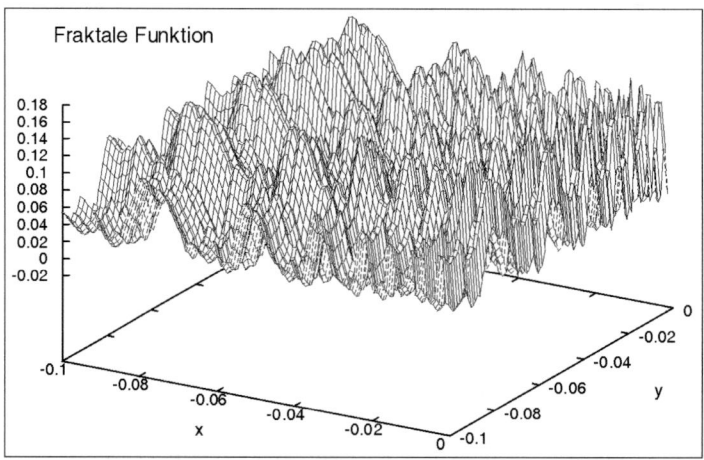

Abb. 5.16: Ausschnitt aus der fraktalen Funktion, der ihren extrem multimodalen Charakter verdeutlicht.

5.4.3.2 Experimente mit den Basisalgorithmen und den beiden einfachen MAs

Tabelle 5.2 zeigt das Lösungsverhalten der drei Basisalgorithmen[10]. Angegeben sind immer die besten Parametrierungen, also diejenigen, die am wenigsten Evaluationen (Fitnessberechnungen) benötigen. GLEAM kann alle Testaufgaben lösen, allerdings mit sehr unterschiedlichen Populationsgrößen μ und durchschnittlichem Aufwand (*Eval.*). Die Spalte *Konf.I.* gibt das Konfidenzintervall für 95% Sicherheit an. Das bedeutet, dass der tatsächliche Mittelwert mit 95%-iger Sicherheit innerhalb der angegebenen Intervallgrenzen liegt. Die Spalte *Erf.* gibt die Erfolgsrate bei den beiden deterministischen Verfahren an, die sich bei zufällig gewählten Startwerten ergibt. Je nachdem, ob eines der LSVs wegen seines Abbruchkriteriums oder dem Erreichen der maximalen Iterationsgrenze von 5000 terminiert, kann die Anzahl benötigter Evalua-

---

10. Die hier vorgestellten Resultate weichen von den in [4, 86, 87] veröffentlichten Ergebnissen in zwei Punkten ab: Erstens wurde die Kugelfunktion wie in Abschnitt 5.4.3.1 beschrieben anders parametriert. Zweitens wurde bei den Foxholes bisher ein anderer GLEAM-Job zu Grunde gelegt, der durchschnittlich nur 103192 Evaluationen benötigt. Da sein Konfidenzintervall aber 77690 beträgt und damit in die Größenordnung des eigentlichen Werts kommt, wird der Job als zu unsicher verworfen und dem hier angegebenen und deutlich sicheren Vorzug gegeben, auch wenn dieser einen etwas schlechteren Mittelwert hat.

tionen bei ausbleibendem Erfolg stark schwanken. Daher wurde auf die Berechnung des Konfidenzintervalls bei beiden LSVs verzichtet. Beim Rosenbrock-Verfahren sind bei ausbleibendem Erfolg keine Ergebnisse angegeben, da diese je nach verwendetem Strategieparameter th_R sehr unterschiedlich ausfallen würden.

Test-aufgaben	GLEAM			Rosenbrock-Verf.			Complex-Alg.	
	μ	Eval.	Konf.I.	th_R	Erf.[%]	Eval.	Erf.[%]	Eval.
Sphere	120	37,964,753	974.707	10^{-8}	100	4,706	0	5,000
Foxholes	300	108,435	8,056	10^{-4}	5	133	0	95
Rastrigin-F.	11,200	3,518,702	333,311		0		0	5,000
Fletchers F.	600	483,566	191,915	10^{-8}	22	5,000	26	658
Fraktale F.	20	195,129	20,491		0		0	781
Design	210	5,773	610	10^{-6}	15	891	12	102
Scheduling	1,800	5,376,334	330,108	0.6	0	3,091	0	473

Tab. 5.2: Beste Jobs der Basisalgorithmen und wichtige Strategieparameter: die Populationsgröße μ und die Rosenbrock-Abbruchschranke th_R. Die Grenze für die maximal erlaubte Anzahl an Evaluationen und beim Complex-Algorithmus damit auch an Iterationen wurde bei beiden LSVs auf 5000 gesetzt. Die Spalte „Eval." enthält die durchschnittlich benötigten Evaluationen und „Erf." die Erfolgsrate in Prozent.

Der Einfluss von μ auf Erfolg und Aufwand hat bei EAs einen typischen Verlauf, den Abb. 5.17 am Beispiel der Rastrigin-Funktion zeigt. Bei einer zu geringen Populationsgröße (hier bei weniger als 9200) steigt der Aufwand vor allem durch Fehlläufe und Langläufer. Gleichzeitig beginnt das Konfidenzintervall drastisch größer zu werden. Einzelne Läufe können einen so großen Aufwand verursachen, dass die Schwankungsbreite des Konfidenzintervalls den Mittelwert überschreitet und damit keine sinnvolle Aussage mehr über den zu erwartenden Aufwand möglich ist. Dies trifft auf fast alle Jobs mit einem $\mu < 9200$ zu. Ausnahmen wie die Jobs mit $\mu = 7600$ oder $\mu = 10400$ unterstreichen nur die stochastische Natur der EA. Die durch weiße Säulen gekennzeichneten Jobs weichen gemäß t-Test statistisch nicht vom besten Job mit $\mu = 11200$ ab. Das bedeutet, dass die Unterschiede ihrer Mittelwerte zufälliger Natur sind. Bei einer Populationsgröße von etwa 11000 wird der geringste Aufwand benötigt.

Es gibt bei EAs also so etwas wie einen *günstigen Arbeitsbereich* für die Populationsgröße. Bei zu kleinen Populationsgrößen steigt das Risiko, an einem Suboptimum hängen zu bleiben und damit von Langläufern und schließlich auch das von Fehlläufen. Bei zu großen Populationen steigt zwar die Sicherheit, das Ziel zu erreichen, wie die kleiner werdenden Konfidenzintervalle zeigen, es steigt aber auch der Aufwand, da die Population beginnt, unnötig groß zu werden.

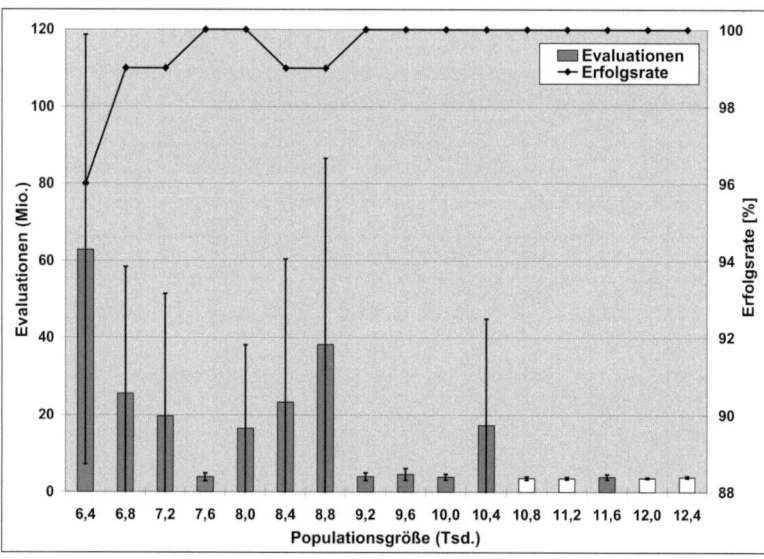

Abb. 5.17:   Einfluss der Populationsgröße auf Erfolg und Aufwand (Evaluationen) bei der rotierten Rastrigin-Funktion. Die Konfidenzintervalle zeigen den Bereich, in dem der tatsächliche Mittelwert des Aufwands mit 95% Sicherheit liegt.

Wie Tabelle 5.2 zeigt, kann das Rosenbrock-Verfahren nur eine Aufgabe erfolgreich lösen und das ist erwartungsgemäß die unimodale Kugelfunktion. Allerdings auch nur bei einer extremen Einstellung der Abbruchschranke th_R. Es zeigt sich, dass die Rastrigin- und die fraktale Funktion überhaupt nicht gelöst werden, was wegen ihrer starken Multimodalität auch nicht anders zu erwarten war. Die Ergebnisse von Shekel's Foxholes können so interpretiert werden, dass man bei der zufälligen Bestimmung des Startpunkts mit einer Wahrscheinlichkeit von 5% so nahe am richtigen Fuchsloch landet, dass bei ausreichendem th_R (ab 10^{-4}) ein erfolgreicher Abstieg möglich ist. Ähnliches gilt für Fletchers Funktion und die Designoptimierungsaufgabe, nur dass hier mehr Aufwand auch mehr Erfolg bedeuten kann. Es lässt sich also ein sehr differenziertes Lösungsverhalten in Abhängigkeit von der Aufgabenstellung und dem th_R feststellen, wodurch die Bedeutung des Strategieparameters th_R unterstrichen wird. Eine Sonderrolle nimmt die Schedulingaufgabe ein, bei der die üblichen Werte von th_R ungeeignet sind. Der angegebene Wert lieferte die besten Fitnesswerte, wenn auch deutlich unterhalb der Erfolgsgrenze. Die Tabelle zeigt auch, dass das Complex-Verfahren nur bei zwei Testaufgaben teilweise Erfolg hat und dass der Mißerfolg auch bei diesem LSV mit sehr unterschiedlichem Aufwand einher geht. Generell bestätigt das differenzierte Lösungsverhalten beider Algorithmen, dass die ausgewählten Testfälle, wie gewünscht, eine gewisse Bandbreite an unterschiedlichen Lösungsräumen abdecken.

Im Folgenden werden die Ergebnisse der drei eingangs vorgestellten Hybridisierungsarten *Vorinitialisierung der Startpopulation*, *Nachoptimierung der EA-Ergebnisse* und
direkte Integration behandelt. Dabei finden folgende Abkürzungen Verwendung:

G,Ri   GLEAM mit Vorinitialisierung durch das Rosenbrock-Verfahren.
Strategieparameter: μ, th_R und Anteil vorinitialisierter Individuen

G,Ci   GLEAM mit Vorinitialisierung durch den Complex-Algorithmus.
Strategieparameter: μ und Anteil vorinitialisierter Individuen

GNR   Nachoptimierung der GLEAM-Ergebnisse mit dem Rosenbrock-Verfahren. Details zur Nachoptimierung und zur konvergenzgesteuerten Bestimmung des Umschaltzeitpunkts von globaler auf lokale Suche können in [4]
gefunden werden. Strategieparameter: μ und th_R.

GNC   Nachoptimierung der GLEAM-Ergebnisse mit dem Complex-Algorithmus. Strategieparameter: μ.

GR   Direkte Integration mit dem Rosenbrock-Verfahren in der Form eines
Memetischen Algorithmus', siehe die Einleitung dieses Kapitels und vor
allem Abschnitt 5.2. Strategieparameter: μ, th_R, *best-* oder *statische all-
Verbesserung* und die *Lamarckrate* (siehe auch Fußnoten 3 und 4, S. 77).

GC   wie GR, jedoch mit dem Complex-Algorithmus. Strategieparameter: μ,
best- oder *statische all-Verbesserung* und die *Lamarckrate*.

Abb. 5.18 gibt für alle Testaufgaben einen Überblick über das Lösungsverhalten der
sechs Hybridisierungen. Erfolg oder Mißerfolg wird ausgedrückt in der Verbesserung
hinsichtlich des durchschnittlichen Aufwands gegenüber GLEAM. Wie man sofort
sieht, kann die Nachoptimierung bis auf eine Ausnahme keinen Erfolg im Sinne einer
schnelleren und zuverlässigen Aufgabenlösung verzeichnen. Daher wird diese Hybri-
disierungsart hier auch nicht weiter behandelt.

Anders sieht es dagegen bei der Vorinitialisierung und bei der direkten Integration aus.
Aus Gründen der Darstellbarkeit wurden die beiden Säulen für die Kugelaufgabe bei
Verwendung des Rosenbrock-Verfahrens nur bis zum Wert von 120 gezeigt und die tatsächliche Verbesserung als Zahlenwerte angegeben. Beide Hybridisierungsarten ergeben deutliche Verbesserungen, wobei die direkte Integration regelmäßig besser
abschneidet als die Vorinitialisierung.

Die in Tabelle 5.3 enthaltenen Ergebnisse der direkten Integration in Form eines
Memetischen Algorithmus' mit jeweils einem LSV zeigen, dass der Rosenbrock-MA
bei den verwendeten Testaufgaben immer zu einer Verbesserung führt, die allerdings
vom Complex-MA übertroffen werden kann, sofern er Erfolg hat. Auch wird deutlich,
dass die Variationsbreite von μ bei den Jobs, die GLEAM übertreffen, deutlich
abnimmt: Lag die günstigste Populationsgröße bei reinem GLEAM noch zwischen 20
und 11200 und bei der Vorinitialisierung zwischen 5 und 9000, so liegt sie nunmehr
nur noch zwischen 5 und 70.

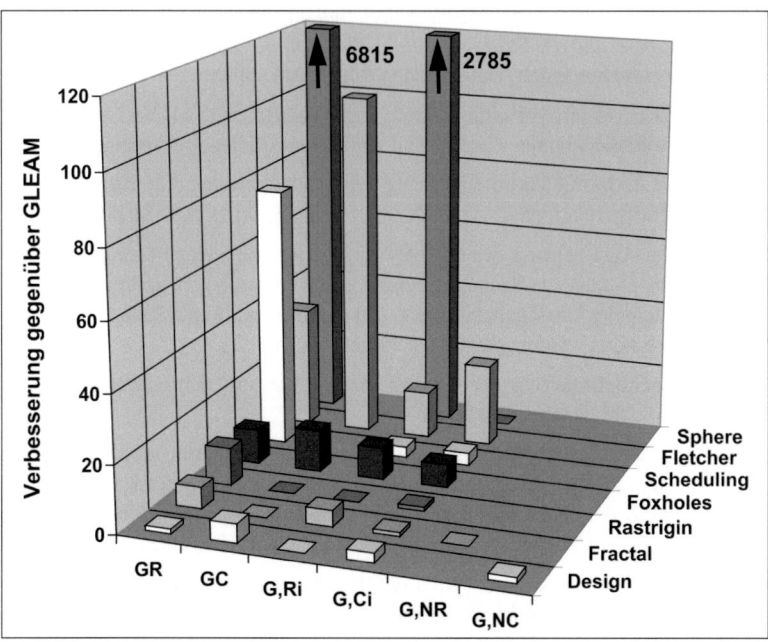

Abb. 5.18: Gesamtvergleich der Aufwandsverbesserung gegenüber GLEAM, siehe auch die Tabellen 5.2 und 5.3. Leere Felder kennzeichnen Hybridisierungsarten ohne ausreichenden Erfolg (Erfolgsrate < 100%) und Felder ohne Höhe stehen für eine zuverlässige Lösung der Aufgabe, aber bei höherem Aufwand.

Aus einer detaillierten Analyse der Experimente [4] können für das hier zu Grunde gelegte Aufgabenspektrum folgende Schlussfolgerungen gezogen werden:

1. Die Nachoptimierung bringt trotz ihres anschaulichen Konzepts des „local hill finding + local hill climbing" nicht den erwarteten Erfolg. Dazu sind offenbar bessere Mechanismen zur Identifizierung des Attraktionsgebiets vielversprechender Hügel, unter denen sich auch das globale Optimum befindet, nötig. Solange sie fehlen, konzentriert sich die Weiterentwicklung der EA auf die direkte Integration und die Vorinitialisierung.

2. Bei der Vorinitialisierung und vor allem der direkten Integration konnten zum Teil erhebliche Leistungssteigerungen in Form von weniger Evaluationen erreicht werden.

3. Es ist anwendungsabhängig, welches LSV besser oder überhaupt funktioniert. Dies gilt auch für die Wahl einer geeigneten Rosenbrock-Abbruchschranke th_R.

4. Die großen Schwankungen bei der besten oder auch nur bei geeigneten Populationsgrößen μ von GLEAM konnten durch beide MAs deutlich reduziert werden.

Test-aufgabe	GLEAM	Rosenbrock-MA (GR)						Complex-MA (GC)				
		μ	th_R	b/a	L	Eval.	Konf.	μ	b/a	L	Eval.	Konf.
Sphere	37,163,091	20	10^{-6}	b	100	5,453	395					
Foxholes	108,435	30	10^{-2}	a	100	10,710	1,751	20	b	0	8,831	2,073
Rastrigin-F.	3,518,702	70	10^{-2}	a	100	315,715	46,365	150	a	100	3,882,513	
Fletchers F.	483,566	10	10^{-4}	b	100	13,535	1,586	5	b	100	4,684	812
Fraktale F.	195,129	5	10^{-2}	b	100	30,626	3,353	10	b	100	1,065,986	
Design	5,773	10	10^{-4}	b	5	4,222	724	5	b	100	1,041	141
Scheduling	5,376,334	5	0,6	b	100	69,448	10,343					

Tab. 5.3: Ergebnisse für die MA-Variante der direkten Integration. Bei nicht erfolgreichen Jobs enthält die Tabelle keine Angaben. Die beiden neuen Strategieparameter der direkten Integration, die Lamarckrate (L) und die best-/all-Verbesserung (b/a) werden in Abschnitt 5.2. und in der Einleitung von 5.4 erläutert. Das Konfidenzintervall (*Konf.*) wird nur bei erfolgreichen Läufen angegeben, die gegenüber dem EA GLEAM eine Verbesserung erreicht haben.

5. Die Anzahl der durchschnittlich benötigten Generationen sinkt beim MA drastisch auf Werte zwischen zwei und sechs. Eine genauere Betrachtung ergibt, dass dabei nach wie vor eine Vielzahl von Paarungen stattgefunden hat, die auch meist über mehrere Generationen verteilt wurden. Somit stammt der Erfolg der MA im Wesentlichen aus dem Zusammenspiel von Evolution und lokaler Suche.

5.4.3.3 Experimente mit dem multi-memetischen Algorithmus von HyGLEAM

Nach einer kurzen Darstellung der adaptierten Strategieparameter des multi-memetischen Algorithmus' werden die neuen Strategieparameter der Adaption vorgestellt. Deren Fixierung ist eine wesentliche Aufgabe der Experimente, deren Ergebnisse anschließend präsentiert werden.

In HyGLEAM werden die Ausführungswahrscheinlichkeiten der beiden lokalen Verfahren, ihre Iterationsgrenzen $limit_R$ und $limit_C$ sowie die normierte Abbruchschranke des Rosenbrock-Verfahrens th_R adaptiert. Im Falle der adaptiven all-Verbesserung kommen noch die Wahrscheinlichkeiten LSV_p_R und LSV_p_C, mit der weitere Nachkommen einer Paarung außer dem besten lokal optimiert werden, hinzu. Damit werden bei zwei LSVs vier bzw. sechs Strategieparameter bei all-Verbesserung adaptiv eingestellt[11]. Pro weiteres LSV kommen mindestens drei hinzu, wenn man unterstellt, dass jedes in Frage kommende LSV iteriert und damit über eine Iterationsgrenze als Strategieparameter gesteuert werden kann.

---

11. Bei n LSVs genügt die Adaption von $n-1$ Wahrscheinlichkeiten, da sich aus ihnen die Wahrscheinlichkeit des n. LSVs ergibt.

Strategieparameter	Level-Werte									
$limit_R$, $limit_C$	100	200	350	500	750	1000	1250	1500	1750	2000
th_R	10^{-1}	10^{-2}	10^{-3}	10^{-4}	10^{-5}	10^{-6}	10^{-7}	10^{-8}	10^{-9}	-
LSV_p_R, LSV_p_C	0	0.2	0.4	0.6	0.8	1.0	-	-	-	-

Tab. 5.4: Adaptiv kontrollierte Strategieparameter mit Anzahl und Werten ihrer Levels

Tabelle 5.4 zeigt die für die Experimente verwendeten Levelwerte der fünf per Level-Adaption eingestellten Strategieparameter. Bei den Iterationsgrenzen wurden zunächst die gleichen Werte genommen. Die Experimente haben jedoch gezeigt, dass für das Complex-Verfahren im Grunde ein kleinerer Bereich, etwa zwischen 75 und 1500, ausreichend ist. Werte von 10^{-7} und kleiner stellen für th_R eine sehr hohe Genauigkeit und Abbruchschranke dar und wurden kaum erreicht. Für die Wahrscheinlichkeiten LSV_p der adaptiven all-Verbesserung wurden sechs Werte als ausreichend angesehen.

Der Gedanke liegt nahe, die lokale Suche anfänglich nur recht grob zu betreiben und erst im Verlaufe der Evolution zu präzisieren. Schließlich genügt die ungefähre Bestimmung eines lokalen Optimums, solange sie genau genug ist, um zwischen den lokalen Optima korrekt differenzieren zu können. Daher werden die beiden Level der Iterationsgrenzen ($limit_R$ und $limit_C$) beginnend mit dem niedrigsten mit Wahrscheinlichkeitswerten von 0.5, 0.3 und 0.2 initialisiert, während die Level der anderen Strategieparameter jeweils mit einem Drittel ebenfalls beginnend mit dem niedrigsten vorbelegt werden. Beide LSVs starten in den Experimenten mit einer Anwendungswahrscheinlichkeit von 0.5 und die Mindestwahrscheinlichkeit P_{min} wurde auf einen Wert von 0.1 gesetzt.

Neben der Frage, ob mit best- oder adaptiver all-Verbesserung gearbeitet werden soll, spielt noch die Anpassungsgeschwindigkeit der Adaption eine wichtige Rolle. Tabelle 5.5 zeigt die Werte für $usage_{min}$ und $matings_{max}$ der drei untersuchten Anpassungsgeschwindigkeiten *schnell*, *mittel* und *langsam* für die LSV-Auswahl und die Parameteranpassungen. Die Werte wurden so gewählt, dass die Anpassung der LSV-Auswahl etwas langsamer erfolgt als die der Parameter. Der Grund dafür liegt darin, dass eine zu heftige Parameteränderung durch die Adaption korrigiert werden kann, während dies bei einem vorschnellen Abschalten eines LSVs nicht möglich ist.

Geschwindigkeit	LSV-Auswahl		Parameteranpassung	
	$usage_{min}$	$matings_{max}$	$usage_{min}$	$matings_{max}$
schnell	3	15	3	12
mittel	5	20	4	15
langsam	8	30	7	25

Tab. 5.5: Parametrierung der drei Anpassungsgeschwindigkeiten für die LSV-Auswahl und die Parameteranpassungen

Für die im vorigen Abschnitt eingeführten Notenklassen gibt es vier
Einstellungen: keine, drei, vier und
fünf Notenklassen. Auf eine Unterteilung in lediglich zwei Klassen
wurde verzichtet. Tabelle 5.6 zeigt
die Fitnessklassen und ihre Wertebereiche als Anteil von f_{max}.

Fitness-klasse	Fitnessbereiche als Anteil von f_{max}				
$nk1$	0.4	0.7	1.0		
$nk2$	0.35	0.65	0.85	1.0	
$nk3$	0.3	0.55	0.75	0.9	1.0

Tab. 5.6: Fitnessklassen und ihre Wertebereiche

Tabelle 5.7 vergleicht die Einstellungsart der gemeinsamen Strategieparameter von
SMA und AMMA und zeigt die neu hinzugekommenen der Adaption. Die Populationsgröße muss nach wie vor manuell ermittelt werden, wobei der Bereich sinnvoller
Größen gegenüber dem EA deutlich eingegrenzt werden kann, wie in Abschnitt 5.4.3.2
ausgeführt. Auch die Entscheidung zwischen best- und all-Verbesserung erfolgt manuell, wobei hier auf den Unterschied bei der all-Verbesserung zu achten ist: Bei der *statischen* all-Verbesserung des SMA werden alle Nachkommen einer Paarung dem LSV
unterzogen, während bei der *adaptiven* Variante des AMMA dies nur für einen wahr-
scheinlichkeitsbedingten Teil der Geschwister des besten Nachkommen einer Paarung
der Fall ist. Die initiale Einstellung für diesen Parameter ergibt eine durchschnittliche
LSV-Anwendungshäufigkeit von 20%, die durch die Level-Adaption auf 6% abge-
senkt oder auf 94% erhöht werden kann. Diese Werte ergeben sich aus Tabelle 5.4 und
der Festlegung, dass immer drei Level aktiv bleiben müssen und damit im Extremfall
zwei Level lediglich die Mindestwahrscheinlichkeit von jeweils 0.1 haben. LSV-Auswahl, -Iterationsgrenzen und -Abbruchschranken sowie die Wahrscheinlichkeiten für
die adaptiven all-Verbesserungen je LSV werden durch die Adaption gesteuert. Neu
hinzugekommen zur Entscheidung über die *best-* oder *all-Verbesserung* sind die
Anzahl der Notenklassen und die Einstellung der *Adaptionsgeschwindigkeit*. Nur wenn

Strategieparameter	Relevanz und Einstellungsart	
	SMA	**AMMA**
Populationsgröße	manuell	manuell
Lamarcksche oder Baldwin-Evolution	manuell	Lamarcksche Evolution
best- oder statische all-Verbesserung	manuell	-
best- oder adaptive all-Verbesserung	-	*manuell*
LSV-Auswahl	manuell	adaptiv
LSV-Iterationsgrenzen, s. Abschn. 5.4.3.2	5000	adaptiv
LSV-Abbruchschranken	manuell	adaptiv
Wahrscheinlichkeit der adaptiven all-Verb.	-	adaptiv
Anzahl der Notenklassen	-	*manuell*
Adaptionsgeschwindigkeit	-	*manuell*

Tab. 5.7: Adaptiv eingestellte Strategieparameter des MA und neue Strategieparameter des
AMMA (grau hinterlegt)

es gelingt, für alle untersuchten Testanwendungen eine gemeinsame Parametrierung dieser drei oder wenigstens der letzten beiden Strategieparameter der Adaption (kursiv in Tabelle 5.7) zu finden, kann von einem Fortschritt gesprochen werden und nur dann ist man dem eingangs genannten Ziel einer Verfahrensvereinfachung näher gekommen.

Bevor auf das Problem einer gemeinsamen günstigen Einstellung der in Tabelle 5.7 kursiv dargestellten Strategieparameter des AMMA eingegangen wird, soll zunächst ein Vergleich zwischen den besten SMA- und AMMA-Jobs erfolgen, um den Effekt der Adaption besser beurteilen zu können.

Was kann man generell von der Adaption erwarten? Diese Frage kann nicht a priori beantwortet werden, denn es gibt sowohl Gründe für eine Verbesserung, nämlich die bessere Einstellung der Strategieparameter durch die adaptive Anpassung, als auch für eine Verschlechterung wegen des mit der Adaption verbundenen Lernaufwands. Und in der Tat können beide Effekte beobachtet werden, wie Abb. 5.19 zeigt. Leichten Verbesserungen stehen deutliche Verschlechterungen gegenüber, vor allem bei der Scheduling-Aufgabe und insbesondere bei Schwefels Kugel.

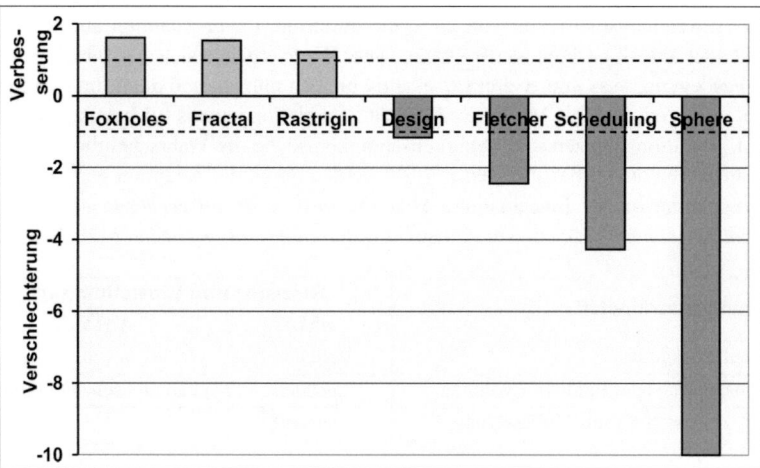

Abb. 5.19: Vergleich des Aufwands (benötigte Evaluationen) zwischen den jeweils besten SMA- und AMMA-Jobs. Verschlechterungen sind wegen der besseren Vergleichbarkeit als negativer Faktor dargestellt. Auch die kleinen Unterschiede zwischen SMA und AMMA sind statistisch signifikant (t-Test).

Schaut man sich die am Ende der Evolution erreichten Levelwerte der höchsten Notenklasse bei den beiden am schlechtesten abschneidenden Testaufgaben an, so fallen vergleichsweise hohe Levelwerte für th_R und $limit_R$ auf (der Complex-Algorithmus war gegen Schluss des Tests abgeschaltet). Insgesamt ergibt sich eine Übereinstimmung im Abschneiden des AMMA gegenüber dem SMA und der Höhe der Levelwerte für die Parameter des Rosenbrock-Verfahrens, wobei bei allen Testbeispielen der Complex-Algorithmus zumindest gegen Ende des Testlaufes abgeschaltet wurde. In dem mit den hohen Levelwerten verbundenen länger andauernden Adaptionsprozess dürfte auch der Grund für den Mehraufwand bei Fletchers Funktion, der Schedulingaufgabe und der Kugelfunktion zu suchen sein. Um dieses näher zu untersuchen, wurden exemplarisch für die Kugelfunktion Läufe mit mittleren Startwerten für die Level durchgeführt. Damit konnte der Verschlechterungsfaktor von 10 auf 3.3 reduziert werden. Dies zeigt deutlich, dass länger andauernde Adaption zwar zum Ziel führt, aber eben auch einen Lernaufwand erfordert. Er ist der Preis dafür, dass die zeitaufwändige manuelle Einstellung der adaptiv eingestellten Strategieparameter entfällt.

Zusammenfassend kann festgestellt werden, dass das schlechtere Abschneiden des AMMA bei einigen Testaufgaben im Wesentlichen auf schlechte Startwerte für die zu adaptierenden Parameter oder auf ein fehlerhaftes Abschalten eines der LSVs[12] zurückgeführt werden kann. Trotz Adaption ist es also zielführend, die Ausgangswerte für die Adaption anzupassen, wenn erste Ergebnisse dies angezeigt sein lassen. Die beobachteten Verbesserungen des AMMA bei einem Teil der Testaufgaben kann darauf zurückgeführt werden, dass die Adaption eine bessere Anpassung der Strategieparameter über den gesamten Optimierungsverlauf bewirkt als eine manuelle Einstellung, die über den gesamten Optimierungsverlauf konstant bleibt und darauf, dass die Startwerte näher an geeigneten Größen für die Strategieparameter lagen.

5.4.3.4 Empfohlene HyGLEAM-Parametrierung

Als Ergebnis intensiver Untersuchungen mit den genannten und einem weiteren Testfall [86, 87, 88] kann folgende Empfehlung zur Einstellung der Strategieparameter der Adaption gegeben werden:

1. Schnelle Adaption

2. Drei Notenklassen

3. Manuelle Wahl zwischen statischer best-Verbesserung und adaptiver all-Verbesserung

Diese Empfehlung beruht natürlich auf dem durch die ausgewählten Testbeispiele abgedeckten Anwendungsbereich. Da dieser recht weit gefasst ist, kann aber davon ausgegangen werden, dass die Empfehlung für eine große Zahl an Parameteroptimierungsaufgaben Bestand haben wird.

---

12. Ein fehlerhaftes Abschalten trat nur bei kleinen Populationsgrößen auf und verschwand, sobald diese 20 und mehr betrugen.

Abb. 5.20 vergleicht den benötigten Aufwand der jeweils besten Jobs der beiden SMAs, des besten AMMA und des empfohlenen AMMA. Wie man sieht, schneidet der empfohlene AMMA im Vergleich zum bestmöglichen zum Teil etwas schlechter ab. Es wird auch deutlich, in welch großem Maße das Einsparpotential anwendungsabhängig ist. In einigen Fällen konnte auch das Konfidenzintervall durch den AMMA verbessert werden, insbesondere bei Fletchers Funktion. Eine gewisse Ausnahme stellt die Design-Aufgabe dar, da bereits wenige Anwendungen eines LSVs zur Zielerreichung genügen und es dadurch kaum zu Adaptionen kommt. Die Empfehlung für die Parametrierung des AMMA beruht daher mehr auf den anderen Anwendungen. Tabelle 5.8 zeigt die zugehörigen Populationsgrößen und die best/all-Einstellungen. Für die Interpretation der Ergebnisse muss man sich vor Augen halten, dass die Resultate der beiden SMAs und des besten AMMAs auf intensives manuelles Tuning der Strategieparameter basieren. Der hier empfohlene AMMA benötigt hingegen nur die Einstellung der Populationsgröße μ und die Entscheidung, ob statische best- oder adaptive all-Verbesserung gewählt werden soll. Die Bandbreite für μ konnte durch den AMMA drastisch reduziert werden, wie Tabelle 5.8 zeigt. Und die Entscheidung über den Umfang der Nachkommensverbesserung kann durch nachstehende Regel erleichtert werden. Sie basiert auf einer detaillierteren Analyse als der hier präsentierten:

> Der adaptiven all-Verbesserung ist der Vorzug zu geben, wenn die Aufgabenstellung einen stark- oder extrem-multimodalen Suchraum erwarten läßt.

Schließlich benötigt es nur eines weiteren Laufes mit einem als günstig identifizierten μ, um sich Gewissheit zu verschaffen. Damit ist das Ziel eines MAs mit wenigen Strategieparametern und wenigen Einstellmöglichkeiten für den Bereich der Parameteroptimierung erreicht.

	Basis-EA GLEAM	SMA-R		SMA-C		Bester AMMA		Empfohl. AMMA	
	μ	μ	best/all	μ	best/all	μ	best/all	μ	best/all
Sphere	120	20	best	-	-	5	best	10	best
Foxholes	300	30	stat. all	20	best	30	adapt. all	50	adapt. all
Rastrigin	11,200	70	stat. all	-		120	adapt. all	70	adapt. all
Fletcher	600	10	best	5	best	10	best	5	adapt. all
Fraktale F.	20	5	best	-	-	10	best	10	best
Design	210	10	best	5	best	5	best	10	adapt. all
Scheduling	1,800	5	best	-	-	20	adapt. all	20	adapt. all

Tab. 5.8: Populationsgrößen und Umfang der Nachkommensverbesserung (best-Verbesserung, statische bzw. adaptive all-Verbesserung) der jeweils besten SMA-, des besten AMMA- und des empfohlenen AMMA-Jobs im Vergleich mit dem Basis-EA GLEAM. Leere Felder siehe Abb. 5.20.

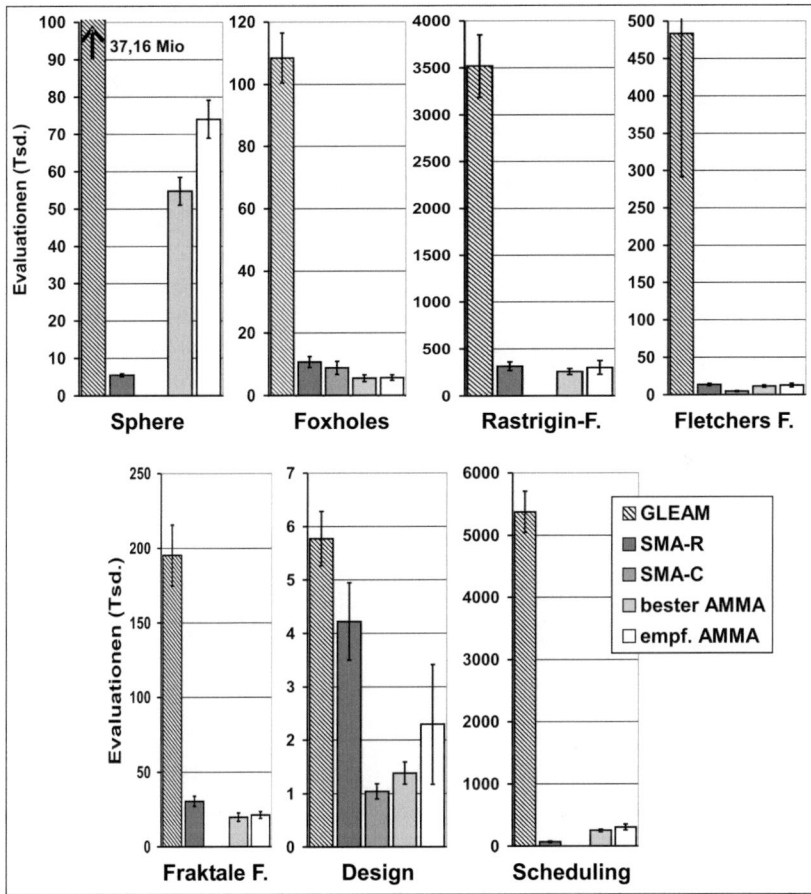

Abb. 5.20: Vergleich des Aufwands der jeweils besten Jobs für GLEAM, die beiden SMAs, den besten AMMA und den empfohlenen AMMA. Die zugehörigen Strategiepa- rameter stehen in den Tabellen 5.2 (GLEAM), 5.3 (SMA-R und SMA-C) und 5.8 (beide AMMAs). Beim besten AMMA sind im Gegensatz zur emfohlenen Adap- tionsgeschwindigkeit und Anzahl der Notenklassen variabel. Die obere Fehler- schranke wurde bei Fletchers Funktion nicht dargestellt, da sonst die anderen Resultate kaum noch sichtbar wären. Fehlende Balken stehen für nicht erfolgrei- che Jobs oder Jobs mit größerem Aufwand als GLEAM.

5.4.4 Andere Ansätze zur Adaption bei Memetischen Algorithmen

Ausgehend von der Erkenntnis, dass es in der Regel im voraus nicht bekannt ist, wel- ches LSV in welchem Maße zum Erfolg beitragen wird, wurde der einfache MA von

Krasnogor und Smith [93] zum multi-memetischen Algorithmus erweitert und erfolgreich bei zwei Problemen aus der Bioinformatik angewandt [82]. Der Unterschied zum einfachen MA besteht darin, dass anstelle eines meist aufwändigen und anspruchsvollen LSVs ein Satz eher einfacher lokaler Suchalgorithmen benutzt wird. Im Verlauf der Evolution erfolgt eine adaptive Auswahl aus der Menge dieser LSVs. Ein weiterer Schritt in diese Richtung stellt Krasnogors „Self-Generating Memetic Algorithm" dar, der seine eigenen LSVs aus einer Menge von Grundelementen generiert und ihr Verhalten durch Koevolution an ein gegebenes Problem anpasst [82]. Unter Koevolution wird die gleichzeitige Evolution von Parametern der eigentlichen Aufgabe und von Steuerparametern (hier zur Memekonstruktion, -anpassung und -auswahl) verstanden. Neben der LSV-Auswahl selbst, spielt, wie bereits erwähnt, die Intensität ihrer Suche noch ein bedeutende Rolle. Sie wird üblicherweise durch die Suchintensität und durch den Anteil der dem LSV unterworfenen Nachkommen gesteuert. So zeigen die Arbeiten von Hart [81] und Lozano et al. [94], die mit unterschiedlichen Suchintensitäten der von ihnen benutzten LSVs experimentierten, dass die günstigste Iterationsanzahl eines LSVs anwendungsabhängig ist. Daraus kann unmittelbar geschlossen werden, dass sie adaptiv angepasst werden sollte.

Im folgenden wird die Klassifizierung der unterschiedlichen Adaptionsarten von Hinterding et al. [95] benutzt: *"Adaptive dynamic adaptation takes place if there is some form of feedback from the EA that is used to determine the direction and magnitude of the change to the strategy parameters."*[13] Dagegen spricht man von *Selbstadaption,* "if the parameters to be adapted are encoded onto the chromosome(s) of the individual and undergo mutation and recombination"[14]. Darauf aufbauend zeigt Tabelle 5.9 eine Klassifikation der unterschiedlichen Grundkonzepte adaptiver MAs nach den Kriterien *was* und *wie* adaptiert wird. Die Tabelle zeigt auch, ob der Lauf eines MAs durch ein vorgegebenes Qualitätsziel oder Zeitlimit begrenzt wird, ob das Haupteinsatzgebiet kombinatorische oder Parameteroptimierung war und wer ein Verfahren eingeführt und detailliert untersucht hat (Publikationen über einzelne Anwendungen oder Aspekte von MAs sind hier weggelassen). Die Tabelle zeigt deutlich, wie die in Abschnitt 5.4.1 vorgestellte Kosten-Nutzen basierte Adaption die Lücke der bisherigen Arbeiten auf diesem Gebiet schließt.

Ong und Keane benutzen ebenfalls einen Kosten-Nutzen basierten Ansatz, der dem hier vorgestellten ähnlich ist.[15] Er hat zum Ziel „to promote cooperation and competition among the different LSs working together to accomplish the shared optimization

---

13. *„Adaptive dynamische Adaption* findet statt, wenn es irgendeine Art der Rückkopplung vom EA gibt, die Richtung und Umfang der Änderungen der Strategieparameter bestimmt."

14. „... wenn die zu adaptierenden Parameter im Chromosom eines Individuums enthalten sind und der Mutation und Rekombination unterzogen werden."

15. Die Ideen von Ong und Keane [83] entstanden parallel zum hier vorgestellten Konzept der Kosten-Nutzen basierten Adaption, siehe auch [4, 5].

	Adaptive Dynamische Adaption		Selbstadaption
Meme-Auswahl	Ong & Keane [83] Qualitätsziel Param.-Opt.	Jakob et al. [4,5] Qualitätsziel Param.-Opt.	Krasnogor, Smith [82,93,98] Qualitätsziel Komb. und Param.-Opt.
Intensität der Meme-Suche	Zitzler et al. [96,97] Zeitlimit Komb.-Opt.		

Tab. 5.9: Klassifikation unterschiedlicher MAs nach dem Gegenstand adaptiver Kontrolle und der Adaptionsmethode

goal"[16] [83, S.100]. Sie ermitteln eine Belohnung η und berechnen daraus die Wahrscheinlichkeitsverteilung zur Auswahl eines ihrer insgesamt neun LSVs, wobei f_{Best} die Fitness des bisher besten Individuums ist:

$$\eta = \beta \cdot \frac{f_{LS} - f_{evo}}{eval_{LS}} \quad \text{mit} \quad \beta = \frac{f_{LS}}{f_{Best}}$$

Der Faktor β relativiert den Fitnesszuwachs bezogen auf die Fitness des besten Individuums, was ähnlich zur in Abschnitt 5.4.1 vorgestellten relativen Fitness ist: Der Zuwachs wird nicht absolut genommen, sondern hier am bisher Erreichten gemessen. Ong und Keane vergleichen diesen Ansatz mit einem heuristischen, der auf dem Fitnesszuwachs genotypisch ähnlicher Individuen aufbaut, und kommen zu dem Ergebnis, dass das auf der Belohnung η basierende Verfahren besser ist und dass es erheblich von der Anwendung abhängt, welche LSV besser oder schlechter geeignet sind. Die Intensität der lokalen Suche wird durch eine Begrenzung auf 100 Iterationen für alle LSV gleichermaßen beschränkt. Da Ong und Keane sich auf die LSV-Auswahl konzentrieren, während die hier vorgestellten Untersuchungen stärker die Adaption der Rechenzeitverteilung zwischen globaler und lokaler Suche zum Ziel haben, ergänzen sich beide Arbeiten.

Mit Zitzler et al. [96] und Bambha et al. [97] wird der Gedanke des adaptiv gesteuerten Zuwachses der Genauigkeit der lokalen Suche im Verlauf der Adaption geteilt. Der wesentliche Unterschied besteht in der vorher festzulegenden Dauer der Optimierung, die ihrem Verfahren zu Grunde liegt. Insbesondere bei neuen noch nicht bearbeiteten Aufgabenstellungen ist die Abschätzung einer ausreichenden Laufzeit dagegen problematisch. So sehen die Autoren auch den wesentlichen Einsatzbereich ihres Ansatzes bei Aufgaben, die einer festen zeitlichen Restriktion unterliegen.

---

16. „... Kooperation und Wettbewerb zwischen den verschiedenen LSVs, die zur Erreichung des gemeinsamen Optimierungsziels zusammenarbeiten, zu fördern".

Bisher war von Mechanismen zur Adaption die Rede, die außerhalb des bereits selbst Adaption bewirkenden evolutionären Mechanismus stehen. Warum also nicht die Strategieparameter zum Chromosom hinzufügen und die Adaption der Evolution überlassen, wie es Krasnogor et al. [82, 99] getan haben? Schließlich hat die Selbstadaption beispielsweise bei der Schrittweitensteuerung der ES gute Ergebnisse gebracht. Der wesentliche Unterschied ist hierbei, dass unterschiedliche Schrittweiten den Aufwand für die Mutation nicht vergrößern und es tatsächlich nur auf den Fitnessgewinn ankommt. Ähnliches gilt für die selbstadaptive Steuerung eines Multirekombinationsoperators zur Verbesserung der ES bei verrauschten Funktionen [100]. Dagegen bewirkt die Auswahl zwischen unterschiedlichen LSVs unterschiedliche Kosten, sofern sie nicht einheitlich vorzeitig gestoppt werden. Krasnogor et al. sagen selbst: „The rationale is to propagate local searchers that are associated with fit individuals, as those individuals were probably improved by their respective memes"[17] [99, S.772]. Oder aber sie wurden durch die vorangegangene Evolution verbessert! Das kann nicht aus dem Fitnesswert alleine geschlossen werden, da in ihm die Verbesserungen durch Evolution und lokale Suche gleichermaßen aufaddiert werden. Ungeachtet des Erfolgs, über den die Autoren des selbstadaptiven Ansatzes berichten, begründet diese Überlegung den in Abschnitt 5.4.1 vorgestellten Ansatz zur Kosten-Nutzen basierten Adaption und es bleibt weiteren Untersuchungen vorbehalten, die Qualität beider Ansätze zu vergleichen.

---

17. „Die Begründung besteht darin, die Anwendung lokaler Suchverfahren zu vermehren, die mit fitten Individuen verknüpft sind, da diese Individuen wahrscheinlich durch ihre zugehörigen Memes verbessert wurden."

6 Anwendungen von GLEAM, H!GLEAM und HyGLEAM

Die hier vorgestellten Anwendungen sollen nicht nur die Bandbreite der mit GLEAM und seinen hybriden Varianten H!GLEAM und HyGLEAM bearbeitbaren Aufgaben aufzeigen, sondern vor allem die Vorgehensweise bei der Anwendung an Hand unterschiedlicher Aufgabenstellungen illustrieren. Daher erfolgt die Darstellung weitgehend nach folgendem Schema: Nach der Aufgabenbeschreibung und einer Charakterisierung der Problemstellung folgt eine Skizzierung des Lösungsansatzes, der das verwendete Genmodell und die Bewertung umfasst. Daran schließen sich Angaben zu den benutzten genetischen Operatoren an, sofern sie von denen dem jeweiligen AK-Typ zugeordneten (siehe Abschnitt 4.4) abweichen. Eine abschließende Darstellung der Resultate beendet die Beschreibung einer Anwendung. Tabelle 6.1 gibt einen Überblick darüber, welche Elemente von GLEAM, HyGLEAM oder H!GLEAM bei welcher Anwendung vorkommen und in welchem Detaillierungsgrad beschrieben werden.

	Roboteranwendungen	Rob. mit Heuristik	VerfahrwegOptim.	Stapelsortierung	Scheduling Verf. Technik	Härterei	Gridjobs	Designoptim. Heterodynempf.	Aktorplatte
ab Seite:	106, 115	121	127	131	136	144	155	169	173
AK-Typ:	3	3	2	spez. (2)	2	1	2	1	3
- komplexe Aktionen	ja	ja	nein	(ja)	nein	ja	ja	nein	ja
Bewertung	ausführlich		kurz	kurz	ausführl.	ausführl.	ausführl.	ausführl.	kurz
- Bew. + Straff.	ja				ja	ja	ja		
- reine Straff.	ja				ja		ja		
Reparatur:									Plausib. ohne Rep.
- genotypisch	ja						ja		
- phänotypisch		Endfahrt				ja	ja		
Heuristik / LSV		Heuri.	Heuri.				Heuri.	LSV	LSV
- MA		ja					ja	ja	ja
- Init. / Schluss		ja / ja	Init.				Init.		
Komplexitätsbetrachtung	ja	ja			ja	ja	ja	ja	

Tab. 6.1: Auftreten und Behandlung der EA-Elemente bei den Anwendungen. Erläuterungen: *Init.*: Heuristik zur Initialisierung der Startpopulation, *Schluss*: Heuristik zur Verbesserung des Evolutionsergebnisses, *Bew. + Straff.*: Bewertungs- mit Straffunktion, *Endfahrt*: phänotypische Ergänzung, *Plausib. ohne Rep.*: Plausibilitätstest mit Bewertung und ohne Reparatur.

Ganz allgemein betrachtet sind im Falle der Parameteroptimierung für die Erstellung eines Genmodells folgende Überlegungen anzustellen:

1. Welches sind die zu optimierenden Parameter?
   Dabei ist eine Abgrenzung zu den Randbedingungen zu beachten.

2. Wo liegen ihre üblichen Grenzen und wie könnten ihre maximalen aussehen?
   Je nach Aufgabenstellung sollte man für die Festlegung der Parameterintervalle die bei bisherigen Lösungen üblichen Grenzen überschreiten, soweit das vertretbar erscheint. Dadurch kann man gegebenenfalls an den Ergebnissen sehen, ob bisherige Parametrierungen zu eng gewählt wurden und das System in nicht erwarteten Regionen des Parameterraums vielleicht besser funktioniert.

3. Wie genau sollen die Parameter eingestellt werden?
   Auch wenn es sich um reelle Werte handelt, kann es sein, dass Differenzierungen unterhalb einer gewissen Größenordnung, z.B. des Hundertstelbereichs, nicht mehr sinnvoll sind. Damit kann eine Abbildung der Parameter auf ganze Zahlen bei einem geeigneten Skalierungsfaktor, zum Beispiel von 100, die Suche vereinfachen. Dadurch wird der Suchraum stärker diskretisiert und damit vereinfacht.

4. Welche Parameter stehen in engem Zusammenhang und sollten daher in einem Gen bzw. in einer Aktion zusammengefasst werden?
   Eine solche Zusammenfassung ist sinnvoll, um zusammenhängende Parameter durch die Evolution gemeinsam behandeln zu können. Andererseits werden für die Rekombination ausreichend viele Gene benötigt. Daher sollten solche Zusammenfassungen nur bei ausreichend vielen Parametern erfolgen. Ein Aktionskette sollte möglichst nicht aus weniger als drei oder vier Genen bestehen, damit die Rekombination besser operieren kann.

5. Wie groß sollten Segmente von GLEAM mindestens und maximal sein?
   Wenn nur fünf oder weniger Parameter zu optimieren sind, empfiehlt sich die Regel: Ein Parameter pro Gen und ein Gen pro Segment. Es ist zu bedenken, dass die Segmentgrenzen die Bruchstellen der Rekombination sind und es daher nicht zu wenig von ihnen geben sollte. Tabelle 6.2 gibt einen Überblick über sinnvolle Segmentgrößen in Abhängigkeit von der Aktionskettenlänge. Diese Frage kann in sofern mit einer gewissen Gelassenheit angegangen werden, als die hier zu treffenden Vorgaben nur die AK-Generierung beim Start der Optimierung und das Standard-Genetic-Repair (siehe Abschnitt 4.5) betreffen.

Bei Aufgaben mit kombinatorischem Charakter kommen je nach Problem Genmodelle mit und ohne Parameter in Betracht. Das Genmodell eines rein kombinatorischen Problems kann aus je einem Gen pro Element, dessen Reihenfolge zu bestimmen ist, bestehen. Der Aktionscode gibt dann eine Nummer oder Index des Elements wieder. Die in den Abschnitten 7.4 bis 6.7.2 und 6.7.3 behandelten Aufgabenstellungen sind ganz oder zumindest teilweise kombinatorischer Natur. Auch in den Roboteranwendungen (Abschnitte 7.1 bis 7.3 steckt ein erheblicher kombinatorischer Anteil, denn es

Aktionskettenlänge	Segmentgröße
1 - 5	1
6 - 10	1 - 2
11 - 20	1 - 3
21 - 30	1 - 4
31 - 50	2 - 6
51 - 70	3 - 8
71 - 100	3 - 10
101 - 150	4 - 12
151 - 200	5 - 15
201 - 300	6 - 20
300 - 400	10 - 30
> 400	15 - 45

Tab. 6.2: Segmentgrößen bei verschiedenen Aktions-
kettenlängen

kann von großer Relevanz sein, in welcher Reihenfolge bestimmte Achsbewegungen eines Roboterarms ausgeführt werden. Genmodelle zur Robotersteuerung unterscheiden sich aber von denen vieler anderer kombinatorischer Aufgabenstellungen dadurch, dass die Anzahl der Gene oder Aktionen nicht festgelegt ist und dynamisch durch die Evolution verändert werden kann.

In Abschnitt 4.8 wurde die in GLEAM enthaltene Bewertung mit Hilfe von Normierungsfunktionen und der gewichteten Summe sowie optionalen Straffunktionen erläutert. Zur Aufstellung eines Gewichtungsschemas empfiehlt es sich, erst einmal eine Liste aller Bewertungskriterien aufzustellen und diese dann gemäß ihrer Wichtigkeit zu sortieren. Auch sollte man sich darüber im Klaren sein, welche Kriterien nur auf Kosten welcher anderen verbessert werden können. Entsprechend der Gewichtung kann man die Kriterien in Prioritätsklassen mit Erfüllungswerten sortieren, wobei den höher prioren Kriterien nicht unbedingt auch ein entsprechendes Notengewicht gegeben werden muss, da ihre Erfüllung ja bis zum vorgegebenen Grenzwert vor Zuschaltung der nachgeordneten Kriterien garantiert ist. Auch kann die Einführung von Hilfskriterien sinnvoll sein, um die Suche zu beschleunigen. Wenn ein bestimmtes Kriterium nicht kontinuierlich, sondern nur in gewissen wenigen Schritten, z.B. ganzzahligen Werten verbessert werden kann, sollte man sich überlegen, wie der Übergang von einem zum nächsten Schritt durch ein Zusatzkriterium erleichtert werden kann. Ein Beispiel dafür ist das Hilfskriterium *Schichtspitzenüberhang* in Abschnitt 6.7.1.2.

Restriktionen können häufig durch Straffunktionen gut abgebildet werden. Wenn es zum Beispiel bei einer Roboterbewegung zu einer Kollision kommt, so kann dieses unerwünschte Ergebnis auf unterschiedliche Art in die Bewertung einfließen. Im Falle einer Totalabwertung (Letalmutation) wird eine solche Lösung vernichtet, obwohl sie auch brauchbare Elemente enthalten kann, wie z.B. eine gut abgefahrene Teilstrecke.

Geschickter ist es daher, ein Maß für die Verletzung einer Restriktion zu finden, um so dem EA mitzuteilen, ob er trotz Verletzung auf dem richtigen Weg ist, die Restriktion einzuhalten oder nicht. Im Beispiel könnte das die Ermittlung der verbleibenden Distanz zum Bewegungsziel sein, siehe auch Abschnitt 6.1.2 und Abb. 6.7. Außerdem ist es bei vielen Roboteraufgabenstellungen so, dass zu Beginn der Evolution sehr viele Bewegungen in einer Kollision enden, was bei Letalmutationen zu einer zu geringen oder gar keiner Nachkommenschaft einer Paarung führen kann. Die nachfolgende Generation wird dann verstärkt aus der Elternschaft rekrutiert.

Folgende Überlegung für eine Herangehensweise zur Bearbeitung einer Aufgabenstellung mit Hilfe eines EA kann hilfreich sein. Im Grunde ist ein EA ein blindes Verfahren, das über das eigentlich zu lösende Problem nichts weiß und lediglich durch den Erfolg einer Lösung gesteuert wird. Es kann mit dem Kinderspiel verglichen werden, bei dem ein Kind mit verbundenen Augen und einem Holzlöffel einen Topf im Raum finden möchte und durch Schlagen auf den Boden versucht, ihn zu treffen. Die anderen Kinder geben dabei Hilfestellung, indem sie Position und Bewegungsrichtung mit heiß, warm oder kalt kommentieren. Das suchende Kind entspricht dem EA, sein Bewegungsraum dem durch das Genmodell erreichbaren Suchraum und die Bewertung dem Erfolgssignal beim Treffen des Topfes mit dem Holzlöffel und die Kommentare der anderen Kinder. Wenn letztere irreführend sind, hat das Kind nur eine Zufallschance, in die Nähe des Topfes zu gelangen. Je besser dagegen die Kommentare sind, desto leichter wird das Kind zum Ziel finden. Ebenso ist es mit der Bewertung: Wenn sie schlecht formuliert ist, braucht ein EA lange, falls er überhaupt Erfolg haben kann. Aber auch das, was das Genmodell ermöglicht oder nicht, ist wichtig für den Erfolg. Im Beispiel muss das Genmodell Bewegungen in einer Ebene gestatten, sofern sich der Topf im gleichen Raum befindet wie die Startposition des Kindes. Wenn nicht, muss das Genmodell um eine Operation *Raum wechseln* oder *Tür öffnen* erweitert werden. Fehlt diese Operation, hat weder das Kind noch der EA eine Chance, zum Ziel zu gelangen. Man muss sich also immer fragen, erlaubt es mein Genmodell, den Weg zum Ziel zu beschreiben? Reicht meine Bewertung aus, um auch aus unzulässigen, aber möglichen Regionen des Suchraums zum Ziel zu gelangen, indem es einen Anreiz gibt, sich in die richtige Richtung zu bewegen?

6.1 LESAK - das erste Experiment

Nach der Konzeption von GLEAM [1] wurde diese Optimierungs- und Planungsmethode zunächst in einem ersten Experiment mit der Bezeichnung LESAK (LErnendes System mit AktionsKetten) zur automatischen Bewegungssteuerung von Industrierobotern angewandt. Dies sollte die Leistungsfähigkeit von GLEAM belegen, denn die Aufgabenstellung war so gewählt, dass die Komplexität einerseits hoch genug ist, um keine „Triviallösungen" zuzulassen, andererseits sollte aber das globale, absolute Optimum bekannt sein (d.h. sein Erreichen kann sofort festgestellt werden), damit die Güte der Optimierung genau gemessen und verglichen werden kann. Dies ist im Gegensatz beispielsweise zur Produktionsplanung bei der Robotersteuerung auf anschauliche Weise der Fall: jeder kann sofort sehen, ob sich der Roboter tatsächlich auf einer Geraden von der Anfangsposition zur Zielposition bewegt und diese auch „trifft". Außerdem belegt dieses Experiment, dass GLEAM verglichen mit anderen Optimierungsmethoden sehr gut mit nicht-kontinuierlichen Suchräumen umgehen und tatsächlich eine Optimierung nach mehreren verschiedenen, ja widersprüchlichen Kriterien leisten kann. Im folgenden wird LESAK zur Bezeichnung der Anwendung bzw. des ersten Experiments benutzt und GLEAM zur Kennzeichnung des Verfahrens sowie der verbesserten Implementierungen und weiteren Anwendungen. LESAK verwendet bereits wesentliche Teile von GLEAM, darunter das Aktionskonzept, alle genetischen Operatoren und den Plausibilitätstest samt genotypischer Reparatur, siehe Kapitel 4.

6.1.1 Grundidee des Roboterexperiments

Natürlich gibt es bereits sehr gute, praktisch einsetzbare Methoden und Algorithmen, um das Problem der Steuerung einer Roboterbewegung für bis zu sechsachsige Industrieroboter auf einer geraden Linie durch numerische Berechnungen zu lösen. Darauf kam es in diesem Zusammenhang nicht an, vielmehr sollte die analytische Lösung mit den durch das Evolutionsverfahren erzeugten Bewegungen verglichen werden. Dabei sei betont, dass die analytische Berechnung der Bewegungssteuerung die Entwicklung komplizierter Algorithmen zur Koordinatentransformation und Interpolation erfordert, was bei dem Evolutionsverfahren entfällt.

Wichtig war auch, dass die Möglichkeiten einer Definition des genetischen Codes mit Hilfe des Aktionsmodells (vgl. Abschnitt 4.2) voll ausgeschöpft werden konnten. Wichtigste Vorteile von GLEAM sind im Zusammenhang mit dem Roboterexperiment die Behandlung sowohl der (statischen) Bahngeometrie als auch des (dynamischen) zeitlichen Ablaufs der Roboterbewegung sowie die Erzeugung von Bewegungsbefehlen in einer konkreten Roboterprogrammiersprache. Für die Steuerung eines Industrieroboters bzw. deren Simulation wird der zeitliche Bezug von Gencode und Robotersteuerung durch eine taktgesteuerte Ausführung realisiert, siehe Abschnitt 4.2.

Die Aufgabenstellung für das Roboterexperiment ist folgende: Der Anwender definiert eine Start- und eine Zielposition mit entsprechender Orientierung des Greifers am Roboterarm. Zwischen diesen soll der Roboter durch eine Folge einfacher achsenspezifischer Bewegungsbefehle so gesteuert werden, dass sich der Greifer auf einer geraden Linie bewegt. Diese Aufgabe sieht für den nicht mit der Robotertechnik vertrauten Leser einfach aus, basiert jedoch auf komplexen mathematischen Modellen und Berechnungen. Mit GLEAM ist man außerdem in der Lage, ohne Änderung und Erweiterung der Software auch einen Roboter mit 12 oder 16 Achsen auf einer Geraden zum Ziel zu bewegen. Dies wäre sonst nur mit Hilfe komplizierter Modelle für jeden Einzelfall möglich. Bei GLEAM muss hingegen nur das Aktionsmodell erweitert werden.

Folgende Überlegungen vermitteln einen Eindruck von der Größe des zugehörigen Suchraums für den EA. GLEAM erzeugt Bewegungsbefehle, wie z.b. "Bewege Achse 3 auf eine Geschwindigkeit von -15°/s mit einer Beschleunigung von 5°/s^2 ", deren Parameter der Evolution unterworfen werden. Bei 6 Roboterachsen kann man vereinfachend von 200 Geschwindigkeitsstufen (-100°/s bis 100°/s) je Achse und 100 Beschleunigungsstufen (1°/s^2 bis 100°/s^2) ausgehen. Nimmt man nur die Hälfte als realisierbare Befehle, so ergeben sich bei einem „Programm" von 10 Befehlen ca. 10^{40} unterschiedliche Bewegungsbahnen, die aus Bewegungsbefehlen mit verschiedenen Parameterwerten resultieren. Die zeitliche Steuerung der Achsen wurde dabei vernachlässigt, dadurch kann die Länge der Bewegungsbahn erheblich variieren. Der Vorteil dieser Methode liegt darin, dass eine Bahnverbesserung viel leichter bewertet werden kann, kleine Parameteränderungen in der Regel auch kleine Bahnänderungen bewirken und damit die Evolutionsgeschwindigkeit in einem erträglichen Rahmen liegt. Zur Veranschaulichung zeigt Abb. 6.1 die Bewegungsbahn am Start der Evolution, etwa vergleichbar einem Kleinkind, das noch lernen muss, seine Bewegungen zu koordinieren.

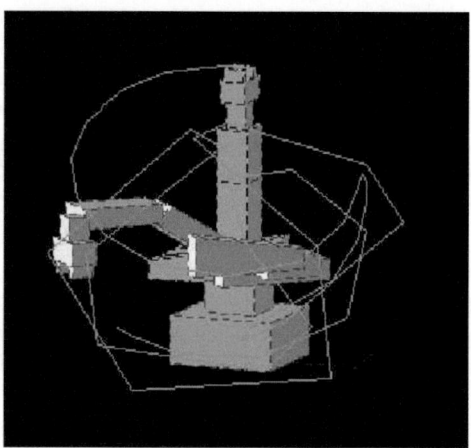

Abb. 6.1: Modell des RV-M1-Roboters und Beispiel
einer zufällig erzeugten Bewegungsbahn

Die von GLEAM im Rahmen von LESAK erzeugten Bewegungsbefehle wurden zunächst (noch) nicht auf eine reale Robotersteuerung angewandt. Vielmehr wurde ein Simulationsmodul in GLEAM implementiert, das über kinematische Robotermodelle mit bis zu 16 rotatorischen Bewegungsachsen operiert. Die Achsen können in Grundstellung in X- oder Z-Koordinatenrichtung zeigen und um die X-, Y- oder Z-Koordinatenachse drehen, siehe Abb. 6.2. In einem eigenen Programm ROBMODEF kann der Anwender 10^{12} mögliche Robotermodelle definieren, GLEAM kann dann für jedes beliebige Robotermodell Bewegungsbahnen generieren. Daher stellt GLEAM bzw.

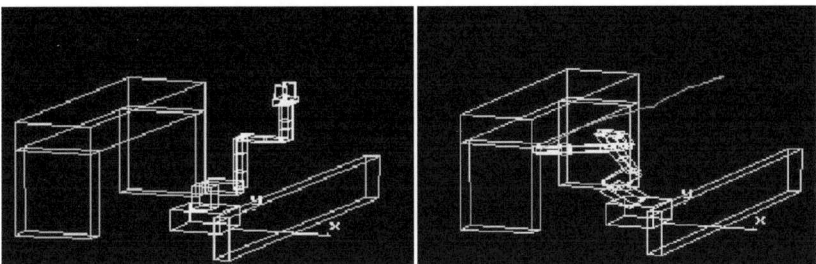

Abb. 6.2: Robotermodell mit 16 Bewegungsachsen zur Simulation des erzeugten GLEAM-Codes (rechts: geradlinige Bewegung als Evolutionsergebnis)

LESAK gewissermaßen eine Robotersteuerung dar, die (nach entsprechender Evolutionszeit) 10^{12} kinematisch unterschiedliche Robotertypen steuern kann. Dies ist mit keiner anderen Robotersteuerung möglich.

Im Rahmen einer ersten praktischen Erprobung wurde GLEAM zur Generierung von Anweisungen für kollisionsfreie Bewegungen des bereits erwähnten Mitsubishi-Roboters RV-M1 eingesetzt. Die Benchmarkaufgabe zur kollisionsfreien Roboterbahnplanung bestand darin, dass sich der Roboter auf einer möglichst geraden Linie von einer Start- zu einer Zielposition bewegen und dabei eine Kollision mit drei Hindernissen und mit sich selbst vermieden werden sollte. Abb. 6.3 zeigt die drei Hindernisse sowie die Start- und die Zielposition. Der Industrieroboter muss sich zuerst drehen, um dann zwischen den beiden großen Quadern die Abwärtsbewegung hinter die kleine Säule durchführen zu können. Die Bahnplanung wird mit dem in Abschnitt 4.2 erläuterten Aktionsmodell durchgeführt.

Wie schon in Abb. 6.2 gezeigt, wurden die Hindernisse in Form von Quadern definiert, die beliebig zusammengestellt werden können. Bei der Kollisionsprüfung wird nur

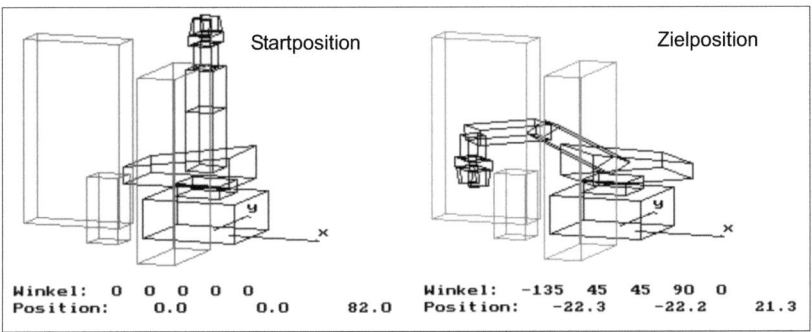

Abb. 6.3: Start- und Zielposition der Benchmarkaufgabe zur kollisionsfreien Roboterbahnplanung mit drei Hindernissen

getestet, ob ein Robotergelenk am Beginn, in der Mitte oder am Ende in einen Quader, in den Boden oder in ein anderes Gelenk des Roboters eindringt. Bei sehr dünnen Hindernissen oder schnellen Bewegungen kann so eine Kollision „übersehen" werden. Abhilfe kann hier eine Verkürzung der Zykluszeit der (simulierten) Steuerung schaffen. Auf dieses Aufgabenszenario wird nachfolgend noch öfter Bezug genommen.

6.1.2 Bewertungskriterien und Resultate

Das Experiment hatte zum Ziel, GLEAM im Rahmen von LESAK eine Bewegungsbahn in der Form einer angenäherten Geraden vom Start zum Ziel mit entsprechender Geschwindigkeitssteuerung erzeugen zu lassen. Daher muss die Güte einer Bewegungsbahn daran gemessen werden, wie gut die Bahn auf einer Geraden verläuft und wie genau das Bewegungsziel erreicht wurde. Es wurden zunächst die folgenden Kriterien definiert:

- Abstand von der Zielposition
  Das Bewegungsziel soll natürlich möglichst genau getroffen werden. Ziel heißt in diesem Fall: Position des Greifpunktes eines sich am Roboterarm befindlichen Greifers (sog. TCP, Tool Center Point). Die Orientierung, d.h. aus welcher Richtung zugegriffen wird, wurde bei LESAK zunächst außer Acht gelassen. Das Kriterium „Abstand von der Zielposition" basiert auf einer einfachen Distanzberechnung zwischen der Endposition der generierten Bewegungsbahn und der Zielposition. Dieser Abstand zum Ziel wird in Prozent des Gesamtwegs ausgedrückt, um die Bewertung unabhängig von der konkreten Aufgabenstellung zu machen. Abb. 6.4. zeigt das Beispiel einer Fitnessfunktion, wobei die maximal mögliche Distanz zum Ziel 1500 mm beträgt (roboterabhängig).

  Abb. 6.5 zeigt die zugehörige Normierungsfunktion. Da die Fitnessgüte immer durch eine konkrete Note, die für alle Kriterien im gleichen Bereich liegen sollte, angegeben wird, muss auch für sehr schlechte Bewegungen mit weitem Abstand

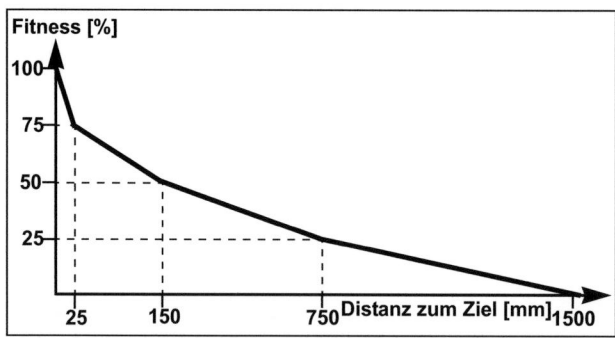

Abb. 6.4: Fitnessfunktion für die Distanz zum Bewegungsziel bestehend aus drei Geradensegmenten

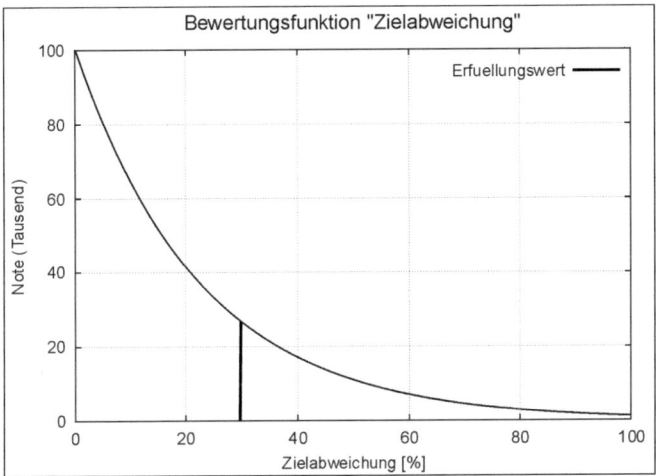

Abb. 6.5: Bewertungskriterium „Zielabweichung"

vom Ziel eine Note vergeben werden. Denn ansonsten könnte der Evolutions-
algorithmus keine Verbesserung feststellen und die entsprechenden Aktionsfolgen bevorzugen. Im konkreten Fall wurde eine lineare Abbildung zwischen
Abstand und Note vorgenommen, wobei der „schlechteste" Abstand einfach die
Distanz zwischen den beiden am entferntesten liegenden Positionen ist, die der
Roboter anfahren kann, nämlich die doppelte Roboterarmlänge, siehe Abb. 6.4.
Die lineare Funktion wurde in drei Abschnitte mit unterschiedlicher Steigung
unterteilt, um die Güte immer stärker ansteigen zu lassen, je näher der Abstand
zur vorgegebenen Zielposition ist.

- Bahnabweichung
  Die Bahnabweichung misst die Abweichung von der Geraden zwischen Start- und
  Zielpunkt und setzt sie in Relation zu einer angenommenen maximalen Abweichung von doppeltem Start-Ziel-Abstand. Der sich daraus ergebende Prozentwert
  bewertet demnach zu große Bahnabweichungen einheitlich mit 100% Abweichung. Das ist insofern zulässig, als die Bahn erst ab einer bestimmten Annäherung an das Ziel interessant wird. Die zugehörige Bewertungsfunktion ist in
  Abb. 6.6 dargestellt.

Bei der Bewertung spielen neben den beiden Hauptkriterien Zielabweichung und
Bahnabweichung noch zwei Hilfskriterien eine Rolle, siehe auch Tabelle 6.3.

- Restweg bei Kollision
  Bei einer Kollision wird der Restweg zum Ziel gemessen und als Straffunktion in
  die Gesamtbewertung integriert, siehe Abb. 6.7. Da das Kriterium so definiert
  ist, dass es erst ab einer Zielabweichung von weniger als 30% Berücksichtigung

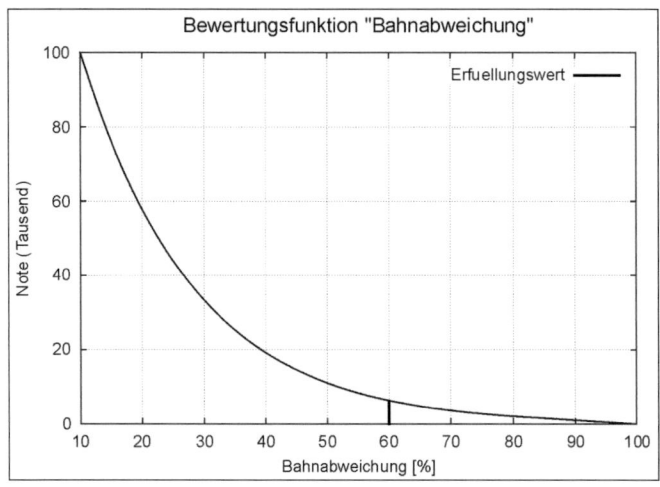

Abb. 6.6: Bewertungskriterium „Bahnabweichung"

Kriterium	Gewicht	Priorität	Straffunktion
Zielabweichung	40 %	1	nein
Bahnabweichung	55 %	1	nein
Restweg bei Kollision (Hilfskriterium)	0 %	2	ja
Aktionskettenlänge (Hilfskriterium)	5 %	2	ja

Tab. 6.3: Bewertungskriterien für die kollisionsfreie Roboterbahnplanung. Der Kollisionsrestweg wird nur als Straffunktion bewertet (Gewicht 0).

findet, genügt eine Bewertung geringer Restwege. Für die Referenzaufgabenstellung von Abb. 6.3 bedeutet das, dass Kollisionen mit der kleinen Säule differenziert bewertet werden, während Zusammenstöße mit den beiden Quadern nur durch die große Zielabweichung in die Fitness eingehen.

- Aktionskettenlänge bzw. Anzahl der Aktionen
  Bei dynamischen Ketten sollte ihre Länge immer zu einem geringen Anteil mitbewertet werden, da sonst die Gefahr der Entstehung extrem langer Ketten durch wirkungslose oder nur wenig wirksame Aktionssequenzen besteht. Da es vorkommen kann, dass beispielsweise zwei Aktionsketten bzw. Individuen erzeugt werden, die zwar in etwa die gleiche Fitnessnote haben, sich aber in der Anzahl der Aktionen unterscheiden, bewirkt eine bessere Fitnessnote für die geringere Aktionsanzahl, dass bei der Selektion eher eine kürzere Aktionskette überlebt. Denn wenn die gleiche Güte einer Bewegung mit weniger Aktionen erreicht werden kann, so ist diese Aktionskette besser als die mit mehr Aktionen. Dieses

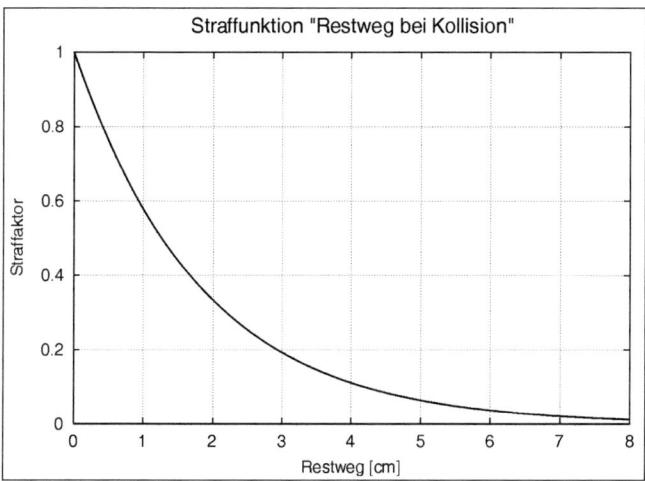

Abb. 6.7: Straffunktion „Restweg bei Kollision"

Kriterium bewirkt, dass die Aktionsketten nicht unnötig lang werden, denn deren Evolution und Simulation kostet mehr Rechenzeit als kürzere Aktionsketten.

Die Bewertung erfolgt mit Hilfe der in Abb. 6.8 dargestellten Normierungsfunktion. Ketten bis zu einer Länge von 50 Aktionen erhalten den vollen Notenwert, der ab 70 bis zu einer Länge von 200 stark abnimmt. Ab einer Länge von 500 wird die positive Bewertung durch die Straffunktion mit einem ähnlichen Verlauf wie die Bewertungsfunktion abgelöst, die Ketten bis zu einer Länge von 2000 Aktionen abdeckt. Diese willkürlich gewählten Werte haben sich in der Praxis als tauglich erwiesen, da keine Ketten mit deutlich mehr als 200 Elementen beobachtet wurden und die Ergebnisketten eher ein Länge zwischen 20 und 50 aufwiesen.

Allerdings darf diesem Kriterium nur ein niedriges Gewicht zugewiesen werden. Ansonsten kann es passieren, dass Aktionsketten mit ganz wenigen Aktionen, die nur eine grobe Bewegung Richtung Ziel bewirken, wesentlich besser bewertet werden als Aktionsketten mit mehr Aktionen, die aber näher an das Bewegungsziel heranführen.

Abb. 6.9 zeigt zwei Beispiele akzeptierter Lösungen der Referenzaufgabe von Abb. 6.3. Das Ziel wurde mit geringen Abweichungen gut erreicht, während die Bahn des TCP in beiden Fällen noch verbesserungsfähig ist. Für die Verwendung der Aufgabe als Benchmark wurde jedoch auf eine strengere Bewertung und damit bessere Bahnqualität verzichtet, um mit den damals verfügbaren Computern den Rechenzeitaufwand in Grenzen zu halten.

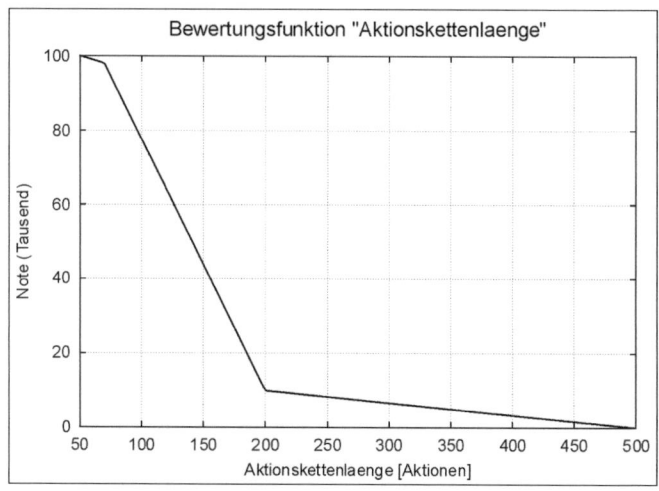

Abb. 6.8: Bewertungskriterium „Aktionskettenlänge". Die zugehörige Straffunktion hat einen ähnlichen Verlauf und erfasst Kettenlängen zwischen 500 und 2000.

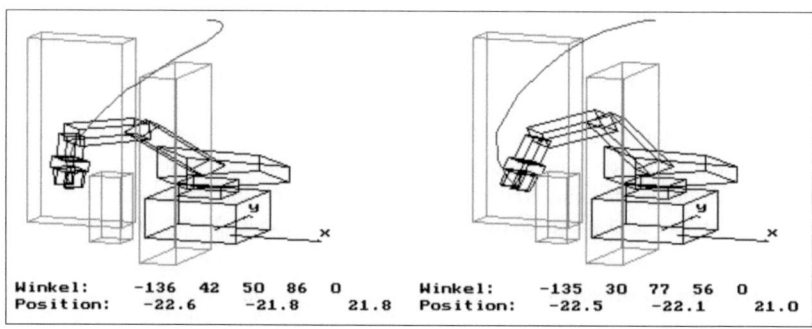

Abb. 6.9: Zwei Beispiele für ausreichende Lösungen der Testaufgabe „kollisionsfreie Roboterbahnplanung"

Das LESAK-Experiment hat gezeigt, dass es mit GLEAM möglich ist, automatisch Roboterprogramme mit achsenorientierten Befehlen zu generieren, die einen Roboter mit beliebigem kinematischen Aufbau und kinematischer Redundanz derart steuern, dass er sich auf einer Geraden von einer Start- zu einer Zielposition bewegt. Abb. 6.2 zeigt dies für einen vom Anwender definierten 16achsigen Roboter, der von GLEAM auf einer Geraden gesteuert wird.

6.2 Roboteranwendungen mit GLEAM

Auf der Basis der ersten Versuchsimplementierung von LESAK wurden eine Reihe von Roboteranwendungen mit Industrierobotern implementiert [101, 102]. Dabei wurde Wert darauf gelegt, dass nicht nur abstrakte Kurvenbilder, sondern praktisch einsetzbare Roboterprogrammteile erzeugt wurden, die direkt auf eine Robotersteuerung geladen und ausgeführt werden konnten.

Zusätzlich zum Robotermodell können für die Simulation einfache Hindernisse mit Hilfe von Quadern definiert werden. Während der Ausführung einer Aktionskette wird die Roboterbewegung auf einfache Weise auf Kollisionen mit den Hindernissen, dem Boden und dem Roboter selbst geprüft. Die Definition der Hindernisse wird programmunterstützt vom Anwender vorgenommen.

Für den industriellen Einsatz wurden weitere Bewertungskriterien definiert und die Bewertung verfeinert. Die neuen Kriterien betreffen die Orientierung des Greifers oder Werkzeugs am Roboterarm, die Bewegungszeit und die Bahnlänge.

- Orientierung
  Die Bestimmung der Güte für die Orientierung des Roboters ist schwieriger als die Berechnung der bisherigen Kriterien. Unter Orientierung des Roboters versteht man die Lage im Raum, die der Greifer oder das Werkzeug beim Anfahren der Zielposition einnimmt. Sie wird mathematisch auf der Basis homogener Transformationen durch Rotationsangaben bzw. Matrizen beschrieben.

  Doch wie gibt man nun eine gute oder schlechte Orientierung an und vergibt eine Note zwischen 0 und einem maximalen Fitnesswert. Ohne in mathematische Details gehen zu wollen, sei hier zur prinzipiellen Lösung folgendes vermerkt: Die Orientierung wird durch ein lokales Koordinatensystem beschrieben, das zum Referenz-Koordinatensystem verdreht ist, siehe auch [103]. Von diesem lokalen Koordinatensystem zeigt die Z-Koordinatenachse in die Richtung des Greifers, die Y-Koordinatenachse geht durch die Greifbacken, siehe Abb. 6.10. Misst man nun den Abstand der Z- und Y-Koordinatenachsen (immer die normierte Länge 1 angenommen) zwischen dem Referenzsystem und der am Ende der generierten Roboterbewegung angefahrenen Orientierung bzw. dem sie repräsentierenden lokalen Koordinatensystem, so erhält man darüber ein Maß für die Orientierungsgüte, siehe Abb. 6.10.

  Die Formel zur Berechnung der Güte einer Orientierung lautet:

  $$Orientierungsfitness = Fitness_{max} \cdot \left(1 - \left(\left(\frac{dy}{2}\right)^2 + 0.75 \cdot dz\right)\right)$$

  Randbedingung: Wenn dz oder y größer als 1 sind, werden sie auf 1 gesetzt, d.h. die Orientierung weicht mehr als 90 Grad ab und die Güte wird damit auf Null gesetzt.

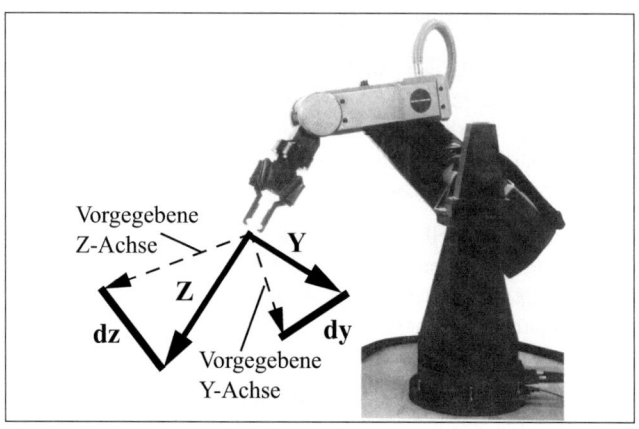

Abb. 6.10: Ableitung der Fitnessnote für die Orientierung

Die Abweichung in Z-Richtung (*dz*) wird mit einem Anteil von 75% gewichtet, da dies die Abweichung von der besonders wichtigen Greifrichtung bedeutet, die Abweichung des Greifers in der waagrechten (*dy*) nur zu 25%. Die X-Achse steht senkrecht auf den beiden anderen Achsen und braucht nicht berücksichtigt zu werden.

- Bewegungsdauer
  Gerade für industrielle Anwendungen ist es wichtig, dass die Bewegung möglichst schnell erfolgt, damit ein kurzer Produktionszyklus erreicht werden kann. Daher wird die Bewegungsdauer als ein wichtiges Kriterium eingeführt. Allerdings darf die Bewertung der Bewegungsdauer keine zu hohe Priorität erhalten. Ansonsten kann es beispielsweise dazu führen, dass eine Aktionskette mit nur einer geringfügigen Bewegung die beste Gesamtnote erhält, weil zwar das Bewegungsziel weit verfehlt wurde, durch die extrem kurze Bewegungszeit jedoch eine sehr gute Bewertung erfolgte.

- Bahnlänge
  Die Länge der Bewegungsbahn korrespondiert zwar mit der Bewegungsdauer, trotzdem ist dieses Kriterium besonders im Zusammenhang mit Bewegungen zur Kollisionsvermeidung sinnvoll. Denn wenn sich ein Hindernis zwischen Start und Ziel befindet, ist keine gerade Bewegungsbahn möglich. Damit die Ausweichbewegung möglichst kurz wird, ist eine Bewertung der Bahnlänge notwendig.

6.2.1 Mitsubishi-Roboter R500, RV-M1 und RV-E2

Über das LESAk-Experiment hinausgehend wurde auch ein Postprozessor zur Generierung von Roboterbewegungsanweisungen implementiert, der folgendes leistet:

Während der Simulation einer Roboterbewegung auf der Basis der von GLEAM generierten Aktionen (d.h. der einfachen achsenorientierten Bewegungsbefehle) wird nach jedem Steuertakt die momentane Position der Roboterachsen gespeichert. Diese Liste wird im Falle der Mitsubishi-Steuerung in eine Positionsliste umgesetzt, wobei eine Koordinatentransformation in die kartesische Roboterposition und die Orientierungswinkel der Roboterhand durchgeführt wird. Außerdem wird eine Folge von Bewegungsbefehlen zu diesen Positionen generiert. Abb. 6.12 zeigt den gesamten Vorgang ausgehend von den in Abb. 6.11 dargestellten GLEAM-Aktionen:

```
GLEAM-Code-Generierung in Datei demo1.GLC   Fri, 09.11.2001 16:35:00
   Start:      0.000    0.000   75.000    0.000    0.000    0.000
   Ziel:   -30.000    0.000   85.000    0.000    0.000    0.000
   Taktrate: 0.0960 s
   Motor 5 auf -203.285 Grad/sec, Beschleunigung: 307.943 Grad/(sec*sec)
   Motor 0 auf -58.869 Grad/sec, Beschleunigung: 71.435 Grad/(sec*sec)
   Motor 2 auf 13.419 Grad/sec, Beschleunigung: 266.103 Grad/(sec*sec)
   Motor 5 auf 247.154 Grad/sec, Beschleunigung: 533.681 Grad/(sec*sec)
   Motor 3 auf 34.677 Grad/sec, Beschleunigung: 483.836 Grad/(sec*sec)
   Motor 5 aus, Bremsen mit 785.793 Grad/(sec*sec)
   Motor 2 auf 74.212 Grad/sec, Beschleunigung: 259.884 Grad/(sec*sec)
   Motor 2 aus, Bremsen mit 273.387 Grad/(sec*sec)
   Motor 0 auf -60.265 Grad/sec, Beschleunigung: 188.390 Grad/(sec*sec)
   Ende der GLEAM-Code-Generierung
```

Abb. 6.11: Aktionen von GLEAM für das Beispiel zur Bewegung des RV-M1

Als Ergebnis konnte gezeigt werden, dass GLEAM selbst auf den langsamen PCs, die Mitte der 90-iger Jahre verfügbar waren, in annehmbarer Zeit Roboterbewegungen generieren konnte, die in gerader Linie bzw. unter Vermeidung einer Kollision von einem Start- zu einem Zielpunkt mit vorgegebener Orientierung führen. Außerdem wurden entsprechende Roboteranweisungen generiert, die auf eine Robotersteuerung geladen und ausgeführt werden konnten.

6.2.2 ABB-Industrieroboter IRB 2400

Im Rahmen eines Forschungsprojekts wurde GLEAM für den Piloteinsatz bei ABB (früher ASEA), einem führenden Roboterhersteller, angepasst [104]. Die meiste Arbeit erforderte dabei die Implementierung der kinematischen Modellierung und Koordinatentransformation von Roboter in kartesische Koordinaten sowie die Wandlung in die Orientierungsdarstellung von ABB. Dies wurde notwendig, weil ABB anders als sonst üblich die Orientierung des Greifers/Werkzeugs mit Hilfe von 4 Parametern, dargestellt als Quaternions, beschreibt.

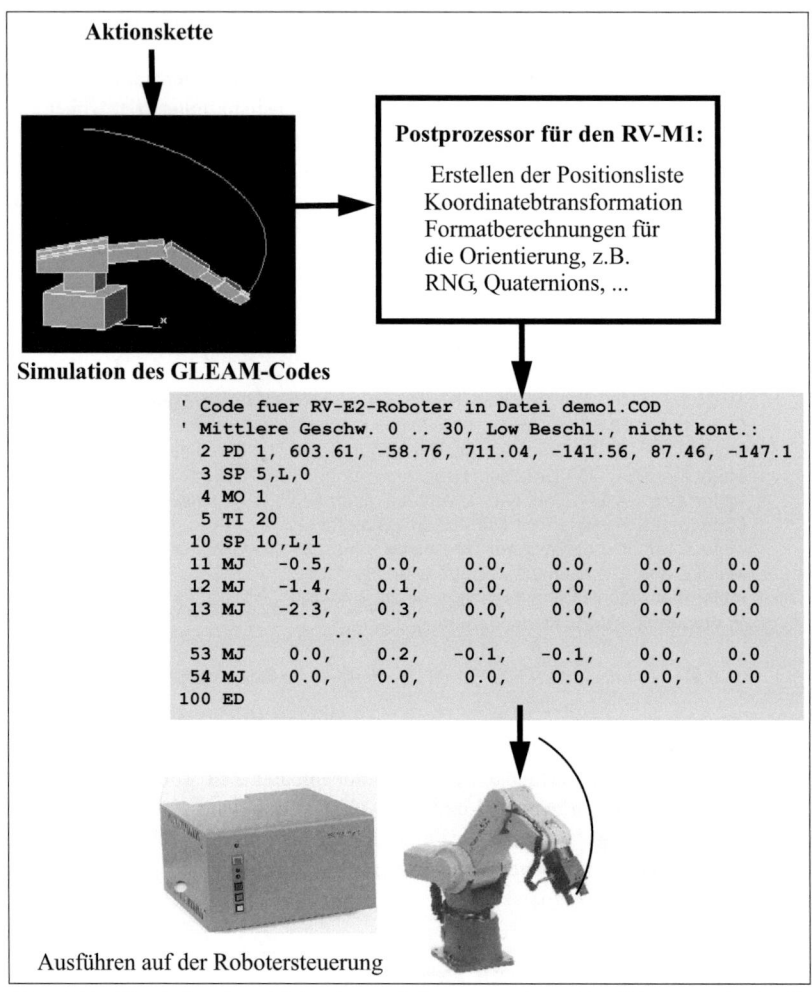

Aktionskette

Postprozessor für den RV-M1:

Erstellen der Positionsliste
Koordinatebtransformation
Formatberechnungen für
die Orientierung, z.B.
RNG, Quaternions, ...

Simulation des GLEAM-Codes

```
' Code fuer RV-E2-Roboter in Datei demo1.COD
' Mittlere Geschw. 0 .. 30, Low Beschl., nicht kont.:
  2 PD 1, 603.61, -58.76, 711.04, -141.56, 87.46, -147.1
  3 SP 5,L,0
  4 MO 1
  5 TI 20
 10 SP 10,L,1
 11 MJ  -0.5,   0.0,   0.0,   0.0,   0.0,   0.0
 12 MJ  -1.4,   0.1,   0.0,   0.0,   0.0,   0.0
 13 MJ  -2.3,   0.3,   0.0,   0.0,   0.0,   0.0
           ...
 53 MJ   0.0,   0.2,  -0.1,  -0.1,   0.0,   0.0
 54 MJ   0.0,   0.0,   0.0,   0.0,   0.0,   0.0
100 ED
```

Ausführen auf der Robotersteuerung

Abb. 6.12: Simulation einer Aktionskette mit Erzeugung eines ablauffähigen Codes für die Mitsubishi-Robotersteuerung

Der Postprozessor zur Erzeugung von Bewegungsbefehlen in der Roboterprogrammiersprache RAPID funktioniert nach dem gleichen Prinzip wie im vorherigen Abschnitt, siehe Abb. 6.13. Bei einem Test mit einem realen IRB 2400 ABB-Roboter in einem Hindernisszenario benötigte GLEAM 40 Minuten (auf einem PC mit 330 MHz im Jahre 1996), um eine kollisionsfreie und optimale Bewegungsbahn zu erzeugen. Ein Roboterexperte von ABB brauchte zwar nur 22 Minuten, um den Roboter mit dem Teach-in-Verfahren zu programmieren, allerdings verursachte er dabei eine

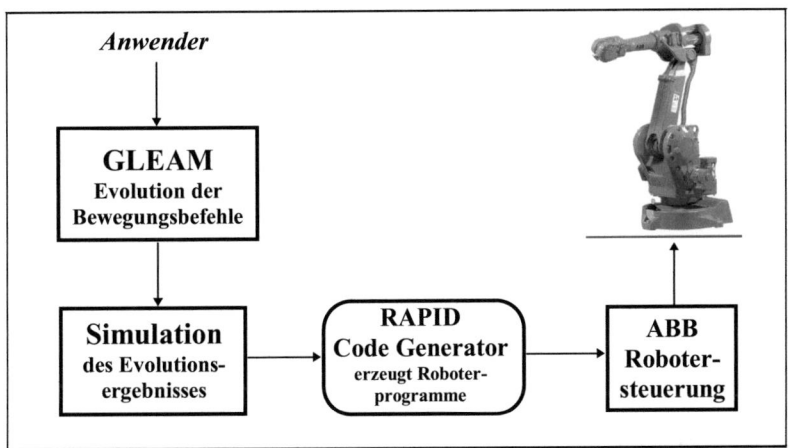

Abb. 6.13: Implementierung von GLEAM für den ABB-Roboter IRB 2400

Kollision mit einem Hindernis. Außerdem stand der Roboter in dieser Zeit nicht für die Produktion zur Verfügung. Der in Abb. 6.14 dargestellte und von GLEAM generierte RAPID-Programmcode zeigt im Vergleich zum vorigen Abschnitt, wie unterschiedlich die Programmierwelten für verschiedene Roboter sind.

```
%%%     RAPID Move statements fuer ABB irb2400     %%%
MODULE test
  CONST jointtarget P1:=[[0,42.3,40.1,0,49.8,0],[9E9,9E9,9E9,9E9,9E9,9E9]];
  CONST jointtarget P2:=[[0,39.3,38.8,0,49.8,0],[9E9,9E9,9E9,9E9,9E9,9E9]];
  CONST jointtarget P3:=[[0,36.3,36.2,0,49.8,0],[9E9,9E9,9E9,9E9,9E9,9E9]];
...
  CONST jointtarget P132:=[[-100,51.4,43.9,0,49.8,0],[9E9,9E9,9E9,9E9,9E9,9E9]];
  CONST jointtarget P133:=[[-100,51.4,43.9,0,49.8,0],[9E9,9E9,9E9,9E9,9E9,9E9]];
PROC main();
  MoveAbsJ P1,v400,z20,toolx;
  MoveAbsJ P2,v400,z20,toolx;
...
. MoveAbsJ P132,v400,z20,toolx;
  MoveAbsJ P133,toolx;
%% Move statements end  %%%
ENDPROC
ENDMODULE
```

Abb. 6.14: Programmcode für den ABB-Roboter IRB 2400

Bei der zu lösenden Aufgabe musste der IRB 2400 aus einem Fach ein Werkstück herausnehmen. Unter Vermeidung von Kollisionen mit einer Wand und einer Säule sollte das Teil in ein zweites Fach eingelegt werden, siehe Abb. 6.15. Die Bewegungsstrecke umfasst insgesamt etwa 2.5 m. Kollisionen waren durch kleinere Bewegungen des

Greifers beim Fassen und Ablegen des Teils möglich, ebenso durch eine kleine Geschwindigkeits- oder Richtungsänderungen während der Bewegung durch einen relativ schmalen Korridor zwischen Hindernissen.

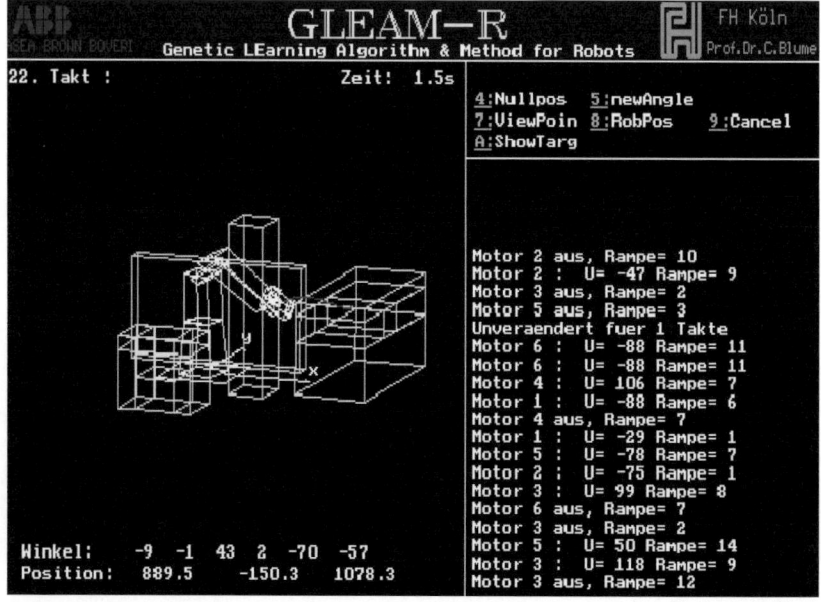

Abb. 6.15: Roboterexperiment mit dem IRB 2400 Industrieroboter bei ABB

6.2.3 KUKA R15 Roboter bei DaimlerChrysler

Im Rahmen einer Einsatzerprobung bei der Forschungsabteilung „Intelligente Systeme" von Daimler Chrysler wurde GLEAM für eine Generierung kollisionsfreier Bewegungsabläufe für einen KUKA-Industrieroboter angepasst. Wie bei den vorherigen Beispielen wurde für die Implementierung ein Robotermodell definiert, die entsprechende Koordinatentransformation erstellt und von einem Postprozessor Anweisungen in der KUKA-Robotersprache generiert.

Als Anwendungsbeispiel wurde eine Bewegungsfolge definiert, bei der ein Teil von einem Förderband aufgenommen und durch ein Fenster in eine Automobilkarosse abgelegt wird, siehe Abb. 6.16.

Abb. 6.17 zeigt einen Auszug aus einem von GLEAM generierten Roboterprogramm. für den KUKA-Roboter.

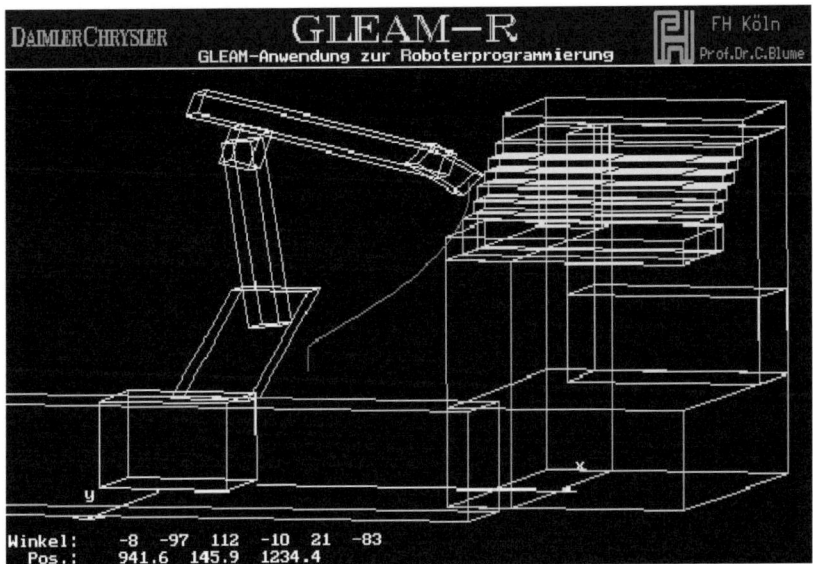

Abb. 6.16: Aufgabenstellung: Der KUKA-Roboter soll ein Teil vom Förderband aufnehmen und durch ein Autotürfenster (Türbogen wird durch treppenförmig angeordnete Quader modelliert) ablegen.

```
&ACCESS RVP
DEFDAT  autobest.DAT
;FOLD EXTERNAL DECLARATIONS;%{PE}%R2.0.2,%MKUKATPBASIS,%CEXT,%VCOMMON,%P
;FOLD BAS EXT;%{E}%R2.0.2,%MKUKATPBASIS,%CEXT,%VEXT,%P
EXT  BAS (BAS_COMMAND  :IN,REAL  :IN )
DECL INT SUCCESS
;ENDFOLD
;ENDFOLD
AXIS target = {A1 8.0, A2 -33.2, A3 47.0, A4 -71.0, A5 89.0, A6 -7.0}
AXIS P1 ={A1 -56.0, A2 -49.8, A3 112.0 A4 -10.0, A5 21.0, A6 -83.0 }
AXIS P2 ={A1 -56.0, A2 -50.9, A3 112.0 A4 -10.0, A5 21.0, A6 -83.0 }
AXIS P3 ={A1 -56.0, A2 -52.1, A3 112.0 A4 -10.0, A5 21.0, A6 -83.0 }
   ...
AXIS P105 ={A1 1.9, A2 -58.2, A3 91.8 A4 -28.9, A5 -16.4, A6 -83.0 }
;FOLD;{H}
ENDDAT
;ENDFOLD
```

Abb. 6.17: Codesegment für den KUKA-Industrieroboter R15

6.3 H!GLEAM: Heuristik und Robotersteuerung

Nach der Anpassung von GLEAM für die industriellen Robotersteuerungen von Mitsubishi, ABB und KUKA wurde auch eine Implementierung für die REIS-Steuerung des RV6-Roboters durchgeführt. Dies erfolgte im Rahmen eines Entwicklungsprojekts an der FH Köln mit Studierenden. Das Schema der Implementierung war das gleiche wie bei den bisher vorgestellten Implementierungen, wobei wie beschrieben ein spezielles Modul erstellt wurde, das ein auf die jeweilige Steuerung angepasstes Roboterbewegungsprogramm generiert, siehe folgendes Beispiel [105]:

```
HP   RV6
C  Datei test1.SRC: generiert von GLEAM_RV fuer den Reis RV6
WERKZEUG   variable:T
BEWEG_ART  #PTP
GESCH_PTP  [%]: 20
BESCH_PTP  [%]: 20
GESCH_CP   [mm/s]:     50.0000
BESCH_CP   [%]: 20
C  Bewegung zur Startposition:
POSITION  #N, X:   912.68, Y:     0.00, Z:   784.52, A:    0.0, B:  -75.0,
C:     0.0,  Vz1: 0, Vz2: 0, Vz3:  0, Vz4: 0, Vz5: 0, Vz6: 0
UEBER_PTP #EIN
POSITION  #N, X:   912.68, Y:     0.00, Z:   784.52, A:   -5.5, B: -105.1,
C:    -5.3,  Vz1: 0, Vz2: 0, Vz3:  0, Vz4: 0, Vz5: 0, Vz6: 1
POSITION  #N, X:   912.67, Y:    -5.24, Z:   784.52, A:  -21.3, B: -106.0,
C:   -20.3,  Vz1: 1, Vz2: 0, Vz3:  0, Vz4: 0, Vz5: 0, Vz6: 1
    ...
  POSITION  #N, X:   807.54, Y:  -466.32, Z:   672.09, A:  -22.3, B:  -85.0,
C:     7.6,  Vz1: 1, Vz2: 0, Vz3:  0, Vz4: 0, Vz5: 0, Vz6: 1
C Insgesamt 13 Zwischenpositionen generiert!
STOP
ENDE
```

Abb. 6.18: Codesegment für die Steuerung von REIS-Robotics

Als wesentlich weitergehenden Schritt wurde im Rahmen eines Forschungsprojekts in Kooperation mit der Firma REIS Robotics die H!GLEAM-Software in die Steuerungssoftware RSV 17 von REIS integriert. Das Konzept beinhaltete ein Zusammenspiel der Evolutionssoftware in H!GLEAM und der Steuerungssoftware einer industriellen Robotersteuerung. Das Konzept und Vorgehen wurde bereits in Abschnitt 5.3.3.5 vorgestellt. Abb. 6.19 zeigt in vereinfachter Form den Ablauf der Evolution. Sie wird von der Robotersteuerung gestartet. In der Evolutionsschleife einer Generation wird zur Berechnung der Fitnesswerte die Simulation der Robotersteuerung aufgerufen. Sie liefert die Rohdaten wie Zielerreichung u.a., die von H!GLEAM zur Fitnessberechnung verwendet werden. Das von H!GLEAM gelieferte Evolutionsergebnis wird von der Robotersteuerung graphisch angezeigt und vom realen Roboter ausgeführt.

Die Integration von H!GLEAM in die Robotersteuerung hatte einige wesentliche Anpassungen und Umstrukturierungen von H!GLEAM zur Folge:

- Kollisionsprüfung durch die REIS-Software auf der Basis des Sphere-Octree-Verfahrens (Modellierung der Hindernisse durch Kugeln) und umhüllende Zylinder (Roboter)
- Übernahme der Grafik durch die REIS-Software

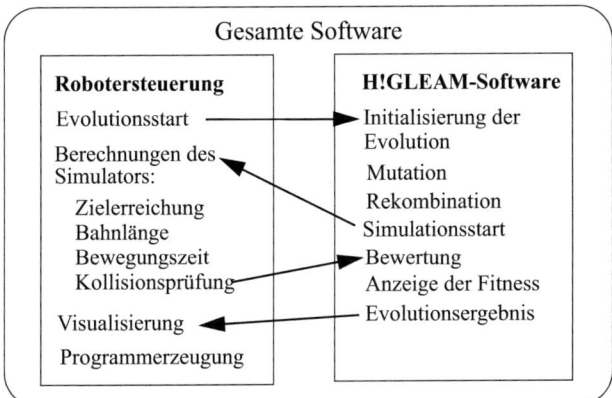

Abb. 6.19: Konzept der Integration von H!GLEAM in die REIS-Steuerungssoftware. Im Verlauf der Evolution findet ein ständiger Wechsel zwischen H!GLEAM und dem Simulator der Steuerung statt.

- Abschalten sämtlicher Bildschirmausgaben von GLEAM. Fehlermeldungen werden über eine REIS-Funktion auf das Handprogrammiergerät ausgegeben.

- Umstellen von Borland C auf Visual C. Dies betraf vor allem die Grafik und das Linken der Module, denn H!GLEAM selbst ist fast nur in ANSI-C geschrieben und war damit problemlos übertragbar.

- Änderungen an der Initialisierung und Ablaufstruktur von H!GLEAM, da es kein eigenständiges Programm mehr ist.

- Ausblenden der bisherigen Erfassung von Simulationswerten, wie Abstand vom Ziel, zur Bewertung. Die REIS-Software liefert diese Werte an die H!GLEAM-Software, die sie aufbereitet und die Gesamtnote berechnet.

- Implementierung einer Schnittstelle zwischen REIS- und GLEAM-Software zur Einbindung von H!GLEAM in den Steuerungsablauf auf der Robotersteuerung

Außerdem wurde H!GLEAM auf drei kinematisch unterschiedliche Robotertypen von REIS angewandt: RV, RH und RL4. Dies hatte zunächst keine Auswirkungen auf den Evolutionsalgorithmus (nur auf die Simulation von REIS), spielte aber anschließend für die Einführung einer Heuristik eine Rolle. Denn die Konstruktion von Aktionsketten zur Roboterbewegung ist vom kinematischen Aufbau eines Industrieroboters abhängig.

Die Simulation der Roboterbewegungen wurde von dem Roboterhersteller übernommen. Er besitzt bereits ein Softwarepaket zur Robotersimulation, das eine Kollisionsprüfung mit Hilfe eines Volumenmodells enthält und auf dem Sphere-Octree-Verfahren basiert. Daher sind die Hindernisse auf der Abbildung durch Kugeln dargestellt.

Um dies zu nutzen, sendet die H!GLEAM-Software eine dynamische Tabelle mit den Achsenwerten aller Zwischenpunkte, welche die durch eine Aktionskette generierte Roboterbewegung beschreiben. Der externe Simulator berechnet die zugehörige kartesische Position zu den Achsstellungen, prüft nach, ob der Roboter mit einem Hindernis kollidiert (dann wird die Bewegung abgebrochen) und ermittelt die Rohdaten für die Bewertung durch H!GLEAM. Am Ende einer Simulation werden die Bewertungsdaten an H!GLEAM übermittelt. Eine graphische Darstellung der Roboterbewegung erfolgt durch das Programm ProVis Virtual Robot, dem über eine Internetschnittstelle entsprechende geometrische Daten zur Modellierung und Steuerung des Roboters übertragen werden, siehe Abb. 6.20.

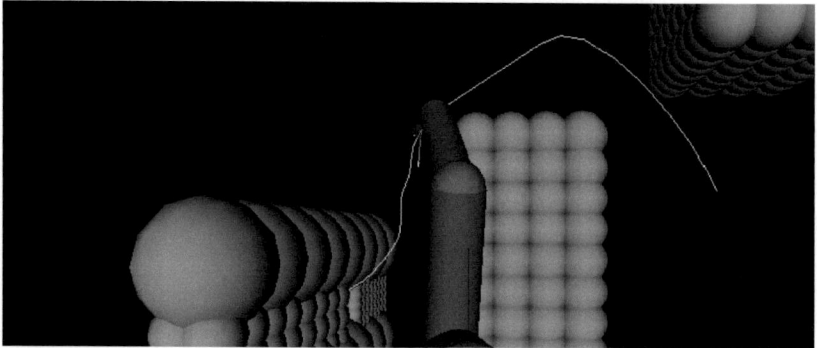

Abb. 6.20: Visualisierung einer kollisionsfreien Bewegung

Im Verlauf der Implementierung zeigte sich, dass die REIS-Steuerungssoftware einen Großteil der Rechenzeit (95% bis 98%) verbraucht, was durch permanente Abfragen und Überprüfungen der Roboterhardware sowie für die Kollisionsprüfungen verursacht wurde. Dadurch war die gesamte Evolutionszeit für eine kollisionsfreie Roboterbewegung zu hoch. In H!GLEAM wurden zwei neue Ansätze auf heuristischer Basis zur Beschleunigung der Evolutionszeiten implementiert, siehe auch Abschn. 5.3.3:

- Die Startpopulation wird nicht mehr vollständig willkürlich per Zufall generiert, sondern es erfolgt eine Konstruktion von Bewegungs-Aktionsketten aufgrund heuristischer Überlegungen. Die so konstruierten Bewegungen führen zwar nicht unbedingt sofort kollisionsfrei zum Bewegungsziel, sie enthalten aber Bewegungsabschnitte, die mit hoher Wahrscheinlichkeit ermöglichen, dass die Evolution nicht nur Bewegungen generiert, die längere Zeit vor einem Hindernis „hängenbleiben".

- Während der Evolution werden einige Bewegungen bzw. die entsprechenden Aktionsketten nach heuristischen Überlegungen abgeändert oder durch „Suchbewegungen" verlängert. Damit werden Ausweichbewegungen generiert, um Hindernisse umfahren zu können.

Mit Hilfe dieser neuen Ansätze konnte die Evolutionszeit grob geschätzt auf ein Viertel der ursprünglichen Zeit gesenkt werden. Allerdings soll diese Methode noch weiter untersucht und verfeinert werden. Abb. 6.21 zeigt das Ergebnis eines Evolutionslaufs aus einer anderen Perspektive als Abb. 6.20, sowie einen Ausschnitt der Steuerungs-oberfläche (Teach-Box).

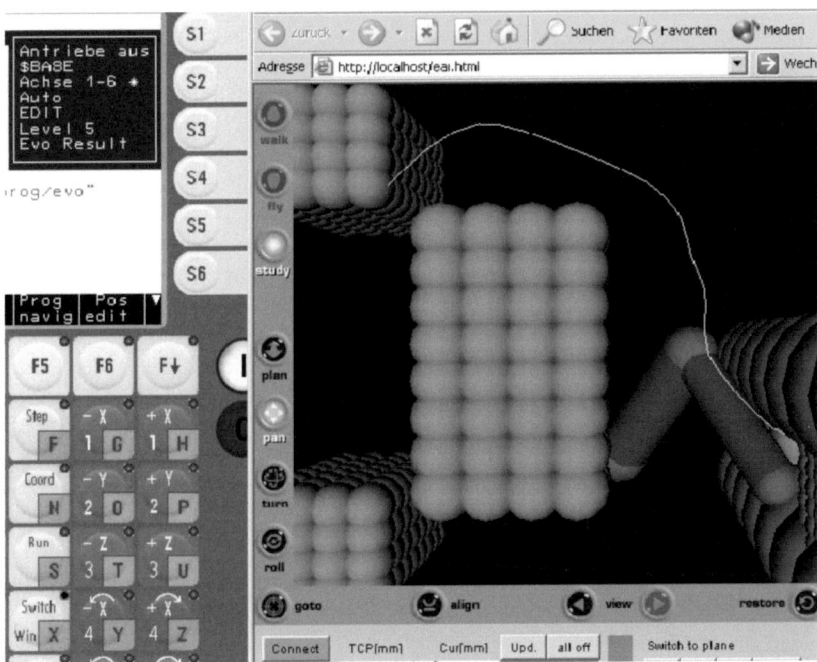

Abb. 6.21: Evolutionsablauf und Simulation auf der REIS-Steuerung

6.4   Parallelimplementierung von GLEAM mit dem LESAK-Experiment

In Abschnitt 2.5 wurde bereits darauf hingewiesen, dass sich eine entsprechend dem Nachbarschaftsmodell strukturierte Population gut zur Parallelisierung eignet. Gemäß der in Abb. 2.4 dargestellten ringförmigen Struktur wurden Transputer ringförmig ver-schaltet. Bei Transputern handelt es sich um Prozessoren, die wegen ihrer besonderen schnellen Kommunikationsfähigkeit bis etwa Mitte der 90-iger Jahre eine gewisse Popularität genossen hatten. Die Implementierung wies jedem Transputerknoten eine Teilpopulation zu, die aus mindestens einem Individuum bestand. Außerdem enthielt jeder Knoten Kopien derjenigen Individuen des Nachbarknotens, die Nachbarn eines der eigenen Individuen sind. Das hat zu Folge, dass bei einer Paarung mit einem Individuum, das auf einem benachbarten Knoten residiert, auf dessen Kopie zurückgegriffen werden konnte. Da Veränderungen eines Individuums mit zunehmender Evolutionszeit seltener auftreten als Zugriffe zwecks Paarung, konnte so die lokale Kommunikation weiter verringert werden.

Ein weiterer Aspekt dieser Art der Parallelisierung ist die asynchrone Bearbeitung. Wenn die Simulationszeiten schwanken, wie das bei dem LESAK-Experiment (siehe Abschnitte 6.1.2 und 6.2.1 sowie die Bilder 6.9 und 6.3) auf Grund unterschiedlicher Kettenlängen und Bewegungszeiten der Fall ist, ergeben sich unterschiedlich viel Iterationen pro Individuum und Zeiteinheit und es gibt keine an den Generationen orientierte Synchronität wie bei einer sequentiell bearbeiteten Population. In dieser Hinsicht unterscheidet sich die Parallelisierung basierend auf LESAK von der in Abschnitt 2.5 (Fußnote 3, S. 19) zitierten parallelen Version einer TSP-Anwendung. In Experimenten mit Ringen bestehend aus 8, 12, 16, 20 und 30 Transputern wurde die Frage untersucht, ob auch bei Asynchronität ein linearer Speed-up auftritt. Dazu wurde die Testaufgabenstellung von LESAK jeweils 200 mal bis zum Erreichen einer vorgegebenen Qualität ausgeführt und die dazu benötigten durchschnittlichen Zeiten verglichen [106]. Tabelle 6.4 und Abb. 6.22 zeigen die Resultate, die einen annähernd linearen Speed-up für bis zu 30 Prozessoren ergeben.

Prozessoren	Zeit [sec]	Speed-up
1	3235.0	
8	398.1	8.1
12	288.0	11.2
16	208.5	15.5
20	165.7	19.5
30	111.1	29.1

Tab. 6.4: Durchschnittsgeschwindigkeiten bei verschieden großen Transputerringen im Vergleich mit einer sequentiellen Implementierung auf einem Transputer

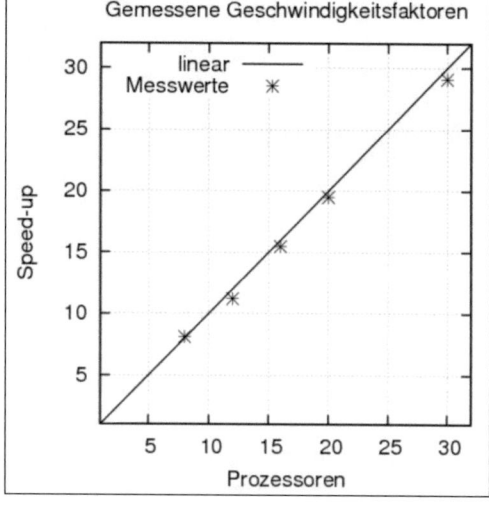

Abb. 6.22: Speed-up bei einer Verteilung auf 8, 12, 16, 20 und 30 Transputern

6.5 Verfahrwegoptimierung eines Portalroboters

Das zu lösende Optimierungsproblem hat folgenden Hintergrund: In einer Produktionsanlage werden Betonelemente für den Hausbau hergestellt. Dazu werden auf großen Paletten (ca. 4.5m x 11m) aus Metall Profile mit Haftmagneten positioniert, welche die Umrandungen der Wände für ein Haus bilden. In diese Umrandungen wird dann Beton gegossen und die Paletten werden zum Aushärten in große Heizanlagen gefahren. Die Maße für die Wände wurden in ein CAD-System eingegeben und stehen dem Steuersystem der Anlage zur Verfügung [107].

Mit Hilfe einer CAD-basierten Software wird aus diesen geometrischen Daten der NC-Code zur Steuerung eines Portalroboters generiert, welcher die Profile zur Umrandung der Wände auf der Palette ablegt, siehe Abb. 6.23.

Abb. 6.23: NC-gesteuerter Portalroboter zum Positionieren von Profilen auf einer Palette

Die Profile aus Metall, die der Portalroboter positioniert, haben bestimmte Abmessungen, welche die komplette Umrandung der Wände und der darin befindlichen Fenster nicht vollständig bzw. passend abdecken können. Daher gibt es zusätzlich Profile aus Kunststoff, die von Hand genau zugeschnitten und positioniert werden. Damit der Bediener auch weiß, wo er die Kunststoffprofile anbringen muss, zeichnet der Portalroboter mit weißer Farbe Striche auf die Palette.

Die Abfolge, in welcher der Portalroboter die Plotlinien auf die Palette zeichnet, bestimmt die Länge des insgesamt zurückzulegenden Verfahrweges des Roboters. Das Optimierungsproblem besteht darin, eine Abfolge von zu zeichnenden Plotlinien zu finden, bei denen die Gesamtstrecke zwischen den Linien möglichst gering wird. Das Problem erinnert an das „Problem des Handlungsreisenden" (Traveling Salesman Problem, siehe Fußnote 3, S. 19). Es muss aber beachtet werden, dass nicht einfach Punkte bzw. Städte verbunden werden, sondern Anfangs- und Endpunkte der zu zeichnenden Plotlinien, wobei es natürlich beliebig ist, an welchem Punkt einer Linie mit dem Zeichnen begonnen wird. Bei einer Linie gibt es zwei Möglichkeiten, wie der Portalroboter die Linie anfahren kann. Bei zwei Linien gibt es bereits acht Möglichkeiten: Vier Möglichkeiten für die erste Linie, anschließend jeweils zwei Möglichkeiten für die zweite Linie, siehe Abb. 6.24.

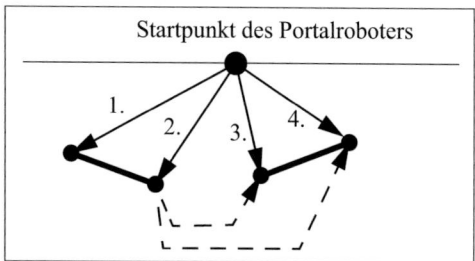

Abb. 6.24: Erst vier, dann jeweils zwei Möglichkeiten, zwei Linien abzufahren

Übertragen auf die genetische Codierung bedeutet dies, dass die Reihenfolge der abzufahrenden Linien zu bestimmen ist. Hinzukommt pro Linie die Angabe, ob der eine oder der andere Anfangspunkt der Linie angefahren wird. Daher beträgt die Anzahl der Möglichkeiten k bei n Linien $k= 2*4*8* ... *(2*n)$. Da die Richtung der Roboterbewegung keine Rolle spielt, muss die Anzahl für diese Anwendung durch zwei geteilt werden. Daher gibt es beispielsweise für zehn Linien 1.857.945.600 Möglichkeiten und bei 15 Linien sind es bereits $2.1425*10^{16}$. Da für das Problem keine analytische Lösung bekannt ist, ist die Anwendung eines Evolutionären Algorithmus sinnvoll.

Die Bewertung der Bahnlänge zwischen den Plotlinien muss an die jeweilige Aufgabenstellung angepasst werden. Dazu wird folgendermaßen vorgegangen:

- Zunächst wird die kürzeste und längste mögliche Strecke des Portalroboters berechnet, indem man vom Startpunkt und von jeder Linie die jeweils kürzeste und längste Strecke feststellt und diese dann zu x_{min} und x_{max} aufsummiert.

- Dann wird die umgekehrt proportionale lineare Bewertungsfunktion (siehe Abschnitt 4.8) angewandt, wobei die Grenzen der Bereiche nach der Erfahrung variiert werden, in der Regel 25% für den Bereich nahe an der maximalen Fitness und 20% an der minimalen Güte. Wenn beispielsweise eine Aufgabe leichter ist, d.h. weniger oder einfach angeordnete Plotlinien, dann werden die Bereiche mehr in Richtung der maximalen Güte verschoben, damit im Bereich mit dem meisten Verbesserungspotential der stärkere Anstieg vorliegt, siehe Abb. 6.25.

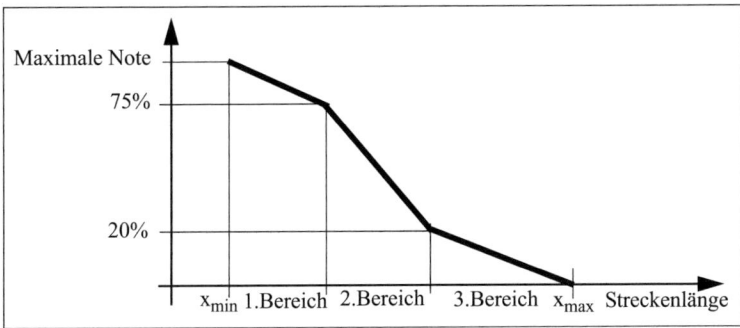

Abb. 6.25: Bewertung der Streckenoptimierung

Zum Beschleunigen der Evolution wurde eine Heuristik zum Erstellen eines Teils der Startpopulation eingeführt. Dazu wird die Reihenfolge der Plotlinien im ersten Ansatz wie folgt bestimmt: Ausgehend vom Startpunkt wird die Linie mit dem geringsten Abstand zu einem ihrer Enden gesucht, von diesem Punkt die nächste Plotlinie mit dem geringsten Abstand, und so fort. Natürlich ist diese Reihenfolge selten optimal, siehe Abb. 6.26, linker Teil.

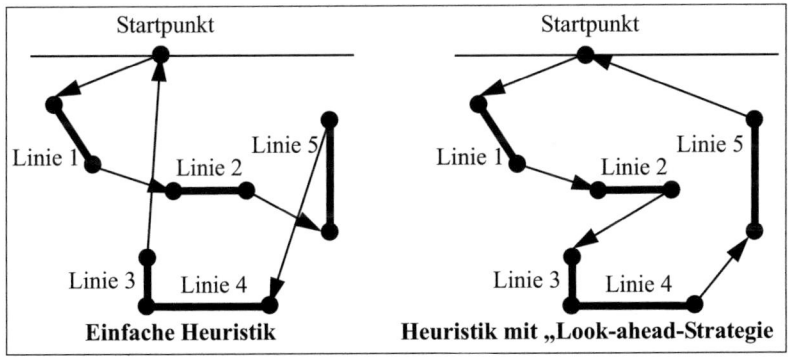

Abb. 6.26: Vergleich zwischen einer einfachen Heuristik und einer mit „look-ahead-Strategie

Eine Verbesserung ist eine Art „Look-ahead-Strategie", bei der nicht einfach die nächstgelegene Linie genommen wird. Vielmehr wird geprüft, ob die von dieser Linie aus nächste Linie optimal ist. Falls nicht, wird die zweitnächste Linie genommen und wieder geprüft, bis die beste Linie gefunden wurde, siehe Abb. 6.26, rechter Teil. Es wird also über den Weg der zwei nächsten Linien optimiert.

Die so gefundene Linienfolge wird in die Startpopulation aufgenommen. Zusätzlich wird eine Reihe von Linienfolgen erzeugt und zur Startpopulation hinzugefügt, indem die ursprünglich gefundene Linienfolge „degeneriert" wird, d.h. es werden willkürlich eine oder mehrere Linienfolgen abgeändert, siehe Abb. 6.27. Dies wird deshalb durchgeführt, um eine genetische Vielfalt zu erreichen. Es kann ja sein, dass Wegabschnitte mit kurzen Verbindungen erhalten bleiben, während andere Abschnitte durch die Evolution noch verbessert werden müssen. Außerdem kann dadurch schon insgesamt eine Verbesserung erreicht werden, wie dies in Abb. 6.27 bei dem willkürlich abgeänderten Wegeplan in der Mitte der drei Pläne der Fall ist.

Ein Vergleich der besten Fitness der Startpopulation, die durch die Heuristik erzeugt wurde, und der anschließenden Optimierung durch GLEAM konnte nur für einige spezielle Beispielaufgaben des Anwenders durchgeführt werden. Zunächst zeigte es sich, dass durch die Heuristik eine Reduktion des Verfahrweges im Bereich von 0.5% bis 84.4%, bezogen auf die vom Anwender vorgegebene Linienfolge, erreicht werden konnte. Die Verbesserung durch die Heuristik war bereits relativ groß, GLEAM verkürzte anschließend die Bewegungslänge nochmals um bis zu 8.2%.

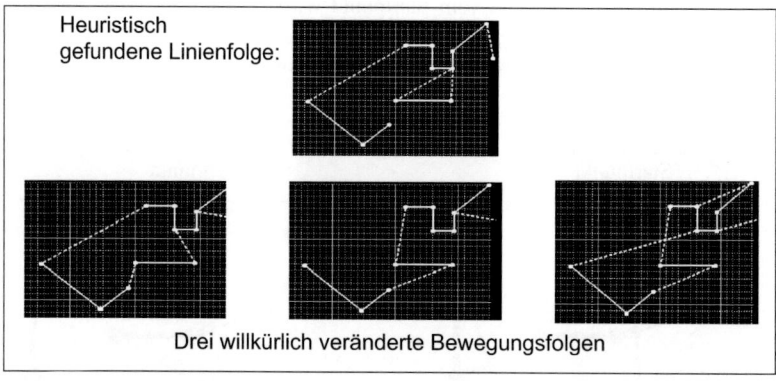

Abb. 6.27: Durch Heuristik und willkürliche Abänderungen erzeugte Startpopulation

Der gesamte Ablauf ist folgendermaßen: Ein CAD- und Planungssystem generiert auf der Basis von geometrischen Daten der Wände Anweisungen im NC-Datenformat an den Portalroboter, um eine Folge von Plotlinien zu zeichnen, siehe Abb. 6.28. Diese Steuerdatei kann entweder direkt auf die Steuerung des Roboters geladen oder zunächst an GLEAM geschickt werden. Nach Konvertierung in geometrische Daten wird die Heuristik zur Generierung der Startpopulation und die Evolution durchgeführt. Zur Überprüfung durch den Bediener wird die von GLEAM gefundene Linienfolge simuliert und visualisiert sowie durch einen Report dokumentiert.

Zum Abschluss soll noch einmal betont werden, dass die gleiche Software zur Realisierung der Evolution sowohl für die Erzeugung kollisionsfreier Bewegungsbahnen als auch für die Optimierung der Strecken zum Plotten von Linien eingesetzt wurde. Dies gilt auch für die folgenden Anwendungen.

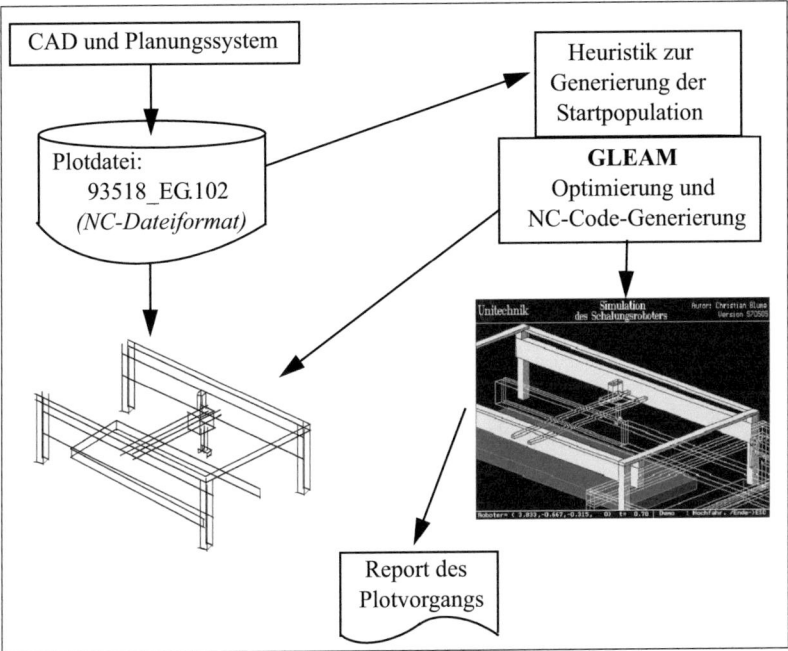

Abb. 6.28: Gesamtsystem zur Optimierung der Plotlinien

6.6 Stapelsortierung in der Bauindustrie

Das zu lösende Optimierungsproblem steht ebenfalls wie die vorherige Anwendung im Zusammenhang mit einer Produktionsanlage, in der Betonelemente für den Hausbau hergestellt werden. Dazu werden auf großen Paletten (ca. 4.5m x 11m) Betonplatten hergestellt, welche dann als Wände von Gebäuden verwendet werden, siehe 6.5.

Die Aufgabe besteht darin, die Betonplatten derart auf die Paletten unter Einhaltung geometrischer und anderer Randbedingungen zu verteilen, dass daraus auf günstige Weise Stapel nach vorgegebenen Kriterien gebildet werden können. Da es einfach ist, die Stapel entsprechend den Kriterien zu konstruieren, wird die Aufgabenstellung quasi umgedreht: Ausgehend von vorgegebenen Stapeln ist die Reihenfolge der Paletten so zu bestimmen, dass eine günstige Belegung der Paletten entsteht, siehe Abb. 6.29.

Die Bildung der Stapel geschieht in der Realität folgendermaßen: Aus einem linearen Palettenstrom werden die Platten in freier Reihenfolge, bezogen jeweils auf eine Palette, auf die Stapelplätze abgelegt. Die Anzahl der Stapelplätze schwankt von Anlage zu Anlage, ist also ein anlagenspezifisches Konfigurierungsdatum. Übersetzt auf die

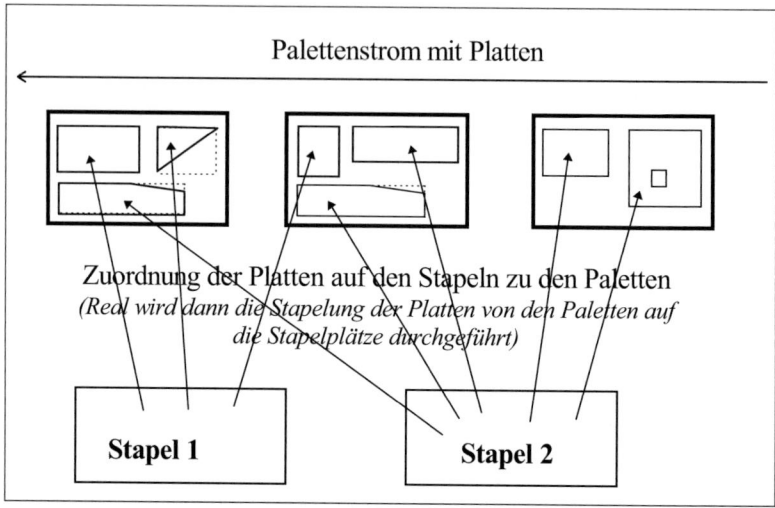

Abb. 6.29: Zuordnung von Paletten zu Stapeln bzw. umgekehrt

„umgedrehte" Aufgabenstellung heißt dies: Ausgehend von vorgegebenen Stapeln ist ein Plattenstrom zu erstellen, der dann geeignet auf die Paletten zu verteilen ist. Für letzteres gibt es Algorithmen der Firma, deren Verwendbarkeit hier zunächst vorausgesetzt wird. Die Anwendung dieser Algorithmen erzeugt aus dem Plattenstrom einen Palettenstrom, wobei die Palettenanzahl das Qualitätskriterium darstellt: je weniger Paletten, desto besser.

Die Stapel enthalten die Platten lagenweise, wobei eine Lage aus mehreren Platten bestehen kann. Plattenstapel können auf drei Arten abgebaut werden: von oben, von unten und wahlfrei. Auch dies ist ein anlagenspezifisches Datum.

Dabei ist zu beachten, dass im Gegensatz zur vorherigen Streckenoptimierung keine Heuristik zur Generierung einer Startpopulation zur Verfügung steht. Statt dessen wird von den bisherigen Vorgaben ausgegangen. Zur Firmensoftware gibt es zwei Schnittstellen: Die Programmaufrufschnittstelle von GLEAM, über welche die Beauftragung und die Entgegennahme des Ergebnisses erfolgt und die Bewertungsschnittstelle, über die die einzelnen Plattenströme bewertet werden.

Zusätzlich gibt es eine Reihe anlagenspezifischer Daten:

- die Anzahl der Stapelplätze
- die Stapelentnahmeart: von oben, von unten oder wahlfrei

6.6.1 Evolutionsparameter

Aus der Aufgabenstellung lassen sich zwei genetische Variablen ableiten:

1. die Reihenfolge der Stapel
2. die Reihenfolge der Entnahme der Platten aus den Stapeln auf den vorhandenen Stapelplätzen. Dabei gilt bei den ersten beiden Entnahmearten die Einschränkung, dass nur freiliegende Platten entnommen werden können.

Es gibt zwei Aktionsarten:

1. Stapelaktion:
   Eine Aktion pro Stapel, die die Reihenfolge der Stapel definiert. Keine Parameter.
2. Entnahmeaktion:
   Universelle Aktion, die parametergesteuert bestimmt, von welchem Stapelplatz welche freiliegende Platte zu entnehmen ist.

   Parameter 1: Stapelplatznummer
   Parameter 2: Position im Stapel

Der Aktionskettentyp ist „fixe Länge mit bedeutungstragender Reihenfolge". Trotzdem entspricht der Code nicht ganz dem Standardschema, da ein Aktionstyp, nämlich die Entnahmeaktion, mehrfach vorkommt. Für die AK-Generierung sind somit die Standardalgorithmen von GLEAM nicht anwendbar. An genetischen Operatoren sind alle Mutationen zur Reihenfolge- und Parameterveränderung sowie die Rekombination und die Crossover-Operatoren zulässig.

Außerdem gelten folgende Belegungsregeln als Randbedingungen:

- Auslastung der Palette (bei zwei möglichen Paletten wird diejenige mit der höheren Auslastung bevorzugt.

- Die erste Platte einer Palette kommt immer vom ersten Stapel

- Während eine Palette noch nicht vollständig belegt ist, erfolgt kein Stapelwechsel

- Breite der Quer- und Längsabschalung ist einstellbar (technologiebedingte Vorgabe)

- Platten können eine sog. „saubere Kante" aufweisen (technologiebedingte Vorgabe)

- u.a.

6.6.2 Interpretation der Aktionen

Die Reihenfolge der Stapelaktionen definiert die Reihenfolge der Stapelverarbeitung. In den Stapeln stehen die Platten in fest vorgegebener Reihenfolge. Die AK wird zweimal interpretiert: Zunächst werden nur die Stapelaktionen berücksichtigt, um die Stapelreihenfolge zu bilden.

Danach werden die Entnahmeaktionen der AK sequentiell abgearbeitet und dabei die Stapel je nach der vorgegebenen Entnahmeart geleert. Wenn ein Stapel leer ist, folgt der nächste wartende Stapel auf den leer gewordenen Stapelplatz. Wenn kein Stapel mehr da ist, wird die Entnahmeoperation auf den Nachbarstapel angewandt. Der zweite Parameter bestimmt bei mehreren Platten pro Lage, welche Platte zu nehmen ist. Dabei wird wie folgt vorgegangen:

Plattenanzahl der Lage	Maßnahme
= 1	Ignoriere den zweiten Parameter
> 1	Position ist in aktueller Lage besetzt: Entnehmen
	Position ist in aktueller Lage unbesetzt: Entnehme von der nächsten Position

Falls notwendig wird die Ausweichmaßnahme sooft angewandt, bis eine Platte in der Lage „gefunden" wird.

Die Entnahmeaktionen erzeugen so den gewünschten Plattenstrom aus dem evolutionär gebildeten Stapelstrom unter Berücksichtigung der vorhandenen Stapelplätze. Der erzeugte Plattenstrom enthält die Platten beginnend mit der ersten Platte.

6.6.3 Resümee dieser Anwendung

Die sehr spezielle Aufgabenstellung erforderte eine große Anpassung der Simulation, der Bewertung und der genetischen Codierung. Die eigentliche evolutionäre Bearbeitung erwies sich als weniger schwierig, das größte Problem stellten die vielen und im Detail hier nicht aufgeführten Randbedingungen dar. Dies führte dazu, dass der Implementierungsaufwand permanent stieg, da der Anwender immer wieder neue Bedingungen stellte. Die Implementierung konnte daher nicht mit allen vom Anwender gewünschten Randbedingungen beendet werden.

6.7 Schedulingprobleme

Bei Schedulingproblemen geht es um die Erstellung eines Ablaufplans (*schedule*), der Planungsobjekten zeitlich begrenzt Ressourcen zuweist. Planungsobjekte können je nach Anwendung beispielsweise Verkehrsmittel (z.b. Züge, Busse oder Flugzeuge), Examenskandidaten, Schulklassen oder Arbeitsschritte sein. Zuzuordnende Ressourcen wären dann Strecken, Seminarräume, Klassenzimmer oder Maschinen. Das muss aber noch nicht genügen, es können z.B. noch Fahrer bzw. Piloten, Aufsichtspersonal, Lehrer oder Werkzeuge mit verplant werden. Je nachdem spricht man von Fahrplan- [108] oder Stundentafelerstellung [109] oder von Produktionsplanung [110]. Bei praktischen Problemen kommen in der Regel weitere Randbedingungen hinzu. Die hier behandelten Anwendungen fallen alle in die Kategorie der Produktionsplanung.

Allgemein spricht man von einem *Shop Scheduling Problem*, wenn n Jobs auf m Maschinen zu bearbeiten sind, wobei jeder Job aus k Operationen besteht. Zwei Operationen desselben Jobs können nicht gleichzeitig abgearbeitet werden und jede Maschine kann zu einem Zeitpunkt jeweils nur eine Operation bearbeiten. Jobs dürfen nicht unterbrochen werden. Es gibt pro Operation genau eine geeignete Maschine und es kann Vorrangregeln für die Operationen geben. Gesucht ist ein Schedule, der die Randbedingungen erfüllt und hinsichtlich einer von den Jobs abgeleiteten Zeitfunktion minimal ist [111]. Häufig ist die zu minimierende Zeitfunktion die Bearbeitungsdauer (*makespan*), also die Zeit, die vom Beginn der Bearbeitung bis zur Beendigung der letzten Operation des letzten Jobs benötigt wird.

Das *Job-Shop Schedulingproblem* ist eine Shop Scheduling Aufgabe, bei der für jeden Job J_i eine Abarbeitungsreihenfolge der Operationen O_{ij} des Jobs derart gefordert wird, dass eine Abarbeitungskette entsteht:

$$O_{i1} \rightarrow O_{i2} \rightarrow O_{i3} \rightarrow \dots \rightarrow O_{ik}$$

Diese Festlegung impliziert auch, dass es keine Reihenfolgebeziehungen zwischen den Operationen verschiedener Jobs geben kann, wie dies beim allgemeineren Shop Scheduling Problem möglich ist [111].

Die Erforschung von Schedulingproblemen ist eine klassische Disziplin des Operations Research. Einen guten Überblick über Schedulingprobleme und die entsprechenden Lösungsansätze liefert zum Beispiel [110] oder [111], wo auch gezeigt wird, dass Schedulingaufgaben bis auf wenige Ausnahmen NP-vollständig und damit nicht in polynomieller Zeit lösbar sind. In der Praxis begnügt man sich daher in der Regel mit Näherungslösungen, wie sie insbesondere von evolutionären Algorithmen geliefert werden.

Die vorliegenden Anwendungen unterscheiden sich vom reinen Job-Shop Scheduling Problem in einer Reihe von meist einschränkenden Eigenschaften, wobei die folgenden drei allen gemeinsam sind:

1. Es gibt alternative Ressourcen, so dass eine Operation verschiedenen Maschinen zugeordnet werden kann.

2. Die Jobs haben ein Fertigstellungsdatum (Liefertermin), das nicht überschritten werden darf.

3. Es gibt mehrere, sich zum Teil widersprechende Optimierungsziele, wobei meistens auch Nebenbedingungen auftreten, die mit dem eigentlichen Schedulingproblem nur mittelbar etwas zu tun haben. Dabei kann es sich um die Minimierung von Spitzenbelastungen der Mitarbeiter oder des Energieeinsatzes handeln oder aber Bearbeitungskosten sind zu minimieren.

Es sind gerade diese Nebenbedingungen, die aus einem eher theoretischen Job-Shop Scheduling Problem ein praktisch relevantes machen. Und insbesondere in der multikriteriellen Behandlung der Aufgabenstellung, die neben der zu minimierenden Bearbeitungszeit weitere Ziele berücksichtigt, liegt eine der Stärken evolutionärer Verfahren. In den nachfolgenden Abschnitten werden drei sehr unterschiedliche Anwendungsfälle vorgestellt, welche die große Einsatzbandbreite von GLEAM illustrieren [112, 113]. Das dritte Beispiel zeigt, in welch erheblichem Maß auch beim Scheduling zusätzliche Heuristiken die evolutionäre Suche unterstützen können.

6.7.1 Scheduling und Ressourcenoptimierung in der Verfahrenstechnik

In [114] wird die Aufgabenstellung folgendermaßen beschrieben: „In der Verfahrenstechnik werden zur Herstellung einer Charge häufig bei Produktionsbeginn und -ende mehr Mitarbeiter benötigt als in der Zeit dazwischen, in der kontrollierende Tätigkeiten dominieren. Abb. 6.30 zeigt einige typische Beispiele. Startet man einen Durchlauf eines Verfahrens (Charge), so ist die Anzahl der benötigten Mitarbeiter für die nächsten Stunden oder Tage festgelegt, das heißt, zu Beginn und am Ende der Charge werden viele Mitarbeiter benötigt, dazwischen meist nur wenige, da z.B. ein Mitarbeiter mehrere Verfahren beaufsichtigt. Daher kann man nach der Startphase einer Charge, wenn nur noch wenige Mitarbeiter gebraucht werden, parallel dazu eine zweite Charge starten, um die freie Mitarbeiterkapazität sinnvoll einzusetzen, siehe Abb. 6.31. Dies gilt nun sinngemäß für weitere Chargen von Verfahren, solange man nicht die vorgegebene maximale Mitarbeiteranzahl überschreitet. Das Problem besteht nun darin, die Chargen so beginnen zu lassen und ihren Kapazitätsbedarf so zu "verzahnen", dass der kumulierte Mitarbeiterbedarf möglichst homogen ist und im Rahmen einer vorgegebenen oder zu optimierenden Obergrenze verbleibt. Eine weitere Anforderung, welche die Planung erschwert, besteht darin, dass einige Verfahren zum Start ein Vorprodukt benötigen, welches von einem anderen Verfahren erzeugt wurde. Daher können Chargen dieser Verfahren erst nach Abschluss anderer Chargen, die eine ausreichende Menge der Vorprodukte hergestellt haben, beginnen (Verfahrenskette).

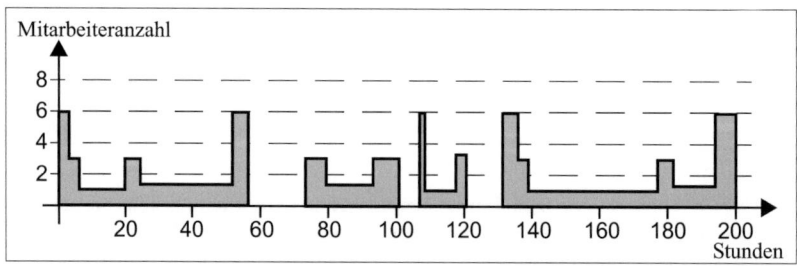

Abb. 6.30: Typische Mitarbeiterbedarfsprofile zur Herstellung unterschiedlicher Chargen

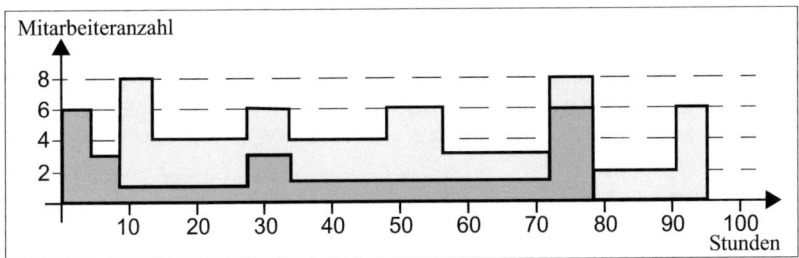

Abb. 6.31: Parallele Bearbeitung zweier Chargen

Die konkrete Planungsaufgabe besteht darin, unter Einhaltung vorgegebener Endtermine 87 Chargen mit maximal zwölf Mitarbeitern in neun Anlagen (entspricht den vorherigen Arbeitsstationen) mit stundengenauer Planung innerhalb von maximal zehn Wochen (210 Schichten, 1680 Stunden) herzustellen. Dabei wird in Schichten zu je acht Stunden rund um die Uhr und sieben Tage die Woche produziert. Als Verbesserungsziele wurden eine Reduktion auf neun Mitarbeiter und eine Bearbeitungszeit von 150 Schichten oder 1200 Stunden ins Auge gefasst. Um sich ein Bild von der Komplexität der Aufgabenstellung zu machen, genügt es bereits, nur die Anzahl der möglichen Startszenarien der 87 Chargen bei einem Zeithorizont von 1680 Stunden zu bestimmen: $1680^{87} \approx 4 \cdot 10^{280}$. Einschränkende Randbedingungen wie Verfahrensketten oder Anlagenkonkurrenz sind dabei gar nicht berücksichtigt.

6.7.1.1 Genmodell

Die Planungstätigkeit besteht offensichtlich darin, die Chargen in geeigneter Reihenfolge zu solchen Zeitpunkten starten zu lassen, die eine Einhaltung der Randbedingungen erlauben. Gesucht sind letztlich die Startzeiten der Chargen, da sie die Reihenfolge implizieren, solange nicht zwei Chargen auf der gleichen Anlage zur selben Zeit starten sollen. Dieser Konfliktfall kann durch die Reihenfolge, in der die Startzeiten in der Aktionskette stehen, gelöst werden. Damit ist das Problem auf eine Parameteroptimierung mit geringem kombinatorischen Anteil zurückgeführt. Die Grenzen der Startzeiten liegen zunächst zwischen Null und der spätesten Startzeit einer Charge, die sich aus ihrem vorgegebenen spätesten Endtermin abzüglich ihrer Bearbeitungszeit ergibt. Diese Herangehensweise unterstellt allerdings, dass die Aufgabe in der vorgegebenen Zeit lösbar ist, was nicht unbedingt der Fall sein muss. Gegebenenfalls sind die Obergrenzen zu erhöhen, um zeigen zu können, dass eine konkrete Planungsaufgabe unter den gegebenen Randbedingungen nicht gelöst werden kann. Zur Bestimmung der frühesten Startzeit kann man bei Verfahrensketten noch die Arbeitszeiten zur Herstellung der Vorprodukte heranziehen.

Da die Startzeiten in keinem direkten Zusammenhang stehen, wird für jede Charge eine Aktion mit der Startzeit als Parameter vorgesehen. Das genügt, da es bei der konkreten Planungsaufgabe keine Anlagenalternativen gibt. Sonst wäre ein weiterer Parameter für die zu belegende Anlage notwendig. Somit werden Aktionsketten fester Länge und bedeutungstragender Reihenfolge verwendet. Letzteres spielt aber nur insofern eine Rolle, als Belegungskonflikte zu lösen sind. Da sich aus der Aufgabenstellung nichts über Segmentgrößen ableiten lässt, werden die Werte von Tabelle 6.2 genommen.

6.7.1.2 Bewertung

Als Bewertungskriterien bieten sich zwei sofort an: die zur Bearbeitung aller Chargen notwendige *Gesamtzeit* und die maximale Anzahl benötigter Mitarbeiter aller Schichten (*Schichtspitzenmaximum*), die beide möglichst gering sein sollen. Da außerdem vorgegebene Grenzen einzuhalten sind, kommt noch jeweils eine Straffunktion zur Erfassung von Überschreitungen hinzu. Weiterhin müssen ein denkbarer *Terminverzug* einzelner Aufträge und die mögliche Nichteinhaltung von Verfahrensketten, die sich in der Herstellung einer geringeren Menge eines Endprodukts als gefordert äußert (*Minderproduktion*), erfasst werden. Für beides bietet sich eine Bewertung in Form von Straffunktionen an, was am Beispiel des Terminverzugs näher erklärt werden soll. Bei einer rechtzeitigen Herstellung ist es uninteressant, wieviel Zeit bis zum Endtermin noch gewesen wäre und damit gibt es nichts zu bewerten. Anders ist es bei verspäteter Herstellung: Je geringer die Verspätung, um so besser. Aber Verspätung ist schlecht, also erfolgt die Bewertung als Straffunktion. Ähnliches gilt für die Minderproduktion. Damit sind den Anforderungen der Aufgabenstellung vier Bewertungskriterien zugeordnet.

Das allein genügt aber noch nicht, wie folgende Überlegungen zeigen: Das Schichtspitzenmaximum erfasst nur den Maximalwert aller Schichten, Werte unterhalb dieses Maximums bleiben unberücksichtigt. Als notwendige Zwischenschritte zum Abbau des Maximums sind aber Verringerungen von Schichtspitzen, die den Zielwert überschreiten, wünschenswert. Das führt zu einem neuen Hilfskriterium namens *Schichtspitzenüberhang*, das Werte über dem Zielwert erfasst. Hilfskriterium deshalb, weil es durch die eigentliche Aufgabenstellung nicht motiviert ist. Erste Experimente mit dieser Bewertung haben gezeigt, dass es im Verlauf der Evolution über mehrere Generationen zu Schedules mit Zeiten ohne jegliche Anlagenbelegung kommen kann. Das ist natürlich unerwünscht und zeigt die Notwendigkeit eines weiteren Hilfskriteriums, das diese *Lückenstunden* erfasst. Die insgesamt sechs Bewertungskriterien wurden folgendermaßen eingestellt:

- Gesamtzeit
  Die Gesamtzeit umfasst die Zeit zwischen Arbeitsbeginn und Ende der letzten Schicht in Stunden. Abb. 6.32 oben zeigt, dass mit Erreichen des Zielwerts von 1200 Stunden der volle Notenwert erreicht ist. Bei weniger als 1360 Stunden gilt das Kriterium im Sinne der Prioritätensteuerung als erfüllt. Unterhalb von 1400 Stunden geht die Gerade in eine Exponentialfunktion über, um in der schwierigen

Endphase kleine Zeitverringerungen stärker zu honorieren. Ab 1680 Stunden (70 Schichten) wird die Gesamtnote durch die Straffunktion abgewertet, die als Exponentialfunktion ausgeführt ist, um auch noch sehr große Gesamtzeiten zu erfassen. Sie ergibt, wie in Abschnitt 4.8 ausgeführt, einen Faktor zwischen Null und Eins, mit dem die Gesamtnote multipliziert wird, siehe Abb. 6.32, unten.

- Schichtspitzenmaximum
  Der Maximalwert der Schichtspitzen soll ebenfalls minimiert werden. Abb. 6.33 zeigt die zum Kriterium gehörige Bewertungsfunktion. Die Straffunktion, die bei einem Überschreiten von maximal zwölf Mitarbeitern pro Schicht aktiviert wird,

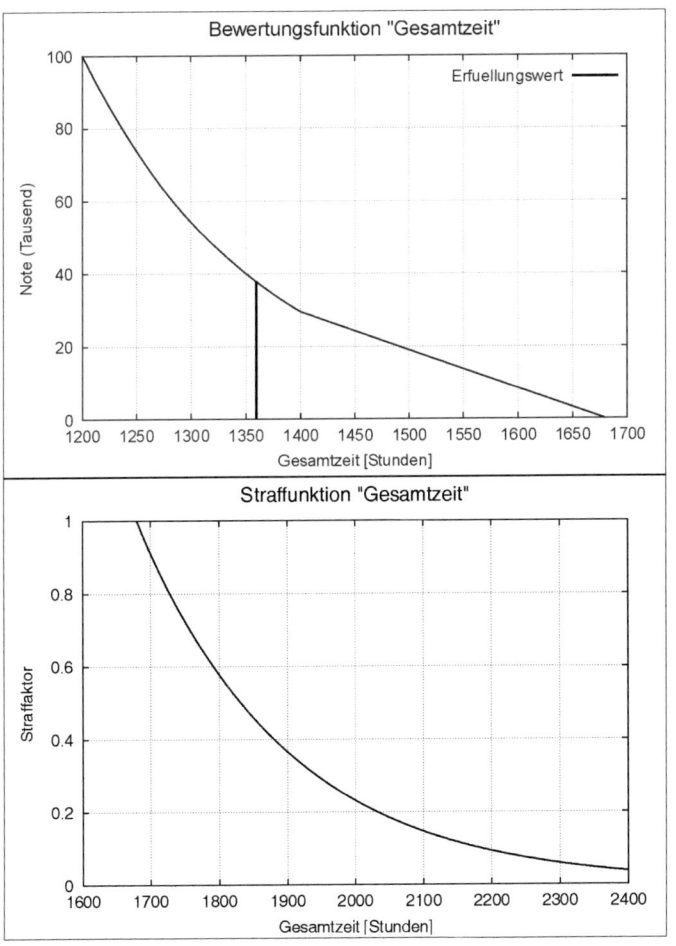

Abb. 6.32: Bewertungskriterium „Gesamtzeit" (oben) mit Straffunktion (unten)

ist der in Abb. 6.32 gezeigten ähnlich. Die Normierungsfunktion wurde hier aus Geradensegmenten zusammengesetzt, um die Werte für ganze Mitarbeiter besser vorgeben zu können. Das Ziel liegt bei einem Maximum von neun Mitarbeitern bei allen Schichten. Der Erfüllungswert spielt insofern keine Rolle, da es keine Kriterien geringerer Priorität gibt.

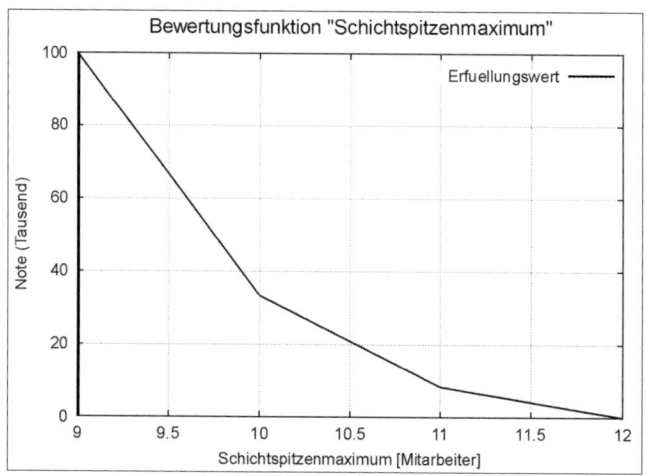

Abb. 6.33: Bewertungskriterium „Schichtspitzenmaximum". Der Erfüllungswert beträgt 9 und ist daher im Bild kaum zu erkennen.

- Terminverzug
  Der Terminverzug einzelner Aufträge gegenüber den vorgegebenen Endterminen wird nur als Straffunktion bewertet, vergleichbar mit der in Abb. 6.32 unten gezeigten. Daher hat das Kriterium auch die Gewichtung Null in Tabelle 6.5. Die Einhaltung aller Endtermine bringt also keine Verbesserung der Gesamtfitness sondern verhindert lediglich ihre Abwertung.

- Minderproduktion
  Durch eine ungeschickte Planung der Chargenstarts kann es bei Verfahrensketten passieren, dass nur eine ungenügende Menge des jeweiligen Vorprodukts vorhanden ist. Die dadurch entstehende Verringerung der Gesamtproduktionsmenge wird durch das Kriterium *Minderproduktion* erfasst, das wie der Terminverzug lediglich als Straffunktion berücksichtigt wird, ähnlich der in Abb. 6.32 unten dargestellten.

- Schichtspitzenüberhang
  Das Hilfskriterium *Schichtspitzenüberhang* erfasst alle Werte, die den Zielwert des Schichtspitzenmaximums überschreiten. Es stellt die Fläche dar, die durch das Produkt von Schichten mit Überschreitung des Schichtspitzenmaximums und

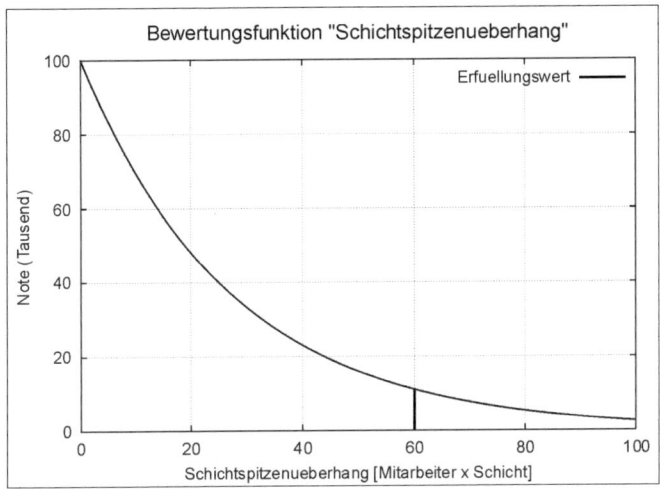

Abb. 6.34: Bewertungskriterium „Schichtspitzenüberhang"

dem Wert ihrer jeweiligen Überschreitung gebildet wird. Die Verkleinerung der Fläche ist für die evolutionäre Suche der Weg zu einer Reduzierung des *Schichtspitzenmaximums*. Das Hilfskriterium erleichtert damit dem EA die Reduzierung von Schichtspitzenüberschreitungen, bis schließlich der Zielwert erreicht wird. Abb. 6.34 zeigt die Bewertungsfunktion, die als Exponentialfunktion ausgeführt ist, um auch noch sehr große Werte zu erfassen, und den Erfüllungswert.

- Lückenstunden
  Das Hilfskriterium *Lückenstunden* erfasst Zeiten ohne Arbeit zwischen dem Beginn der ersten Schicht und dem Ende der letzten. Es stellt für den EA einen gezielten Anreiz dar, Zeitlücken zu schließen, auch wenn das zunächst noch nicht zu einer Verkürzung der Gesamtzeit führt. Die Bewertungsfunktion ähnelt der in Abb. 6.34 dargestellten.

Je nach Gewichtung der Kriterien und dem vorgegebenen Zielwert für das Schichtspitzenmaximum kann das Optimierungsziel variiert werden: Die Bandbreite liegt zwischen einer möglichst kurzen Bearbeitungszeit unter Einhaltung des vorgegebenen Schichtspitzenmaximums von zwölf Mitarbeitern und einer möglichst großen Absenkung des maximalen Mitarbeiterbedarfs solange nur die 210 Schichten nicht überschritten werden. Tabelle 6.5 zeigt die aus einigen Vorversuchen hervorgegangene Gewichtung zur Erlangung beider Ziele. Interessant ist dabei das große Gewicht für die Bearbeitungszeit, das zusammen mit den Lückenstunden drei Viertel der Bewertungspunkte ausmacht. Das im Vergleich zum Schichtspitzenmaximum große Gewicht des Schichtspitzenüberhangs erklärt sich daraus, dass eine Verringerung des Überhangs nach einiger Zeit auch zu einer Verringerung des Maximums führen soll.

Kriterium	Gewicht	Priorität	Straffunktion
Gesamtzeit	70 %	1	ja
Schichtspitzenmaximum	6 %	2	ja
Terminverzug	0 %	1	ja
Minderproduktion	0 %	1	ja
Schichtspitzenüberhang (Hilfskriterium)	19 %	1	nein
Lückenstunden (Hilfskriterium)	5 %	1	nein

Tab. 6.5: Gewichtung der Kriterien für eine zeit- und mitarbeiterorientierte Planung

6.7.1.3 Ergebnisse

Abb. 6.35 a zeigt eine typische manuell erstellte Lösung, bestehend aus knapp 210 Schichten mit maximal zwölf Mitarbeitern pro Schicht, wobei derart hohe Schichtspitzenwerte selten vorkamen. Der typische Mitarbeiterbedarf schwankte zwischen sechs und acht; es gab aber auch Schichten, die nur maximal ein oder zwei Mitarbeiter benötigten. Ein derartig „zerklüftetes" Schichtspitzenprofil legt natürlich die Vermutung nahe, dass hier planerisch einiges verbessert werden kann. In [114] konnte gezeigt werden, dass bei einer rein zeitoptimierten Planung unter Beibehaltung des Schichtspitzenwertes von zwölf Mitarbeitern der Zeitbedarf von den vorgegebenen 70 Tagen auf 41 Tage und 2 Stunden reduziert werden kann, siehe Abb. 6.35 b, was einer Einsparung von 41% entspricht. Bei der zeit- und mitarbeiteroptimierten Zielvorgabe entsprechend

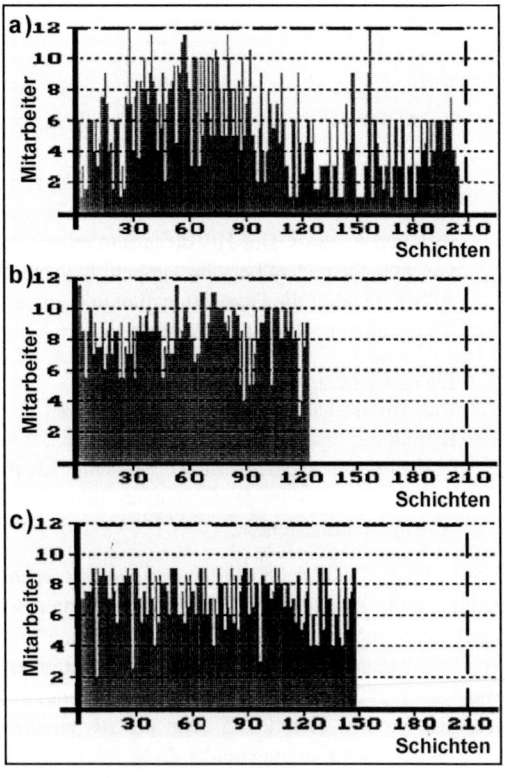

Abb. 6.35: Drei Planungen im Vergleich, aus [114]:
a) Standardlösung (Vorgabe)
b) zeitoptimierte Planung
c) zeit- und mitarbeiteroptimierte Planung

```
--------------------------------------------------------------
Anl. Verf. Pers. Beleg. Anfstd. Endstd. ZyklBeg ZyklEnd AbschnZ
--------------------------------------------------------------
 #  1    1    1   1.000     1       2     ja      -       0.0
 #  1    1    2   1.000     1       2      -      -       2.0
 #  2    2    3   1.000     1       1     ja      -       0.0
 #  2    2    4   1.000     1       1      -      -       2.0
 #  6    7    3   1.000     2       3     ja      -       1.0
 #  1    1    1   1.000     3       3      -      -       1.0
 #  2    2    4   0.330     2       7      -      -       0.3
 #  6    7    2   0.500     4      10      -      -       0.5
 #  7    8    1   1.000     4       5     ja      -       0.0
 #  7    8    3   1.000     4       5      -      -       2.0
 #  7    8    3   1.000     6       6      -      -       1.0
 #  7    8    3   0.330     7      27      -      -       0.3
 #  6    7    1   1.000    11      13     .........
```

Abb. 6.36: Ausschnitt aus einem Plan für den Mitarbeitereinsatz und die Anlagenbelegung

Tabelle 6.5 können die Schichtspitzen, wie in Abb. 6.35 c dargestellt, auf neun Mitarbeiter reduziert werden, wobei die zeitliche Verkürzung mit einer Dauer von 49 Tagen
und sechs Stunden etwas geringer ausfiel (30% Einsparung). Letztlich müssen die Per-
sonentage bezahlt werden, also das Produkt aus maximal benötigten Mitarbeitern und
Zeit. Wie man in Abb. 6.35 leicht erkennen kann, ist die sich daraus ergebende Fläche
bei der zeit-und mitarbeiterorientierten Optimierung (Fall c) am kleinsten und entspricht einer Einsparung von 47% gegenüber der Vorgabe (Fall a). Die rein zeitliche
Optimierung ergibt dagegen „nur" eine Reduzierung um 41% (Fall b).

Abb. 6.36 zeigt einen Ausschnitt aus den Ergebnissen einer Planung in Form eines von
GLEAM generierten Einsatzplans für die Mitarbeiter und in Abb. 6.37 ist der Plan als
Gantt-Chart wiedergegeben.

```
                    Zeitraum 1. bis 50. Stunde:
Anlage x: Verf. y:
                    ...5....1....5....2....5....3....5....4....5..
Anlage 1: Verf. 1:  <>I<---->< ><-----------><-->
                    2.0 0.3  1.0         0.5      2.0
                      1.0
Anlage 2: Verf. 2:  I<---->I
                    2.00.3 1.0
Anlage 3: Verf. 3:          <><---------------><><><>
                            1.0            0.3    1.0
                                                    1.5
Anlage 4: Verf. 7:      <><----->< -> <><----->< ->
                        1.0 0.5 1.0   1.0 0.5  1.0
Anlage 5: Verf. 8:      <>I<------------------><--><----><->
                        2.0               0.3    1.0  0.5 2.0
                          1.0
```

Abb. 6.37: Ausschnitt aus einem Gantt-Chart mit der Belegung der Anlagen durch die
Chargen der unterschiedlichen Verfahren

6.7.2 Scheduling und Ressourcenoptimierung in einer Härterei

Die Planung des Verarbeitungsablaufs in einem Härtereibetrieb ist heutzutage zu einer sehr komplexen Aufgabe geworden, da es mittlerweile eine Vielzahl verschiedener Härteverfahren gibt. In einer Härterei werden von den Kunden angelieferte metallische Teile auf verschiedenen Stationen behandelt, um sie zu härten. Die Stationen einer Härterei (von einem Typ kann es mehrere geben) erledigen unterschiedliche Aufgaben, wie Waschen, Vorwärmen, Vakuumhärten. Die zu bearbeitenden Teile durchlaufen entsprechend den einzelnen Arbeitsschritten die dafür zuständigen Stationen.

Dabei ist folgendes zu beachten: Es kann vorkommen, dass ein Ofen zum Härten der Teile vom Volumen her nicht die gesamte Menge der zu einem Auftrag gehörenden Teile fasst, die Teilemenge muss dann aufgeteilt werden. Umgekehrt werden auch mehrere Aufträge an einer Station gleichzeitig bearbeitet. Daher besteht eine Charge in einem Ofen häufig aus mehreren Aufträgen mit gleichem Arbeitsschritt. Beides weicht vom klassischen Job-Shop Scheduling Problem ab und muss bei der Optimierung durch GLEAM beachtet bzw. bearbeitet werden.

6.7.2.1 Daten zur Anlagen- und Auftragsbeschreibung

Zu den wichtigsten Daten, die eine Anlage beschreiben und die für die Evolution bzw. die Simulation eines Produktionsplanes und dessen Bewertung notwendig sind, zählen vor allem die Stationsanzahl und ein Volumenfaktor je Station, sowie für jeden Arbeitsschritt AS die Kennung, die Anzahl der möglichen Stationen, auf denen der AS ausgeführt werden kann, die Stationskennung je möglicher Station und die Dauer der Ausführung des AS je möglicher Station.

Die Daten von Tabelle 6.6 dienen vor allem der Auftragsbeschreibung: Auftrags bzw. Jobkennung, die Arbeitsschritte, Zeitdauer, zugehörigem Stationstyp und Priorität. Außerdem werden noch technologische Daten für die Stationen geführt, wie z.B. die

Auftrag (Job)	Arbeitsschritt	Zeitdauer	Stationstyp	Priorität
Job 1	AS 1	t11	STx	p11
	AS 2	t12	STy	p12
	...	...	...	...
Job 2	AS 1	t21	STs	p21
	AS 2	t22	STt	p22
	...	...	...	...
...				
Job m	AS 1	tm1	STq	pm1
	AS 2	tm2	STr	pm2
	...	...	...	...

Tab. 6.6: Jobdaten

Temperaturdaten beim Vorwärmen. Die Reihenfolge der Arbeitsschritte in einem Auftrag steht fest, sie kann nicht verändert werden.

6.7.2.2 Aufgabenstellung und Kriterien zur Bewertung

Der Einsatz von GLEAM für eine Härterei weist zwar einige Ähnlichkeiten mit der im vorigen Abschnitt beschriebenen Ressourcenoptimierung auf, jedoch sind auch Besonderheiten im Vorgehen zu beachten. Ein Auftrag entspricht einem Job des Job-Shop Scheduling Problems und eine Station einer Maschine. Aufträge bestehen aus durchnummerierten Arbeitsschritten, deren Reihenfolge fest vorgegeben ist. Insoweit entspricht die Aufgabe dem Job-Shop Scheduling.

Die Aufgabe von GLEAM besteht darin, die Reihenfolge der Arbeitsschritte an einer Station derart zu verändern, dass der gesamte Produktionsplan nach folgenden Kriterien optimiert wird:

- **Ausführungszeit** des Produktionsplanes

- **Auslastung** der Stationen

- **Fertige Aufträge**: Anzahl der abgearbeiteten Aufträge

- **Chargenbildung**: Anzahl der Arbeitsschritte, die zu einer Charge zusammengefasst wurden

Die Reihenfolge der Abarbeitung einer Warteschlange von Arbeitsschritten an einer Station wird zunächst willkürlich angelegt entsprechend der Reihenfolge der Arbeitsschritte in den Daten einer Anlage bzw. eines Auftrages. Die Evolution von GLEAM vertauscht nun willkürlich die Reihenfolge der wartenden Arbeitsschritte und verändert so die Ausführung des Produktionsplanes. Die Simulation der Ausführung der Arbeitsschritte ist auf das Wesentliche reduziert im Ablaufdiagramm in Abb. 6.38 dargestellt.

Eine typische Aufgabenstellung besteht darin, zwischen 100 und 200 Aufträge zu bearbeiten, die jeweils aus ca. 20 bis 40 Arbeitsschritten bestehen, und es müssen Tätigkeiten auf etwa 20 bis 30 Stationen einer Anlage ausgeführt werden. Es kommt nun darauf an, in welcher Reihenfolge die Arbeitsschritte verschiedener Aufträge auf einer Station eines bestimmten Typs ausgeführt werden, um einen optimalen Ablauf zu erreichen. Bisher werden die Aufträge manuell nach Intuition und Erfahrung eingeplant.

Als maximale Anforderung wird folgendes Szenario angenommen:

- Es laufen pro Tag ca. 500 Jobs

- Jeden Tag kommen ca. 200 neue Jobs dazu und etwa ebenso viele werden beendet

- Ein Job enthält im Durchschnitt ca. 15 Arbeitsschritte AS

- Es gibt 50 Stationen in der Härterei (größte Härterei in Deutschland) mit etwa 10 verschiedenen Stationstypen ST

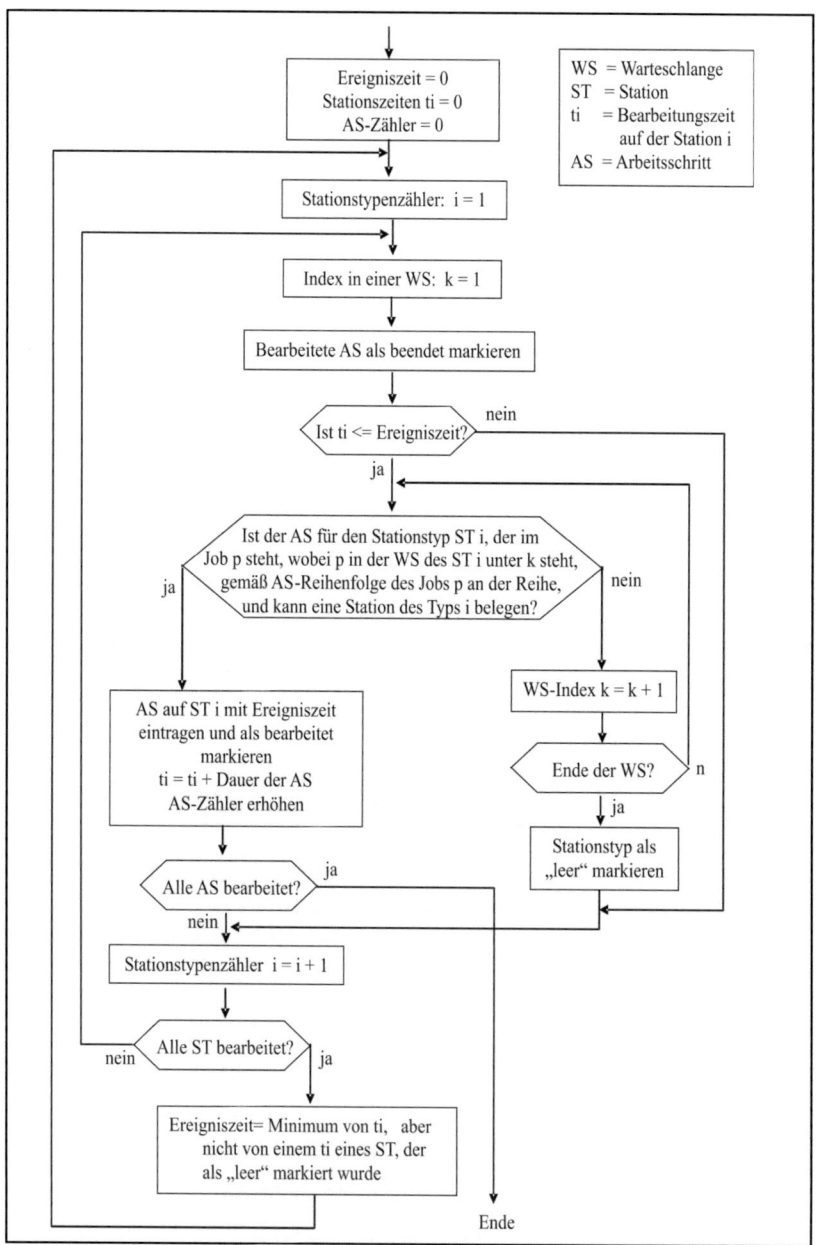

Abb. 6.38: Vereinfachter Ablauf der Simulation der Stationsbelegung mit Warteschlangen

- Die Jobs haben drei Prioritätsklassen:
  1. sofortige Ausführung (wenn möglich)
  2. Ausführung innerhalb von zwei Tagen
  3. Ausführung innerhalb einer Woche

6.7.2.3 Permutationsoperator zur Veränderung einer Warteschlange

Bei dieser Anwendung von GLEAM wurde zum Vertauschen der Arbeitsschritte, die auf eine Abarbeitung auf einem Stationstyp warten, eine andere Genstruktur als bisher festgelegt. Es wurde in diesem Fall keine Aktion definiert, welche nur einen Arbeitsschritt repräsentiert, und kein genetischer Operator angewandt, der die Aktionen innerhalb einer Aktionskette vertauscht. Dies wäre auch schwierig gewesen, da die einzelnen Warteschlangen je Stationstyp zu unterscheiden wären und die Häufigkeit des Operators hoch sein müsste.

Statt dessen wurde eine Aktion definiert, die einen Permutationsoperator darstellt. Die Permutation der Reihenfolge von Arbeitsschritten, die zur Abarbeitung an einem Stationstyp anstehen, erfolgt durch die Angabe von Aktionsparametern:

<Permutation Platz 1 mit Platz i> <Permutation Platz 2 mit Platz j> ...
<Permutation Platz n-1 mit Platz k>

Die Angabe *<Permutation Platz i mit Platz x>* besteht aus einer ganzen Zahl p zwischen 0 und n-1 (n ist die gesamte Anzahl der Arbeitsschritte dieses Stationstyps). Sie wird durch den Permutationsoperator folgendermaßen interpretiert: Vertausche den Arbeitsschritt i mit demjenigen Arbeitsschritt, der sich an der Stelle

$$(i + p) \text{ modulo } (n - i + 1)$$

in der bisherigen Reihenfolge befindet. Im Fall von 0 erfolgt keine Permutation.

Beispiel:
Die vorgegebene Reihenfolge von Arbeitsschritten Ai sei A1, A2, A3, A4, A5, A6 an einer Station. Dann verändert die Aktion mit den Parametern 2, 0, 5, 4, 0, 2, 4, 3 den Bearbeitungsablauf folgendermaßen:

A3, A2, A1, A4, A5, A6	Permutation Platz 1 angewandt 2: vertausche 2 Plätze weiter, also A1 mit A3
A3, A2, A1, A4, A5, A6	Permutation Platz 2 angewandt 0: kein Vertauschen
A3, A2, A4, A1, A5, A6	Permutation Platz 3 angewandt 5: vertauschen (5 modulo 6-3+1) Plätze weiter, also A1 mit A4
A3, A2, A4, A5, A1, A6	Permutation Platz 4 angewandt 4: vertauschen (4 modulo 6-4+1) Plätze weiter, also A1 mit A5
A3, A2, A4, A5, A1, A6	Permutation Platz 5 angewandt 0: kein Vertauschen

Die restlichen Angaben erfolgen nur aus Konsistenzgründen: Der Aktionstyp kann so für alle Stationstypen und für alle möglichen Belegungen gleich definiert werden, die Anzahl der Permutationen wird auf die geschätzte maximale Anzahl von Arbeitsschritten festgelegt, die an einem beliebigen Stationstyp maximal anstehen können, im Beispiel sind dies 8. Der Permutationsoperator bewirkt damit, dass nach der willkürlich vorgegebenen Reihenfolge A1, A2, A3, A4, A5, A6 die Reihenfolge A3, A2, A4, A5, A1, A6 abgearbeitet wird.

Die Aktionen einer AK werden als Permutationsoperatoren interpretiert. Ihre Anzahl ergibt sich wie folgt:

<Anzahl der Permutationen> = <Stationstypenanzahl> * <Anzahl der max. Arbeitsschritt

Die Anzahl der maximalen Arbeitsschritte wird je nach Anlage geschätzt, sie richtet sich nach dem Stationstyp mit der erfahrungsgemäß längsten Warteschlange. Die dadurch entstehende Redundanz wird wegen der so gewonnenen Flexibilität in Kauf genommen. Sie betrifft vor allem die Evolution und weniger die Simulation bzw. Bewertung, daher geht sie kaum in die Rechenzeit ein.

6.7.2.4 Verschiebung der Abarbeitung bei Öfen

Bei den Öfen zum Härten der Teile kann es notwendig werden, die Abarbeitung in einem Ofen zeitlich zu verschieben, damit durch das Heizen keine Stromspitze entsteht. Diese Verschiebung wird in die genetische Struktur in Form eines weiteren Aktionsparameters mit aufgenommen, aber nur bei Öfen ausgewertet. Dies bedeutet, dass neben der Permutation für jeden Arbeitsschritt ein Verschiebungsfaktor bzw. eine Ofenkennung angegeben wird, der/die angibt, ob das Heizen für diesen Arbeitsschritt erst nach dem Ende des Heizens auf der anderen Station begonnen wird.

Der erweiterte Permutationsoperator hat dann folgenden Aufbau:

<Permutation Platz 1> <Verschiebungsfaktor Platz 1>
<Permutation Platz 2> <Verschiebungsfaktor Platz 2>
...
<Permutation Platz n> <Verschiebungsfaktor Platz n>

Ist der Verschiebungsfaktor gleich Null, erfolgt keine Verschiebung, ansonsten wird entsprechend der Durchnummerierung in der Liste der Öfen auf den mit der Modulo-Funktion ermittelten Ofen gewartet. Beinhaltet die Arbeitsstation keinen Ofen, hat der Verschiebefaktor bei der Simulation bzw. Bewertung keinen Einfluss.

6.7.2.5 Stationen gleichen Typs

Stationen gleichen Typs können den gleichen Arbeitsschritt ausführen, d.h., sie können von Arbeitsschritten gleichen Typs parallel belegt werden. Damit das allgemeine Schema des Genotyps erhalten bleiben kann, wird als weiterer Parameter die logische Stationsnummer gleicher Stationstypen aufgenommen:

<Permutation Platz 1> <Verschiebungsfaktor Platz 1> <Stationsnummer>
<Permutation Platz 2> <Verschiebungsfaktor Platz 2> <Stationsnummer>
...
<Permutation Platz n> <Verschiebungsfaktor Platz n> <Stationsnummer>

Dies bedeutet, dass bei einer Stationsnummer größer Null die Angabe sich nicht auf die aktuelle Station bezieht, sondern auf die nachfolgende Station in einer Liste für einen Stationstyp (modulo der Stationsanzahl für diesen Typ, welche beginnend mit Null vergeben wird), auf welcher der Arbeitsschritt ausgeführt werden kann. Existiert von einem Stationstyp nur eine Station, hat dieser Parameter keine Auswirkungen, ebenso bei Stationsnummer 0.

Die Verteilung der Arbeitsschritte auf die Stationen gleichen Typs wird vor der Permutation ausgeführt.

6.7.2.6 Zusammenfassung zu Chargen

Falls es während des Produktionsablaufs möglich ist, mehrere Arbeitsschritte verschiedener Aufträge zum Heizen in einem Ofen zusammenzufassen, weil der Platz im Ofen dazu ausreicht, so erfolgt dies durch die Angabe eines weiteren Parameters:

<Permutation Platz 1> <Verschiebgs.faktor Platz 1> <Stationsnr> <Zusammen>
<Permutation Platz 2> <Verschiebgs.faktor Platz 2> <Stationsnr> <Zusammen>
· · ·
<Permutation Platz n> <Verschiebgs.faktor Platz n> <Stationsnr> <Zusammen>

Ist dieser Parameter *Zusammen* größer Null, bedeutet dies, dass der Arbeitsschritt mit demjenigen Arbeitsschritt i, der sich an der Stelle ((*Zusammen* + i) modulo n) befindet, gemeinsam ausgeführt wird. Ist dies wegen der Stationsart nicht möglich oder ist der Parameter gleich Null, hat der Parameter keine Auswirkung auf den Plan. Hat der Arbeitsschritt an der Stelle ((*Zusammen* + i) modulo n) auch einen Parameter *Zusammen* größer Null, wird ein weiterer Arbeitsschritt gemeinsam ausgeführt, nun also bereits drei Arbeitsschritte, usf.

Die obige Definition ist die allgemeine genetische Struktur mit der Festlegung der Parameter einer Aktionskette von GLEAM zur Anwendung von Optimierungen in Härtereien, welche die grundsätzlichen Erfordernisse im Bereich der Härtereien abdeckt. Sie wurde im Rahmen einer Pilot-Implementierung von GLEAM realisiert.

Man könnte das Zusammenfassen von Chargen auch der Simulation überlassen. Dies würde aber bedeuten, dass immer ein Zusammenfassen von Arbeitsschritten erfolgt, wenn dies aufgrund des freien Platzes möglich ist. Das kann sich jedoch manchmal zu einem späteren Zeitpunkt ungünstig auswirken, weil z. B. Energiespitzen entstehen. Daher wurde dieser Parameter in die Aktion aufgenommen.

6.7.2.7 Überschreiten der maximalen Anzahl von Arbeitsschritten

Es könnte situationsbedingt vorkommen, dass sich an einem (oder auch mehreren) Stationstyp(en) mehr Arbeitsschritte in der Warteschlange befinden, als entsprechend einem Erfahrungswert maximal vorgesehen wurden und damit Werte für die Permutation fehlen. In diesem Fall wird bei der Simulation folgendermaßen vorgegangen: Die redundanten Angaben bzw. Aktionen der nachfolgenden Stationstyp(en) werden für diese zusätzlichen Arbeitsschritte verwendet. Da die Permutationszahlen immer auf eine große Anzahl von Arbeitsschritten bezogen sind, tritt nur eine geringe Einschränkung des Suchraumes ein.

Sollte dies nicht ausreichen, so werden bei der Generierung eines Produktionsplanes für einen Stationstyp nicht nur eine sondern jeweils zwei Aktionsketten angelegt. Sie werden dann nacheinander zur Permutation der Arbeitsschritte eines Stationstyps verwendet.

6.7.2.8 Bewertung

Die in Abschnitt 6.7.2.2 angegebenen Kriterien zur Bewertung werden wie folgt zur Berechnung der Fitness umgesetzt:

- **Ausführungszeit** des Produktionsplanes
  Es wird bei der Ausführung eines Produktionsplanes gemessen, wie lange es dauert, bis alle Aufträge ausgeführt wurden, d.h., wann der letzte Arbeitsschritt beendet wurde (makespan). Zur Bewertung kann dieser Wert nicht direkt herangezogen werden, da für unterschiedliche Anlagen und Aufträge eine Zeitdauer einmal gut sein kann (wenn viele Aufträge auf wenigen Stationen bearbeitet wurden) oder auch schlecht (wenn wenige Aufträge auf vielen Stationen bearbeitet wurden).

  Daher wird die Zeitdauer in Relation gesetzt zu einer theoretisch ermittelten minimalen Zeitdauer T_{min}, die wie folgt berechnet wird:

  $$T_{min} = T_{max\_job} \cdot ((Auftragsanzahl)/(Stationsanzahl))$$

  Dabei ist T_{max_job} die Zeitdauer desjenigen Auftrags, bei dem die Ausführung aller seiner Arbeitsschritte ohne Pausen zwischen der Ausführung der Arbeitsschritte am längsten dauert. Der Quotient *(Auftragsanzahl / Stationsanzahl)* ist ein Maß für die (wahrscheinliche) Verlängerung dieser Zeitdauer T_{max_job} durch Warteschlangen an den Stationen.

  Für die Bewertung wird eine Prozentzahl $Zeit_p$ nach folgender Formel ermittelt:

  $$Zeit_p = (T_{min}/T_{ist}) \cdot 100$$

  wobei T_{ist} die ermittelte Ausführungszeit für den Produktionsplan ist. Ein guter Plan hat eine hohe Prozentzahl, ein schlechter eine niedrige.

- **Auslastung** der Stationen
  Zu Beginn der Simulation wird ein theoretischer Mindestwert (als Anfangszeit bezeichnet) berechnet, der angibt, wie lange die Ausführung des Produktionsplanes auf jeden Fall dauern wird. Diese Zeitdauer wird als Grundlage genommen, innerhalb der die Auslastung gemessen wird (also nicht über die gesamte Ausfüh-

rungszeit, welche durch die Simulation ermittelt wird). Dies ist notwendig, da gegen Produktionsende die Auslastung auf jeden Fall sinken wird.

Es wird bei der Ausführung eines Produktionsplanes innerhalb der Anfangszeit gemessen, wie lange eine Station für die Bearbeitung der Arbeitsschritte belegt wurde. Am Ende wird der Mittelwert über die Auslastung aller Stationen gebildet:

$$Auslastung = \frac{\sum\limits_{Stationen} Stationsauslastung}{Stationsanzahl} \cdot 100$$

Die Stationsauslastung ist der Quotient aus (Betriebszeit einer Station) / (Anfangszeit). Durch Multiplikation mit 100 wird wieder ein Prozentwert gebildet, von dem die Note abgeleitet wird.

- Fertige Aufträge
  Bei diesem Kriterium wird die Anzahl der Aufträge gezählt, die in der ersten Hälfte der gesamten Ausführungszeit beendet wurden ($Anzahl_{fertig}$). Diese Anzahl wird in Relation zur Gesamtzahl der Aufträge gesetzt und die Prozentzahl $Fertig_p$ ermittelt:

$$Fertig_p = \frac{Anzahl_{fertig}}{Auftragsanzahl} \cdot 100$$

Durch dieses Kriterium werden Produktionspläne positiv bewertet, bei denen eine möglichst große Anzahl von Aufträgen frühzeitig fertig wird (auch wenn dadurch die gesamte Ausführungszeit verlängert wird).

- Chargenbildung
  Es wird die Anzahl der Arbeitsschritte gezählt, deren Bearbeitung auf einer Station in einer Charge erfolgte. Diese Anzahl $ASAnz_{Charge}$ wird in Relation zur Gesamtzahl der Arbeitsschritte $ASAnz$ gesetzt und die Prozentzahl $Chargen_p$ ermittelt:

$$Chargen_p = \frac{ASAnz_{Charge}}{ASAnz} \cdot 100$$

Durch dieses Kriterium werden Produktionspläne positiv bewertet, bei denen eine möglichst große Anzahl von Arbeitsschritten zu Chargen zusammengefasst wurden (auch wenn dadurch die gesamte Ausführungszeit etwas verlängert wird oder Aufträge später fertig werden).

6.7.2.9 Einfaches Beispiel mit nur einer Station eines Stationstyps

Das folgende Beispiel soll noch einmal die Evolution der Arbeitsschrittposition in Warteschlangen und das Resultat in Form eines Balkenplans für den Produktionsplan verdeutlichen.

Die gesamte Anlage umfasse 3 Stationen:

1 Station für Waschen

1 Station für Vorwärmen

1 Station für Vakuumhärten

Es sind 4 Aufträge (Jobs) mit den in Tabelle 6.7 dargestellten Arbeitsschritten (AS) zu erledigen, wobei die Priorität hier nicht weiter beachtet wird:

Auftrag	Arbeitsschritt (AS)	Zeitdauer (T)	Stationstyp	Prio
Job 1	AS 1	3	2	...
	AS 2	1	1	...
	AS 3	2	3	...
Job 2	AS 1	4	1	...
	AS 2	2	3	...
	AS 3	10	2	...
Job 3	AS 1	1	2	...
	AS 2	17	3	...
Job 4	AS 1	5	1	...
	AS 2	12	2	...
	AS 3	7	1	...
	AS 4	1	3	...

Tab. 6.7: Auftragsdaten der Jobs des Beispiels

Die Evolution hat beispielsweise für eine AK folgende Permutationsangaben geliefert:

2,1,0,0,1,1,1,0,2,2,3,0

Die ursprüngliche Reihenfolge der Arbeitsschritte AS ist (sortiert nach Stationen):

Station 1:   AS1.2, AS2.1, AS4.1, AS4.3   Permutationsangabe 2,1,0,0

Station 2:   AS1.1, AS2.3, AS3.1, AS4.2   Permutationsangabe 1,1,1,0

Station 3:   AS1.3, AS2.2, AS3.2, AS4.4   Permutationsangabe 2,2,3,0

Hierbei bedeutet ASx.y den y-ten AS des Jobs x. Es ergibt sich für die permutierte Reihenfolge:

Station 1:   AS4.1, AS1.2, AS2.1, AS4.3

Station 2:   AS2.3, AS3.1, AS4.2, AS1.1

Station 3:   AS3.2, AS1.3, AS4.4, AS2.2

Die so erhaltene Reihenfolge in den Warteschlangen wird jedoch nur dann eingehalten, wenn der in der angegebenen Reihenfolge notierte AS auch gemäß der Reihenfolge innerhalb seines Jobs an der Reihe wäre. Ist dies nicht der Fall, wird der nächste AS in der WS gewählt, falls dies nicht geht, wieder der folgende usf. Ist keine Wahl möglich, wird die Station als "leer" markiert, siehe auch Abb. 6.38.

Man erhält bei Abarbeitung des Algorithmus das in x gezeigte Ergebnis:

Station 1	Permutation:	2	1	0	0
	AS:	4.1	1.2	2.1	4.3
	Dauer:	5	1	4	7
	Startzeit:	0	24	5	17
Station 2	Permutation:	1	1	1	0
	AS:	2.3	3.1	4.2	1.1
	Dauer:	10	1	12	3
	Startzeit:	20	0	5	17
Station 3	Permutation:	2	2	3	0
	AS:	3.2	1.3	4.4	2.2
	Dauer:	17	2	1	2
	Startzeit:	1	25	24	18

Tab. 6.8: Ergebnis der Beispielplanung

Anhand des in Abb. 6.39 dargestellten Balkendiagramms kann man erkennen, dass der Plan schon fast optimal ist, da die Gesamtzeit kaum verringert werden kann.

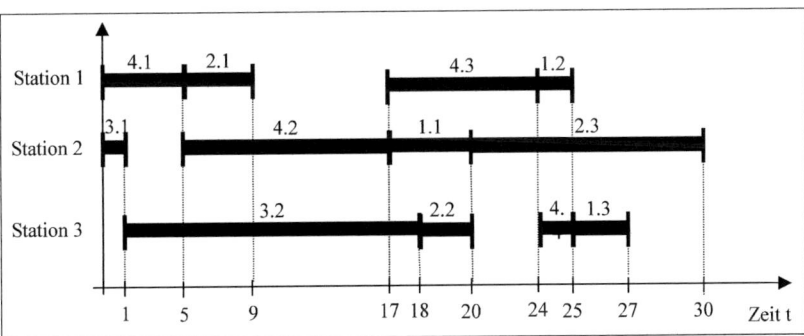

Abb. 6.39: Balkendiagramm (Gantt-Chart) zur Beispielaufgabe

6.7.2.10 Akzeptanz der Planerstellung

Für den praktischen Einsatz muss immer auch die Akzeptanz durch den Anwender beachtet werden, der als Planer meist selbst Produktionspläne erstellt hat. Dabei wurde von ihm sicherlich viel intuitives Wissen erworben, sodass seine bisher erstellten Pläne durchaus keine geringe Güte aufwiesen.

Um die Annahme der durch die Evolution und nicht durch einen Menschen erstellten Produktionspläne zu erhöhen, werden die neuen Aufträge (Jobs) in der Härterei sowohl dem menschlichen Planer als auch GLEAM zur Verfügung gestellt. Der von GLEAM generierte Plan wird dann zunächst an den Bediener ausgegeben, der entscheidet, ob sein eigener oder der von GLEAM generierte Plan zur Anwendung auf die Anlage kommt, siehe Abb. 6.40.

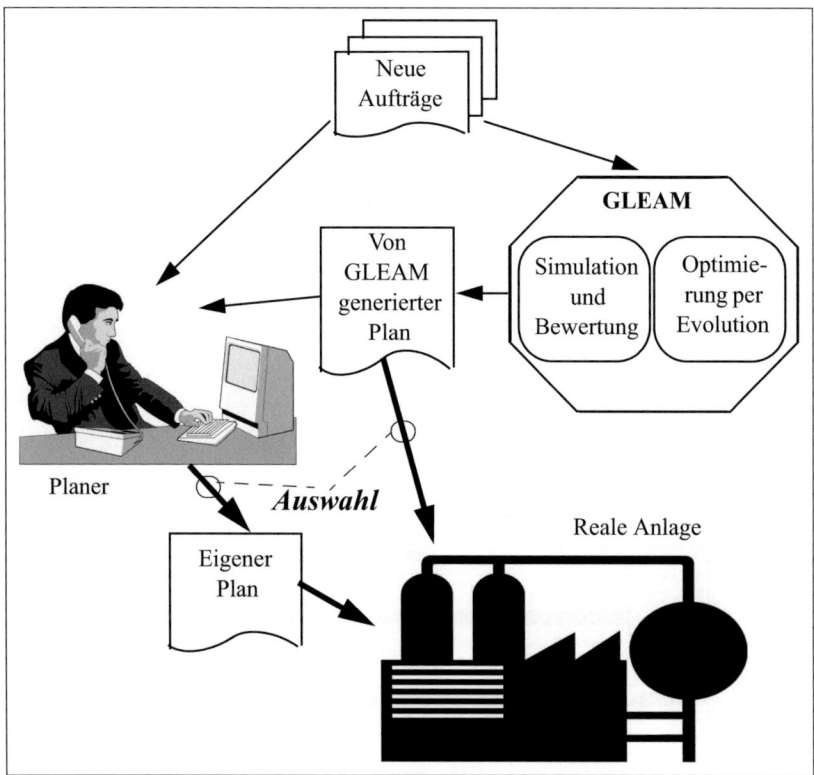

Abb. 6.40: Schema der Planerstellung in der Härterei

6.7.2.11 Zeitmessungen von Testläufen

Die Zeitmessungen wurden Anfang der 90-iger Jahre mit einem PC Intel 80486 mit 363 MHz und 64 MB Speicher durchgeführt. Die Stammdaten umfassten 50 Stationen, 30 verschiedene Arbeitsschritte (im Durchschnitt kann ein Arbeitsschritt auf 2 Stationen ausgeführt werden). Als Auftragsdaten wurden 250 Aufträge mit 3736 Arbeitsschritten (pro Auftrag im Durchschnitt 15 Arbeitsschritte) definiert.

Die Messungen wurden mit folgenden Einstellungen der Evolutionsparameter vorgenommen: Population von 120 Individuen (d.h. Produktionsplänen), die Evolution erfolgte über 100 Generationen.

Da noch keine Optimierungen hinsichtlich der Ausführungszeiten der Simulation vorgenommen wurden, ergaben sich für die oben genannte Hardware und 100 Generationen eine Laufzeit von 1 Sunde 54 Minuten, d.h. etwa 1.14 min bzw. 68.4 s pro Generation. Unter heutigen Bedingungen verkürzt sich diese Zeit um den Faktor 6 bis 10.

6.7.3 Schnelles Scheduling und Ressourcenplanung im Grid

Die in diesem Abschnitt vorgestellte Aufgabe unterscheidet sich von dem in Abschnitt 6.7.1 behandelten Schedulingproblem erheblich, da es um mehr geht, als im Wesentlichen „nur" geeignete Startzeiten für Chargen zu finden. Nach einer kurzen Beschreibung der Aufgabenstellung werden jeweils zwei alternative Genmodelle und Reparaturmechanismen verglichen. Außerdem wird die Wirkung eines zusätzlichen Hilfskriteriums untersucht und der Effekt zweier Crossover-Operatoren für kombinatorische Optimierungsprobleme beleuchtet, die in der Literatur empfohlen werden.

Unter einem „computational grid" wird eine Hardware- und Software-Infrastruktur verstanden, die einen zuverlässigen, konsistenten, von überall erreichbaren und preiswerten Zugriff auf die Kapazitäten von Rechnern ermöglicht. Eine prägnante Zusammenfassung liefert [115]. Demnach vermittelt das Grid dem Anwender über offene Schnittstellen einen Zugriff auf Ressourcen, welche den Anforderungen seiner Anwendung genügen und in der Regel heterogen und örtlich verteilt sind. Dies soll derart erfolgen, dass der Anwender nichts über die konkreten Ressourcen und deren technischen Details wissen muss (Stichwort: Computerleistung aus der „Steckdose"). Ein wesentlicher Bestandteil der dafür notwendigen sog. Grid-Middleware ist dabei das Ressourcenmanagement, dem die Aufgabe der Ressourcenzuordnung zu Gridjobs sowie die Durchführung und Überwachung der Abarbeitung der Gridjobs obliegt, siehe [116] oder [117].

Benutzer beschreiben ihren Anwendungsjob als Ablaufplan (Workflow) einzelner Gridjobs, die Ressourcen, wie zum Beispiel CPUs, SW-Lizenzen oder Speicherplatz benötigen. Der Workflow regelt dabei, welche Gridjobs parallel zueinander und welche hintereinander auszuführen sind, wodurch ingesamt eine Reihenfolgebeziehung zwischen den Gridjobs festgelegt wird. Für die Gridjobs werden Rechenzeiten vorgegeben, die auf Erfahrung oder Schätzung beruhen können. Dazu wird von einer normierten CPU-Leistung ausgegangen und die Ressourcenbeschreibungen enthalten für CPU-Ressourcen die notwendigen Umrechnungsfaktoren. Schließlich kann der Benutzer ein Kosten- und ein Zeitbudget vorgeben sowie eine Priorität für kostengünstige oder schnelle Bearbeitung. Auf der anderen Seite stehen die Ressourcenanbieter, die ihre Ressourcen hinsichtlich der verfügbaren Software und der Anzahl der Softwarelizenzen, der Leistungsfähigkeit der Hardware und der verfügbaren Speicherkapazitäten beschreiben. Diese Daten werden um Zeitangaben ergänzt, zu denen die Ressourcen zu vorgegebenen Preisen zur Verfügung stehen, wodurch detaillierte Preismodelle z.B. je nach Tages- oder Wochenzeit umgesetzt werden können.

6.7.3.1 Komplexität des Problems

Die Aufgabenstellung des Ressourcenmanagements im Grid ist recht neu und bringt eine Reihe von Besonderheiten mit sich, die im vorigen Abschnitt bereits angedeutet wurden. Zusätzlich zum reinen Job-Shop Scheduling Problem, bei dem, wie in Abschnitt 6.7 beschrieben, n Operationen auf m Maschinen unter Berücksichtigung von Reihenfolgevorgaben zu verteilen sind, kommen noch folgende Besonderheiten bei der vorliegenden Aufgabenstellung hinzu:

1. Ressourcenalternativen: Für jeden Gridjob (Operation) kann es mehrere alternative Ressourcen geben, die sich aber hinsichtlich Performance, Kosten und Verfügbarkeit unterscheiden können, siehe Punkte 3 und 4.

2. Koallokation: Ein Gridjob benötigt mindestens eine (primäre) Ressource, die aber ihrerseits wiederum weitere (abhängige) Ressourcen benötigen kann. So erfordert z.B. die Benutzung einer Anwendungssoftware einen Rechner mit geeignetem Betriebssystem, wobei von einer exklusiven Belegung pro CPU ausgegangen wird. Dies entspricht der Forderung des Job-Shop Scheduling Problems, wonach eine Maschine nur eine Operation zu einem gegebenen Zeitpunkt ausführen kann.

3. Eingeschränkte Verfügbarkeit: Ressourcen können zu bestimmten Zeiten nicht zur Verfügung stehen, da der Besitzer sie z.B. für eigene Zwecke verwenden will.

4. Inhomogenität: Ressourcen können je nach Anbieter und Belegungszeit unterschiedliche Kosten verursachen. Dies kann auch für ansonsten gleiche Ressourcen gelten. Außerdem unterscheiden sich insbesondere Hardwareressourcen hinsichtlich ihrer Performance.

5. Multikriterielle Bewertung: Im Gegensatz zu den meisten Schedulingproblemen der Literatur werden hier mehrere sich zum Teil widersprechende Optimierungsziele wie Kosten, Zeiten und Auslastung verfolgt.

Im Kontext der Auftragsplanung in einem Grid wird das Problem noch dadurch verschärft, dass zur Planung nur wenig Zeit zur Verfügung steht, da auf Grund der Dynamik des Systems (neue Jobs, längere oder kürzere tatsächliche Bearbeitungszeiten, Ressourcenausfälle, neue Ressourcen, usw.) immer wieder umgeplant werden muss. Bisher werden auf Grund der Komplexität des Planungsproblems meist nur Queuing-Systeme eingesetzt, die unter Verwendung von Benutzerangaben zu den Bearbeitungszeiten der einzelnen Gridjobs nur eine grobe Aussage über die zu erwartenden Kosten machen, die gesamte Bearbeitungszeit hingegen gar nicht abschätzen können [118]. Außerdem nutzen sie die verfügbaren Ressourcen ab einer gewissen Last in der Regel nur suboptimal aus.

Zusammen mit der nachfolgend beschriebenen Bewertungsfunktion ergibt sich ein Scheduling- und Ressourcen (Ko-)Allokationsproblem, das über die üblichen Schedulingaufgaben des Operations Research hinausgeht. Ein vergleichbares Problem ist den Autoren nicht bekannt, siehe auch die in [119] enthaltene Klassifikation und den Überblick von Brucker [111, 120]. Wegen der Beschränkungen und der differenzierten Kostenfunktionen der Ressourcen gibt es eine Reihe von Ähnlichkeiten mit den *resource-constrained project scheduling* Problemen [120, 121], deren Bearbeitung derzeit Gegenstand der OR-Forschung ist.

6.7.3.2 Ressourcenmanagement mit GORBA

Die Bearbeitung der Planungsaufgabe erfolgt durch das Werkzeug GORBA (Global Optimising Resource Broker and Allocator) [122], das neben der aus GLEAM und mehreren Heuristiken bestehenden Planungskomponente auch die Aufgaben der Abarbeitung der Gridjobs und das Informationsmanagement umfasst. GORBA plant in zwei Phasen:

- Erste Planungsphase:
  Nach einer Prüfung der Planungsvorgaben auf Plausibilität und Konsistenz werden zuerst mit Hilfe von einfachen Heuristiken Schedules erzeugt, siehe Abschnitt 6.7.3.4. Diese umfassen alle noch nicht begonnenen und alle neuen Gridjobs. Wenn dabei keine oder nur wenige Belegungskonflikte auftraten, das Grid also verhältnismäßig wenig ausgelastet ist, und es zu keinen Verletzungen von Zeit- oder Preisvorgaben des Anwenders kam, wird die Planung als abgeschlossen angesehen und der beste Schedule ausgeführt. Andernfalls folgt die zweite Phase.

- Zweite Planungsphase
  Die Schedules der ersten Phase werden zur Initialisierung der Startpopulation eines GLEAM-Laufs verwendet. Da für die Planung, wie zuvor ausgeführt, insgesamt nur wenig Zeit zur Verfügung steht, wird die GLEAM-Laufzeit auf drei Minuten begrenzt. Diese Zeit erscheint vertretbar, da man bei Gridanwendungen von rechenzeit- und/oder speicherintensiven Aufgaben ausgeht, so dass sie klein gegenüber den erwarteten Laufzeiten der Anwendungen ist. Bei der Planung bleiben Gridjobs unverändert, die bereits begonnen wurden oder in der Laufzeit von GLEAM beginnen würden und nicht länger als eine vorgegebene Zeit benötigen. Diese gelten als *fixiert*. Somit erfolgt die Planung über alle bisher geplanten, aber nicht fixierten Gridjobs und über alle neu hinzugekommenen.

6.7.3.3 Bewertung

In der ersten Planungsphase von GORBA ergeben sich Abschätzungen für die oberen und unteren Grenzen $Krit_{i,min}$ und $Krit_{i,max}$ der nachfolgend beschriebenen Bewertungskriterien, die zur Berechnung eines relativen Gütewertes gemäß folgender Formel benutzt werden:

$$\frac{Krit_{i,\,ist} - Krit_{i,\,min}}{Krit_{i,\,max} - Krit_{i,\,min}}$$

Damit passt sich die Bewertungsfunktion eines Kriteriums $Krit_i$ automatisch an die Bewertungsskala einer konkreten Planungsaufgabe an, wie es für einen automatisierten Planungsbetrieb notwendig ist, der ohne manuelle Eingriffe auskommen muss. Folgende vier Hauptkriterien bilden die Grundlage der Bewertung:

1. **Relative Kosten**: Bewertung der Einsparungen gegenüber dem Kostenbudget pro Anwendungsjob und anschließende Mittelung.

2. **Relative Fertigstellungszeiten**: Bewertung der Einsparungen gegenüber den Zeitvorgaben der einzelnen Anwendungsjobs mit anschließender Mittelung.

3. **Relative Gesamtfertigstellungszeit**: Bewertung der Bearbeitungsdauer aller Anwendungsjobs in Relation zu Abschätzungen der Ober- und Untergrenzen basierend auf dem kritischen Pfad[1] aller Anwendungsjobs.

4. **Auslastung**: Da gegen Ende der Abarbeitung eines Schedules die Ressourcennutzung naturgemäß sinkt, wird die Auslastung nur für einen ersten Teil der Bearbeitungszeit des Schedules ermittelt. Dieser Teil wurde auf 75 % festgelegt.

Die Erfassung von Überschreitungen der Kosten- oder Zeitlimits erfolgt mit Hilfe von Straffunktionen ähnlich der Straffunktion des Kriteriums *Gesamtzeit* (vgl. Abb. 6.32) der Scheduling- und Ressourcenoptimierungsaufgabe von Abschnitt 6.7.1. Dabei werden die Anzahl der überschreitenden Anwendungsjobs und der Umfang der Grenzverletzung getrennt voneinander bewertet, so dass insgesamt vier Straffunktionen Verwendung finden.

Ohne das <u>Hilfskriterium</u> *relative Jobzeiten* belohnt das Kriterium *relative Fertigstellungszeiten* nur eine Vorverlegung des letzten Gridjobs eines Anwendungsjobs und es besteht kein Anreiz, „nicht-terminale Gridjobs", also solche, die Nachfolger haben, früher abzuarbeiten. Dies ist aber notwendig, um eine ganze Sequenz abhängiger Gridjobs zeitlich und damit auch in der AK vorzuverlegen, damit es schließlich möglich wird, auch den letzten Gridjob früher abzuarbeiten. Das Hilfskriterium soll also den Umbau einer AK belohnen, bevor die Vorverlegung des letzten Gridjobs zu einer besseren Bewertung durch die *relative Fertigstellungszeiten* führt. Sein Effekt wird im Abschnitt 6.7.3.7 dargestellt.

6.7.3.4 Heuristiken zur Gridjobreihenfolge und zur Ressourcenauswahl

In der ersten Planungsphase erzeugt GORBA Schedules mit Hilfe folgender Heuristiken:

---

1. Unter dem kritischen Pfad versteht man hier diejenige Sequenz hintereinander auszuführender Gridjobs, welche die meiste Zeit benötigen.

1. Gridjobs des Anwendungsjobs mit dem frühesten Fertigstellungstermin zuerst.

2. Gridjobs des Anwendungsjobs mit der kürzesten Bearbeitungszeit zuerst.

Die Zuordnung der Ressourcen erfolgt nach folgenden drei heuristischen **Ressourcen-auswahlstrategien (RAS)**, wobei die ersten beiden für alle Anwendungsjobs gleichermaßen gelten:

1. Auswahl der billigsten Ressource, die zum frühest möglichen Zeitpunkt frei ist.

2. Auswahl der schnellsten Ressource, die zum frühest möglichen Zeitpunkt frei ist.

3. Eine im Anwendungsjob hinterlegte Präferenz entscheidet, nach welcher der beiden obigen Regeln bei diesem Anwendungsjob vorzugehen ist.

Pro Gridjobsequenz werden mit Hilfe der RAS drei Schedules erzeugt, so dass insgesamt sechs Schedules entstehen, mit denen die Startpopulation von GLEAM initialisiert wird. Sie stellen auch ein Maß für den Erfolg der nachfolgenden evolutionären Planung dar.

6.7.3.5 Zwei alternative Genmodelle und geno- sowie phänotypische Reparatur

Zur Lösung der Aufgabe wurden zwei alternative Genmodelle für GLEAM entwickelt, die nachfolgend verglichen werden. Beide ordnen jedem Gridjob eine Aktion zu. Bei Genmodell 1 (**GM1**) enthält der einem Gridjob zugeordnete Aktionstyp so viele Parameter, wie der Gridjob insgesamt an Ressourcen (primäre und abhängige) benötigt, wobei jeder Parameter einen Index in der Menge der jeweils alternativ wählbaren Ressourcen darstellt. Die dazu notwendige Analyse erfolgt in der ersten Planungsphase von GORBA und das Ergebnis wird zur Aufstellung des Genmodells für den nachfolgenden GLEAM-Lauf verwendet. Parametermutationen bedeuten bei diesem Genmodell die Auswahl einer anderen Ressource. Die Interpretation einer Aktionskette zur Aufstellung der Belegungsmatrix erfolgt für alle Aktionen wie in Abb. 6.41 dargestellt.

```
1. IF Gridjob hat Vorgänger THEN
      Bestimme deren spätestes Arbeitsende
      in start_time
   ELSE
      start_time = früheste vorgegebene
      Startzeit des Anwendungsjobs
2. Berechne die Bearbeitungsdauer bei den
   gegebenen Ressourcen
3. Suche ein freies Zeitintervall der
   berechneten Länge ab start_time für
   alle Ressourcen und belege sie.
```

Abb. 6.41: Pseudocode für die Interpretation einer Aktion zur Erstellung einer Belegungsmatrix für Genmodell 1 (GM1)

Beim zweiten Genmodell **GM2** enthalten die Gridjob-Aktionen keinen Parameter. Dafür steuert eine zusätzliche Aktion die Wahl einer der drei zuvor beschriebenen Ressourcenauswahlstrategien (RAS). Eine Mutation dieses Parameters bedeutet also die Verwendung einer anderen Heuristik zur Ressourcenauswahl. Abb. 6.42 zeigt den Pseudocode zur Gen-Interpretation für GM2. Dem offensichtlich komplizierteren (und laufzeitintensiveren) Algorithmus zur Ressourcenbelegung steht eine nicht unerhebliche Reduktion des Suchraums gegenüber. GM1 kann alle alternativen Ressourcen allen Gridjobs zuordnen, während GM2 in dieser Hinsicht eingeschränkt ist: Je nach ausgewählter RAS bevorzugen alle Anwendungsjobs entweder billige oder schnelle Ressourcen oder dies geschieht, etwas flexibler, entsprechend der Präferenz der einzelnen Anwendungsjobs. Welches Genmodell in dem gewählten Zeitrahmen von drei Minuten für einen GLEAM-Lauf die besseren Resultate bringt, kann nicht vorhergesagt und muss experimentell ermittelt werden. Auch ohne Versuche ist dagegen klar, dass GM1 bei hinreichend langen Laufzeiten mindestens gleich gute, wenn nicht bessere Ergebnisse liefern wird, da für GM2 nicht alle Bereiche des Suchraums von GM1 zugänglich sind.

```
1. siehe GM1
2. Erstellung einer Liste alternativer
   Ressourcen pro primärer Ressource des
   Gridjobs gemäß der aktuellen RAS
3. Berechnung der Bearbeitungszeit beginnend
   mit den ersten Ressourcen in den Listen und
   Suche eines freien Zeitintervalls für alle
   Ressourcen einschließlich der abhängigen ab
   start_time. Wenn kein geeignetes
   Zeitintervall gefunden wird, werden die
   nächsten Ressourcen der Listen genommen.
4. Belegung der gefundenen Ressourcen
   entsprechend der berechneten Dauer
```

Abb. 6.42: Pseudocode für die Interpretation einer Aktion zur Erstellung einer Belegungsmatrix für Genmodell 2 (GM2)

Beide Genmodelle unterscheiden sich auch im Umfang der Hybridisierung des EA: GM1 verwendet Heuristiken nur zur Initialisierung der Startpopulation während GM2 auch die Ressourcenallokation heuristisch durchführt. Die evolutionär bestimmte RAS bringt ein Element der Koevolution in Form von parallel laufender Evolution der RAS-Auswahl und der eigentlichen Schedules hinzu. Um dies zu unterstützen, wurde das 1- und n-Punkt-Crossover derart modifiziert, dass die RAS des besseren Elter auf das Kind vererbt wird. Diese Aufgabe ist ein weiteres Beispiel für eine anwendungsspezifische Hybridisierung eines EA ergänzend zu den in Kapitel 5 vorgestellten Hybridisierungsarten.

Beide Genmodelle sind den Roboterbahnplanungsaufgaben der Abschnitte 6.1 und 6.2 insofern ähnlich, als dass die Reihenfolge der Aktionen eine mindestens ebenso große Rolle spielt wie die Parameterwerte. Entsprechend kommen die besonderen durch die Roboterbahnplanung motivierten Mutationen von GLEAM (siehe auch Abschnitt 4.4) auch beim Scheduling von GORBA zum Tragen:

- *Inversion*: Umkehrung der Aktionsreihenfolge in einem Segment.

- *Segmentverschiebung*: Verschiebung eines ganzen Segments im Chromosom.

- *Segmentverschmelzung*: Bei nicht benachbarten Segmenten schließt diese Mutation eine Segmentverschiebung mit ein.

Mutationen zur Positionsveränderung von Aktionen und die Crossover-Operatoren können Verletzungen der Vorgängerbeziehungen der Gridjobs bewirken. Dieses Problem kann man grundsätzlich auf drei Arten behandeln:

- Die entsprechenden Operatoren werden so verändert, dass sie die Reihenfolgebeziehungen beachten. Dazu wurden mit den beiden in Abschnitt 6.7.3.6 vorgestellten Crossover-Varianten Experimente durchgeführt.

- Reparatur des fehlerhaften Chromosoms (*genotypische Reparatur*)

- Reparatur durch korrigierende Interpretation (*phänotypische Reparatur*)

Auf Grund der implementierten Ressourcenbelegung beider Genmodelle (siehe Abb. 6.41 und 6.42), ist eine Beachtung der Vorgängerbeziehungen sicher gestellt, wenn die Reihenfolge der die Gridjobs repräsentierenden Aktionen derart ist, dass kein Gridjob vor seinem Vorgänger in der Aktionskette steht. Damit ist eine einfache **genotypische Reparatur** möglich. Der Nachteil dieser Vorgehensweise besteht in der Störung des evolutionären Umbaus von Aktionsketten, indem zunächst illegale Zwischenschritte quasi „wegrepariert" werden. Stattdessen muss z.B. ein zeitliches Vorziehen einer Gridjobsequenz so erfolgen, dass zuerst die Aktionen der zuerst zu startenden Gridjobs vorgezogen werden, um Platz für das Vorziehen der nachfolgenden zu schaffen. Es ist offensichtlich, dass dadurch eine Vorverlegung ganzer Gridjobsequenzen schwierig zu bewältigen ist. Experimente haben dementsprechend auch gezeigt, dass nur etwa 20% aller Nachkommen genotypisch repariert werden sollten [123]. Zur Aussortierung der dann verbleibenden illegalen Schedules ist eine weitere Straffunktion für die Bewertung notwendig, die Aktionsketten mit „vorzeitig ausgeführten" Gridjobs abstraft.

Die **phänotypische Reparatur** stellt dagegen einen ganz anderen Ansatz dar, der die Aktionskette unverändert lässt. Wenn im ersten Schritt von Abb. 6.41 oder 6.42 festgestellt wird, dass noch nicht alle Vorgängergridjobs verplant sind, wird der betreffende Gridjob zurückgestellt, bis dies der Fall ist. Es wird also so getan, als stünde seine Aktion direkt hinter der Aktion des letzten Vorgängergridjobs. Damit sind sinnvolle Veränderungen in der Aktionskette auch über verschlechternde oder gar unzulässige Zwischenschritte leicht möglich. Da sich in ersten Experimenten gezeigt hat, dass die phänotypische Reparatur der genotypischen überlegen ist [123], wird im folgenden nur noch von der phänotypischen ausgegangen.

6.7.3.6 Spezielle Crossover-Operatoren

Der nachfolgende Abschnitt enthält auch eine Untersuchung des Effekts zweier Cross-over-Operatoren, welche die Genreihenfolge der Eltern an die Kinder weitergeben. Das *order-based crossover* (OX) geht auf Davis [124] zurück und gibt die *relative* Ordnung der Elterngene an die Kinder weiter. Damit ist allerdings nicht sicher gestellt, dass aus reihenfolge-korrekten Eltern auch Kinder mit dieser Eigenschaft hervorgehen. Dies garantiert hingegen das *precedence preserving crossover* [125], das, wie der Name schon sagt, Reihenfolgebeziehungen strikt bewahrt. Damit werden allerdings auch die Möglichkeiten zur Durchmischung der Gene eingeschränkt.

6.7.3.7 Experimente und Ergebnisse

Benchmarks zum Testen von Schedulingalgorithmen kann man entweder aus realen Anwendungsdaten extrahieren oder synthetisch erzeugen. Die Praxisnähe scheint zunächst für die erste Erzeugungsart zu sprechen. Allerdings haben Untersuchungen gezeigt, dass sie häufig nur diejenigen Anwendungsszenarien widerspiegeln, die bei der Erfassung gerade dominant waren oder typisch für die jeweilige Nutzergruppe sind [126]. Da außerdem charakteristische Eigenschaften, wie die nachstehend beschriebenen, nicht gezielt beeinflusst werden können, wurden synthetische Benchmarks entwickelt. Sie kontrollieren das Maß der Abhängigkeit **A** der Gridjobs von Vorgängerjobs und den Freiheitsgrad bei der Ressourcenauswahl **R**. Eine genaue Definition dieser Größen ist in [127] zu finden. Damit wurden vier Benchmarkklassen gebildet:

kRkA: kleiner Ressourcenfreiheitsgrad, geringe Abhängigkeiten (kleines A)

kRgA: kleiner Ressourcenfreiheitsgrad, viele Abhängigkeiten (großes A)

gRkA: großer Ressourcenfreiheitsgrad, geringe Abhängigkeiten (kleines A)

gRgA: großer Ressourcenfreiheitsgrad, viele Abhängigkeiten (großes A)

Eine weitere Kennziffer zur Beschreibung der Komplexität einer Planungsaufgabe ist die Anzahl der Gridjobs. Pro Benchmarkklasse wurden Benchmarks mit 50, 100, 200 Gridjobs konstruiert, die alle die gleiche Ressourcenmenge verwenden. Hinzu kommt noch ein Satz Benchmarks mit 200 Gridjobs bei doppelter Ressourcenmenge (mit *200d* in den Bildern gekennzeichnet). Damit stehen insgesamt 16 Benchmarks für die Experimente zur Verfügung, die einen möglichst weiten Rahmen abdecken.

Bei den Benchmarks handelt es sich um komplette Neuplanungen, wie sie in der Praxis eher selten vorkommen, denn dort dominieren Umplanungen, die eine Anpassung des bisherigen Schedules erfordern. Frühere Experimente mit Umplanungen bei Roboter-bahnplanungsaufgaben haben gezeigt, dass diese wesentlich weniger Laufzeit benöti-gen als komplette Neuplanungen, wenn die alten Ergebnisse bei der Bildung der Startpopulation mit verwendet werden [19]. Die hier vorgestellten Neuplanungen dienen einer ersten Evaluierung des Konzepts. Die Erweiterung von GORBA auf Umplanungen unter Verwendung des alten Schedules befindet sich zur Zeit der Niederschrift in der Implementierung.

Die Experimente beruhen auf den 16 Benchmarks, wobei die Kosten- und Zeitgrenzen gezielt so gewählt wurden, dass die Resultate der heuristischen Planung Verletzungen dieser Limits enthalten. Die durch die Experimente zu beantwortende Fragestellung lautet dementsprechend: Kann das hybride GLEAM innerhalb des dreiminütigen Zeitfensters Schedules ohne Grenzverletzungen mit welcher **Erfolgsrate** generieren und haben die erzeugten Planungen eine bessere **Qualität** als die der heuristischen ersten Planungsphase? Alle Experimente beruhen auf 50 bzw. 100 Läufen pro Benchmark und Einstellung des EA wie Genmodell oder Populationsgröße (200 - 600).

Genmodell 2 schneidet bei fast allen Benchmarks besser ab als Genmodell 1, wie Abb. 6.43 deutlich zeigt. Es bleiben nur vier Benchmarks für eine weitere Verbesserung der Erfolgsrate übrig, nämlich *kRgA* und *gRgA* bei jeweils 100 und 200 Gridjobs.

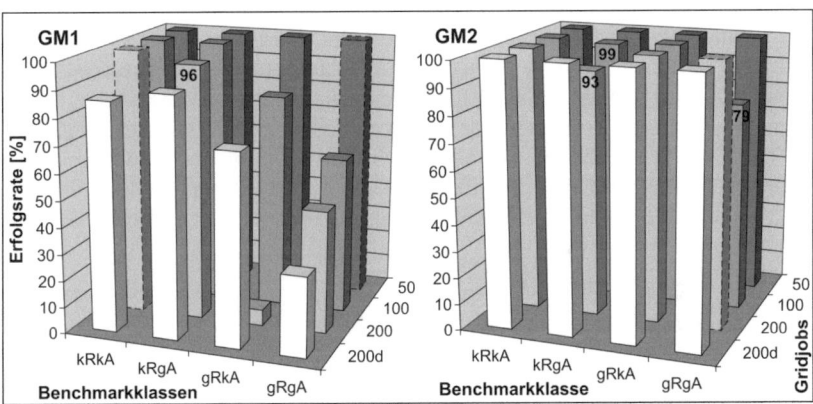

Abb. 6.43: Vergleich der Erfolgsraten von GM1 und GM2. Balken mit gestrichelten Linien erreichen die 100%-Marge bei nur einer der getesteten Populationsgröße, so dass der Erfolg als „wenig robust" betrachtet werden muss. Zur besseren Unterscheidung ist die Erfolgsrate bei Balken vermerkt, die fast den 100%-Wert erreichen.

Auf Grund weiterer Untersuchungen kann vom in Abb. 6.44 dargestellten Unterschied der Verläufe einer Optimierung mit beiden Genmodellen ausgegangen werden. GM2 erreicht nach einer gewissen Laufzeit das mit den Ressourcenauswahlstrategien mögliche Suboptimum und stagniert dann. Dies ist bei ausreichend großer Gridjobanzahl (> 50) deutlich nach der vorgegebenen Grenze von drei Minuten der Fall. GM1 braucht mehr Zeit zur Erzeugung guter Schedules und übertrifft GM2 ab einer gewissen Laufzeit in der Regel. Auch hier gilt, dass dies bei ausreichend großer Gridjobanzahl erst

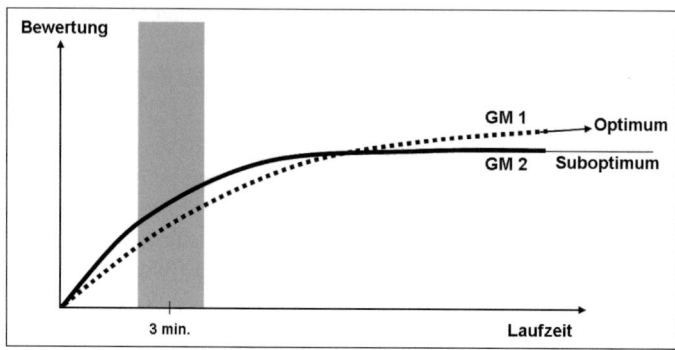

Abb. 6.44: Prinzipieller Verlauf der Optimierung mit den beiden Genmodellen GM1 und GM2 bei hinreichend vielen Gridjobs (>50)

nach den drei Minuten erfolgt. Das Ergebnis entspricht den zuvor formulierten Erwar-
tungen an beide Genmodelle bei einer hinreichend langen Laufzeit voll und ganz.

Die zweite Frage zur Bewertung der GLEAM-Optimierung betrifft die Qualität der
erzeugten Schedules im Vergleich zu den heuristisch geplanten. Dazu werden die Fitnesswerte unter Weglassung der Budgetverletzungen (Straffunktionen) verglichen.
Abb. 6.45 vergleicht die Fitnesswerte beider Genmodelle auf der Basis der jeweils besten Läufe. Zunächst fällt auf, dass GM1 auch Verschlechterungen produzieren kann
(negative Fitnessunterschiede im linken Teil von Abb. 6.45), was bei GM2 dagegen
nicht vorkommt. Die Verschlechterungen erklären sich damit, dass unbestrafte Fitness-

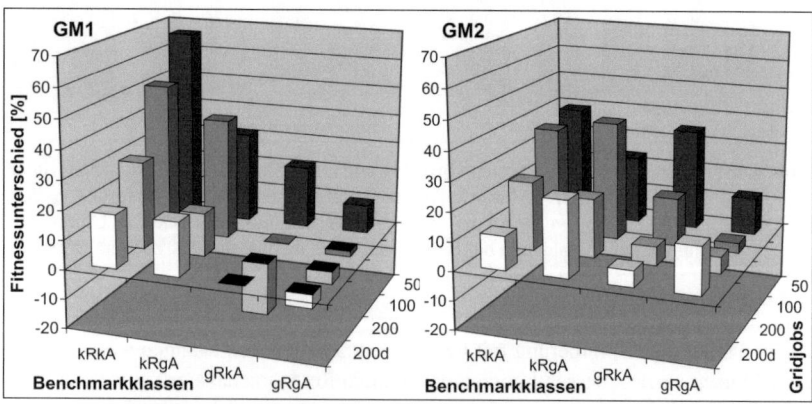

Abb. 6.45: Vergleich der mit GM1 und GM2 erreichbaren Qualität als Fitnessunterschiede
zwischen der besten heuristischen und der besten GLEAM-Planung ohne
Berücksichtigung der Zeit- und Kostenbudgets, d.h. ohne die Anwendung der
entsprechenden Straffunktionen

werte verglichen werden und der EA mit höchster Priorität versucht, straffreie Schedules zu erzeugen. Erst danach beginnt die schrittweise Verbesserung der gesamten Qualität des Schedules. Wird dieser Prozess nach drei Minuten abgebrochen, können dabei insgesamt schlechtere aber straffreie oder weniger bestrafte Schedules herauskommen. Ein Vergleich zwischen den Bildern 6.43 und 6.45 für GM1 zeigt auch, dass die größten Verschlechterungen dann auftreten, wenn auch die Erfolgsrate vergleichsweise gering ausfällt, beide Effekte also miteinander hergehen. Insbesondere bei GM2 konnte der EA nicht nur die Budgetverletzungen beseitigen, sondern darüber hinaus die allgemeine Qualität der Schedules, wie sie sich in der Fitness widerspiegelt, verbessern. Die Werte der besten heuristischen Planung liegen jeweils außerhalb der Konfidenzintervalle (für 99% Sicherheit, siehe auch Fußnote 9, S. 84) der GLEAM-Läufe, so dass die Unterschiede als signifikant einzustufen sind.

Aus Abb. 6.45 geht auch hervor, dass bei den Benchmarks mit geringer Gridjobanzahl und geringem Freiheitsgrad bei der Ressourcenauswahl GM1 zum Teil bessere Ergebnisse erreicht als GM2. Dies ist darauf zurückzuführen, dass in diesen Fällen die Laufzeitgrenze nur eine untergeordnete Rolle spielt und der Zeitrahmen ausreicht, um optimale oder fast optimale Lösungen zu produzieren. Mit anderen Worten, in diesen Fällen liegt in Abb. 6.44 der Schnittpunkt von GM1 und GM2 vor dem grauen 3-Minutenbalken.

Abb. 6.46 vergleicht die Ergebnisse einer heuristischen Planung bei Bevorzugung schneller Ressourcen mit einer nachträglichen Optimierung mit GLEAM am Beispiel des Benchmarks *kRgA-100* in Form von Gantt-Charts. Einige Ressourcen stehen nur begrenzt zur Verfügung, wie die mit einem Kreuz versehenen schwarzen Balken zeigen. Man erkennt deutlich, dass die Gridjobs im von GLEAM erzeugten Schedule wesentlich dichter gepackt sind.

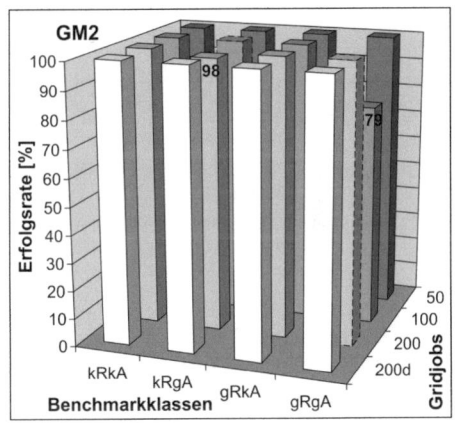

Abb. 6.47: Verbesserung durch das Hilfskriterium „relative Jobzeiten" bei GM2: Erreichung der 100% Erfolgsrate bei kRgA und 200 Gridjobs, siehe auch Abb. 6.43.

Das in Abschnitt 6.7.3.3 beschriebene Hilfskriterium *relative Jobzeiten* führt zu einer leichten Verbesserung bei der Erfolgsrate der *gRkA*-Benchmarkserie. Die Werte der *gRgA-Serie* bleiben hingegen gleich, wie Abb. 6.47 zeigt. Ein Vergleich der Fitnesssteigerungen verbietet sich hier wegen der unterschiedlich aufgebauten und gewichteten Fitnessfunktionen.

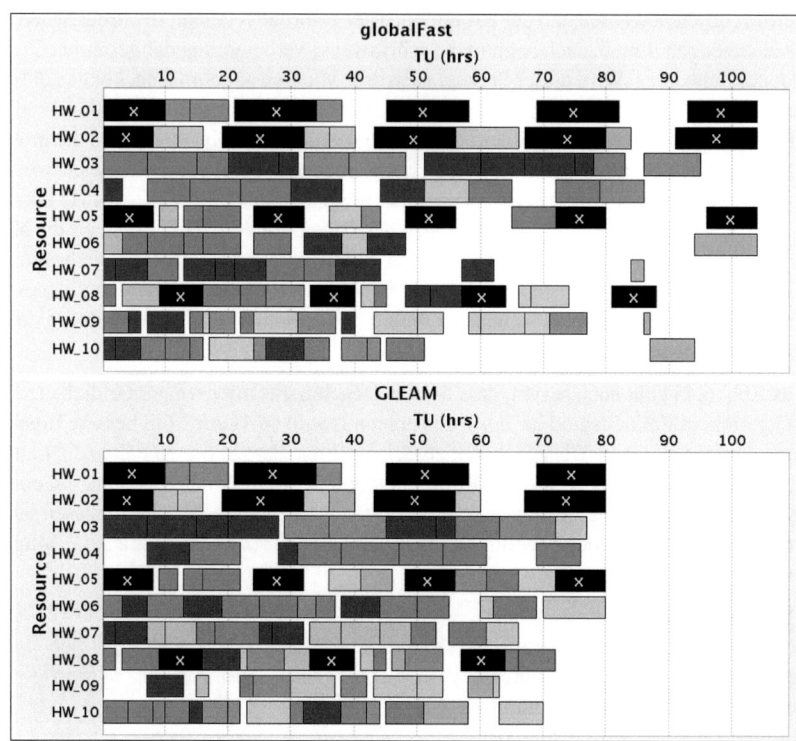

Abb. 6.46: Vergleich der Ergebnisse einer heuristischen Planung mit der Ressourcenaus-
wahlstrategie „schnell" (oben) mit denen eines GLEAM-Laufs (unten) an
Hand der Benchmarkaufgabe kRgA-100. Gesperrte Zeiten sind schwarz und
mit einem **x** markiert. Gridjobs mit gleichem Grauton gehören zum selben
Anwendungsjob. *TU*= Time Units

Der Effekt der beiden Crossover-Operatoren von Abschnitt 6.7.3.6 wird an Hand der
beiden offenbar „schwierigsten" Benchmarksätze *kRgA* und *gRgA* bei 100 und 200
Gridjobs untersucht, wobei die beiden Operatoren zusammen oder einzeln die bisherigen Crossover-Operatoren ersetzen oder ergänzen. Dabei führt das *precedence preserving crossover* in allen Fällen zu einer deutlichen Verschlechterung. Das in seiner Wirkung weniger eingeschränkte *order-based crossover* (OX) bewirkt hingegen die in
Abb. 6.48 dargestellte nochmalige Verbesserung, wenn es ergänzend eingesetzt wird:
Bei *gRgA* und 100 Gridjobs steigt die Erfolgsrate von 79% auf 91% und in zwei Fällen
wird die 100%-Erfolgsrate zuverlässig, d.h. bei mehr als nur einer Populationsgröße
erreicht (solider statt gestrichelter Balken in Abb. 6.48). Auch die Fitnesswerte sind
signifikant besser (t-Test, siehe auch Fußnote 8, S. 84).

Die Ergebnisse sind immer vor dem Hintergrund der in den drei Minuten möglichen Evaluationen zu sehen. Abb. 6.49 zeigt für GM2, dass diese Werte stark von der Anzahl der Gridjobs und auch der alternativ verfügbaren Ressourcen abhängen. Es ist nicht weiter verwunderlich, dass die Erstellung einer Belegungsmatrix mit zunehmender Jobzahl länger dauert. Dies gilt aber auch für die Ressourcenauswahl, wenn die Anzahl der Alternativen pro Gridjob steigt (Vergleich der *kR*-Benchmarkklassen mit den *gR*-Klassen).

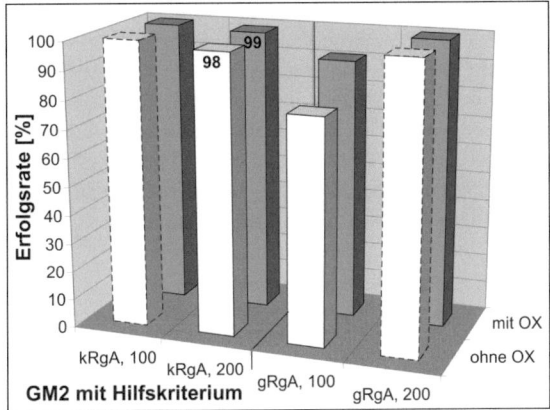

Abb. 6.48: Wirkung des zusätzlich zu den Standard-Crossoveroperatoren angewandten „order-based crossover" (*OX*) bei „kRgA"- und „gRgA"-Benchmarks und 100 bzw. 200 Gridjobs. Zur Bedeutung der gestrichelten Balken siehe Abb. 6.43.

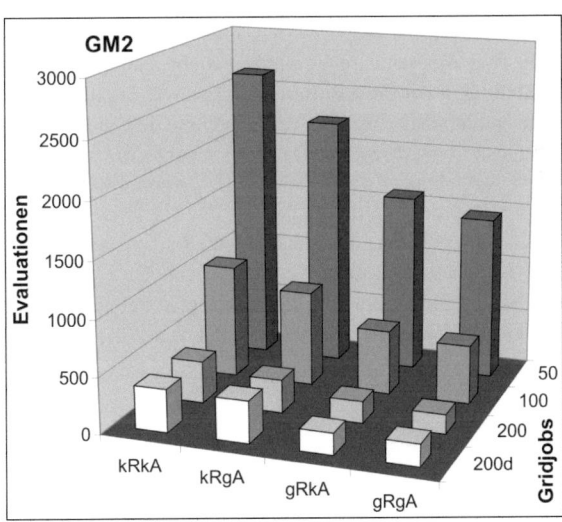

Abb. 6.49: Durchschnittliche Anzahl der Evaluationen, die innerhalb der dreiminütigen Optimierungszeit mit einem Prozessor eines AMD Athlon 64 4400+ 2.0 GHz möglich sind.

Um die Qualität der erzeugten Schedules einordnen zu können, wurde ein entsprechend der Aufgabenstellung erweiterter Giffler-Thompson-Algorithmus [128, 129, 130], ein Standardverfahren des Operations Research, herangezogen. Bis auf eine Ausnahme war das Verfahren jedoch nicht in der Lage, Schedules ohne Budgetverletzungen zu erzeugen. Ein Vergleich der generierten Schedules mit den besten Ergebnissen der heuristischen Planung der ersten Planungsphase von GORBA (vgl. Abschnitt 6.7.3.3) ergab in der Regel eine schlechtere Qualität. Mit den GLEAM-Ergebnissen konnte der Giffler-Thompson-Algorithmus in keinem Fall mithalten [130, 131].

6.7.3.8 Fehlschläge

Neben den in den vorigen Abschnitten behandelten Verbesserungen sind auch diejenigen Maßnahmen von Interesse, die innerhalb des Planungszeitraums von drei Minuten zu keinen besseren Resultaten geführt haben. Es kann aber nicht ausgeschlossen werden, dass bei längeren Planungszeiten doch günstigere Ergebnisse möglich sind. So wurde ein permutationsbasiertes Genmodell erprobt, bei dem die Genreihenfolge unverändert bleibt (bzw. keine Bedeutung hat) und die Jobreihenfolge durch einen zusätzlichen Parameter bestimmt wird. Damit wird das Problem auf eine Parameteroptimierungsaufgabe reduziert, die für HyGLEAM mit den beiden Standard-LSVs direkt zugänglich ist. Es ergaben sich aber durchweg schlechtere Resultate als bei GLEAM. Außerdem wurde versucht, Ameisenalgorithmen [121, 132] als lokales Suchverfahren einzusetzen, was auch nicht den gewünschten Erfolg brachte [119].

Insgesamt hat es sich als schwierig erwiesen, lokale Suchverfahren einzusetzen. Dies liegt auch daran, dass die benutzte Bewertung mehr als ein Kriterium umfasst und daher kleine Änderungen wie sie z.B. durch heuristische lokale Suchverfahren vorgenommen werden, nicht mehr lokal bewertet werden können, sondern der gesamte Schedule neu aufgestellt werden muss. Das unterscheidet die vorliegende von anderen kombinatorischen Aufgaben, wie z.B. dem in der Literatur häufig zitierten Traveling Salesman Problem. Bei dieser Aufgabe geht es um den kürzesten Weg, mit dem alle vorgegebenen Städte verbunden werden können. Nach Vertauschung zweier Städte kann sofort und ohne den gesamten Weg zu betrachten, berechnet werden, ob die Lösung dadurch besser wird oder nicht. Ähnliches geht bei der Vertauschung der Reihenfolge zweier Gridjobs bedauerlicherweise nicht.

6.8 Designoptimierung

Designoptimierungsaufgaben bestehen häufig darin, geeignete Werte für bestimmte Größen zu finden, wodurch die Aufgaben auf eine reine Parameteroptimierung reduziert werden können [133 - 136]. Die erste Anwendung ist ein Beispiel dafür, während bei der zweiten neben dem Auffinden einer geeigneten Dimensionierung von Komponenten zusätzlich deren günstigste Anzahl ermittelt werden muss. Das erste Beispiel wird ausführlich behandelt, um vor allem die Vorgehensweise zur Erstellung einer ziel-führenden Bewertung mit Hilfskriterien zu erläutern. Beim zweiten wird vor allem auf die in diesem Falle interessantere Erstellung des Genmodells eingegangen.

6.8.1 Heterodynempfänger

Der Heterodynempfänger ist ein mikrooptisches Empfangsmodul für die optische Kommunikation basierend auf Lichtwellenleitern. Er gehört zu den kohärenten opti-schen Lichtwellensystemen. Dazu wird ein Linsensystem benötigt, welches das emp-fangene Signal auf eine Photodiode fokussiert. Der Aufbau des Heterodynempfängers ist extrem positionssensitiv bezüglich der aktiven und passiven optischen Komponen-ten, so dass Positionsfehler der einzelnen Komponenten die Leistung des Empfangs-moduls beeinträchtigen [137]. Zum Heterodynempfänger wurden eine Vielzahl von Untersuchungen durchgeführt, siehe [138 - 141]. An dieser Stelle soll eines der Opti-mierungsprobleme, das sich wegen seiner kurzen Rechenzeiten gut für statistische Untersuchungen eignet (siehe auch Testaufgabe *Design* in Kapitel 5), weiter behandelt werden.

Die Optimierungsaufgabe besteht darin, den Entwurf so zu parametrieren, dass die Toleranzeffekte, die durch das Einfügen der optischen Elemente in bereits vorgefertig-te Mikrostrukturen [142] entstehen, minimiert werden. Die in Abb. 6.50 dargestellten Einfügetoleranzen der beiden Kugellinsen und des Lichtleiters (SMF, single mode fiber) haben Auswirkungen auf die Strahlweite am Ort der Photodiode und auf die Lage der Strahltaille. Es soll ein optisches System bestimmt werden, das möglichst unempfindlich hinsichtlich der zu erwartenden Einfügeungenauigkeiten ist, damit bei der Fertigung eine möglichst geringe Ausschussquote auftritt. Diese Randbedingung macht die Aufgabe erst zu einem interessanten Optimierungsproblem, das sich durch einen hohen Grad an Multimodalität auszeichnet [4]. Die variierbaren Parameter sind die Brechungsindizes der beiden Kugellinsen ($n1$ und $n2$) und der Abstand des Licht-leiters zu der ersten Kugellinse (d), die jeweils eine Aktion bilden.

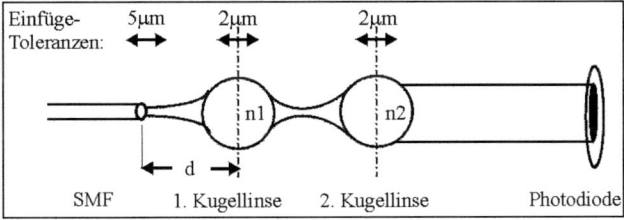

Abb. 6.50: Das optische System des Heterodynempfängers mit den hier betrachteten Einfügetoleranzen und den drei einzustel-lenden Designparametern, siehe [140].

6.8.1.1 Bewertung

Als Optimierungskriterien werden *Ausleuchtung, Stabilität, Strahltaillenposition* und *Linsenabstand* wie folgt definiert. Dabei kommen zum Teil zusammengesetzte Bewertungsfunktionen zum Einsatz, die auf den in Abschnitt 4.8 beschriebenen aufbauen.

- Ausleuchtung
    Die Ausleuchtung wird als Quotient aus der maximalen Strahlweite an der Position der Photodiode und dem Durchmesser des photosensitiven Bereichs der Photodiode definiert. Als Optimierungsziel wird eine Ausleuchtung von 90% bis maximal 95% gewählt, um bei lateralem Strahlversatz eine Überstrahlung der Photodiode zu verhindern. Abb. 6.51 zeigt die zugehörige Normierungsfunktion, die sich wie die meisten anderen bei dieser Anwendung auch aus linearen und exponentiellen Segmenten zusammensetzt. Bei einer Ausleuchtung zwischen 90 und 95% werden die höchsten Notenwerte mit einer geringen Präferenz auf den Wert 90% erzielt. Zu beiden Seiten fällt die Kurve steil ab, so dass Abweichungen von dem erwünschten Intervall schnell zu großem Punktverlust führen.

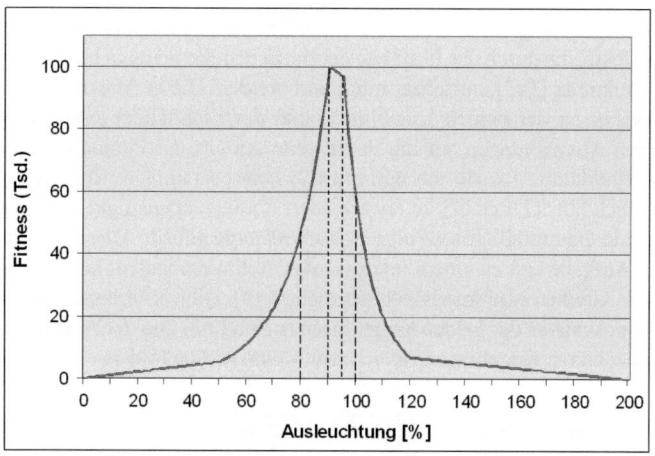

Abb. 6.51: Normierungsfunktion für die Ausleuchtung mit den beiden Erfüllungswerten (grob gestrichelt)

- Stabilität
    Die Stabilität wird als Quotient aus minimaler und maximaler Strahlweite in Abhängigkeit von den Toleranzeffekten definiert. Das Optimierungsziel besteht aus einem möglichst großen Wert nahe bei 100%, um so toleranzbedingte Schwankungen gering zu halten, siehe Abb. 6.52. Werte über 90% wurden vor der Optimierung als ein gutes Ergebnis angesehen.

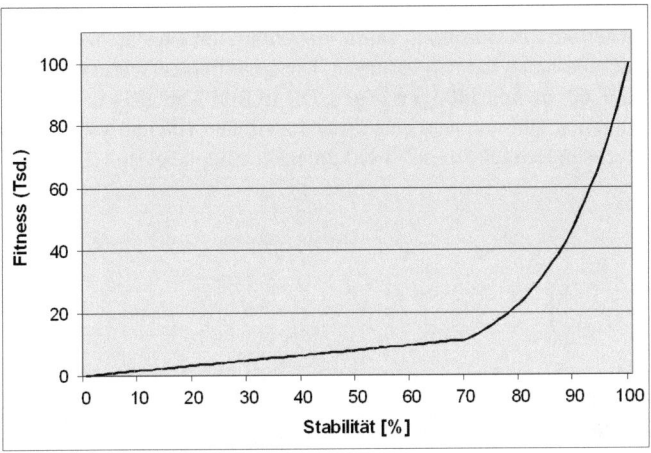

Abb. 6.52: Bewertung der Stabilität

- Strahltaillenposition
  Der optimale Wert der Strahltaillenposition liegt bei 4300 µm, was dem Abstand der zweiten Kugellinse zu der Photodiode entspricht. Dieses Optimierungskriterium sorgt dafür, dass die kollimierte Strahltaille auf die Photodiode abgebildet wird. Da es hierbei auf eine möglichst genaue Einhaltung der Vorgabe ankommt, ist die Bewertungsfunktion entsprechend „spitz" ausgeführt, wie Abb. 6.53 zeigt.

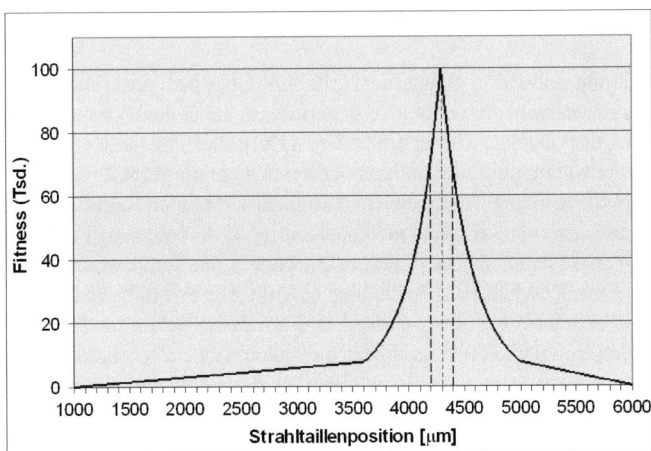

Abb. 6.53: Bewertungsfunktion zur möglichst genauen Einhaltung des vorgegebenen Wertes der Strahltaillenposition mit den beiden Erfüllungswerten (grob gestrichelt)

- Linsenabstand

  Das Kriterium *Linsenabstand* wurde eingeführt, um eine Grenze für die Ausdehnung des Gesamtsystems festzulegen. Die angestrebten Werte sollen im Bereich zwischen 80 μm und 1400 μm liegen. Die in Bild Abb. 6.54 dargestellte Bewertungsfunktion gibt vor, dass ein Abstand zwischen 100 und 1000 μm optimal ist und Werte im Bereich 80 μm - 1400 μm noch akzeptabel sind (Erfüllungswerte).

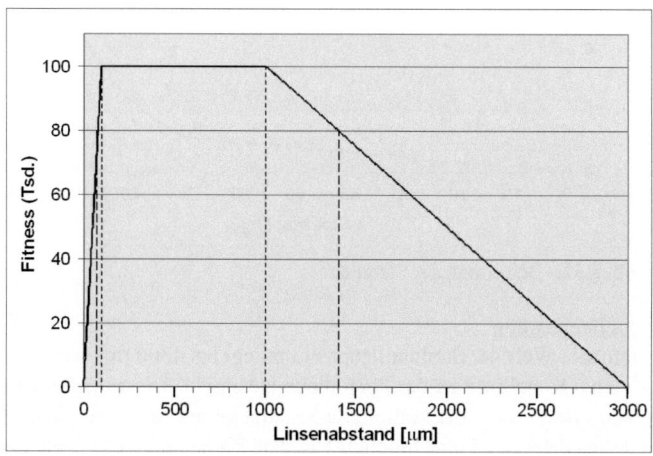

Abb. 6.54: Bewertung des Linsenabstands mit dem Ziel, ihn innerhalb des vorgegebenen Wertebereichs von mindestens den Erfüllungswerten (grob gestrichelt) zu halten

Die Gewichtung und Priorisierung der Kriterien ergibt sich aus Tabelle 6.9. Obwohl der *Linsenabstand* nicht das wichtigste Kriterium ist, hat er die höchste Priorität. Damit wird erreicht, dass Designs, die zu groß oder zu klein sind, erst gar nicht weiter verfolgt werden, da die Notenpunkte der anderen Kriterien nicht mitgezählt werden. Deswegen genügt auch ein geringes Notengewicht. Die nächsten beiden Kriterien *Ausleuchtung* und *Strahltaillenposition* erhalten gleichberechtigt 25% Notengewicht und erst wenn beide erfüllt sind (siehe Abb. 6.51 und 6.53), kommt die Stabilität dazu, die mit 40% das größte Einzelgewicht hat. Auch hier bewirkt die Prioritätsabstufung, dass nur Designs mit hinreichender *Ausleuchtung* und *Strahltaillenposition* in Betracht kommen, auch den Notenanteil der *Stabilität* zu erhalten. Der Hintergrund für diese Vorgehensweise liegt auch darin, dass die Erfüllbarkeit der ersten drei Kriterien bekannt ist, da der Strahlengang berechnet werden kann. Durch diese Priorisierung wird erreicht, dass nur Designs, welche die durch den *Linsenabstand* vorgegebene Größe nicht überschreiten, hinsichtlich *Ausleuchtung* und *Strahltaillenposition* soweit verbessert werden, bis die Erfüllungswerte beider Kriterien mindestens erreicht sind. Erst dann erfolgt die eigentliche Optimierung in Bezug auf die *Stabilität*. Dabei bewirkt ein

Abfallen eines der anderen Kriterien unter seinen Erfüllungswert eine deutliche Absenkung der Gesamtnote. Durch die hohe Gewichtung der Kriterien niedrigerer Priorität (insgesamt 60%) wird dieser Effekt noch einmal verstärkt.

Kriterium	Gewicht	Priorität
Linsenabstand	10 %	1
Ausleuchtung	25 %	2
Strahltaillenposition	25 %	2
Stabilität	40 %	3

Tab. 6.9: Gewichtung und Priorisierung der Bewertung für den Heterodynempfänger

6.8.1.2 Ergebnisse

Das beste mit HyGLEAM erzielte Ergebnis ist eine Stabilität von 91.22% bei einer Ausleuchtung von exakt 90% und einer Strahltaillenposition von 4300.1 μm [140]. Das entspricht einer Erfüllung der Nebenkriterien bei einem besseren Stabilitätswert als den erwarteten 90%. Die zugehörige Note liegt bei 81% von f_{max}. Die Bewertung lässt damit Raum für z.b. bessere Stabilitätswerte. Das ist auch notwendig, da ja bei Beginn der Arbeiten nicht klar ist, in welchem Wertebereich die beste erreichbare Lösung liegen würde. Das rechte Bild auf dem Bucheinband zeigt den kompletten Aufbau des Heterodynempfängers. Im Bild dominieren die Prismen, so dass der hier optimierte Teil nur schlecht zu erkennen ist.

6.8.2 Mikrostrukturierte Aktorplatte

Auch in diesem Anwendungsfall geht es um den Entwurf eines Mikrosystems. Dabei handelt es sich um die Entwicklung einer fluidisch betriebenen Aktorplatte, die als integraler Bestandteil eines Mikrosystems für die Umwandlung fluidischer Energie in translatorisch mechanische Energie sorgen soll [143, 144], siehe Abb. 6.55.

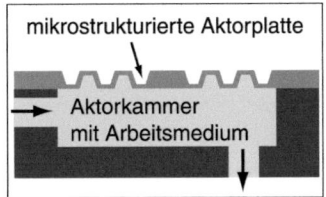

Abb. 6.55: Schema der Aktorkammer mit Aktorplatte

Die Aktorplatte besteht aus einer dünnen Kunststofffolie (ca. 60 bis 120 μm), die mit Hilfe eines speziellen Lasers mikrostrukturiert wird [145]. Über die Mikrostrukturierung soll das mechanische Auslenkverhalten der Aktorplatte gezielt beeinflusst werden. Die zu optimierenden Entwurfsziele bestehen vor allem darin, mit einem vorgegebenen Arbeitsdruck eine möglichst große Auslenkung der Aktorplatte zu erzielen, wobei die Spannungen innerhalb der Aktorplatte infolge der Lastwechsel möglichst gering gehalten werden sollen. Als Randbedingungen kommen die Einhaltung eines maximal zulässigen Aspektverhältnisses von 4:1 für die Strukturen, die Einhaltung einer minimalen Wandstärke von 20 μm und ein kerbenfreier Innenbereich hinzu. Feste Vorgaben gibt es für die Kreisform der Aktorkammer, den Aktorplattenradius (1600 μm), den E-Modul[2] und die maximale Kerbenweite, siehe auch [143, 144].

6.8.2.1 Plausibilitätstest, Simulation und Bewertung

Für die Aktorplatte wurde ein parametrierbares FEM-Modell[3] erstellt, mit dem das statische strukturmechanische Verhalten bei einer vorgegebenen homogenen Drucklast berechnet werden kann. Wegen seiner Rotationssymmetrie ist das FEM-Modell zweidimensional aufgebaut. Um die Einspannbedingung besser zu berücksichtigen, wurde ein Teil der Aktorplattenumgebung mit modelliert (siehe die Querschnittzeichnung einer Aktorplatte in der Mitte von Abb. 6.56, rechts). Der FEM-Simulator wird unter Vorgabe eines Parametervektors, der die Strukturierung der Aktorplatte beschreibt, aufgerufen und führt dann den kompletten Ablauf einer FEM-Simulation vollautomatisch durch. Die Anbindung des Simulators erfolgt über ein Kopplungsprogramm, das zunächst die Plausibilität eines Parametervektors hinsichtlich Kerbenüberschneidungen, Wanddicken und ähnliches überprüft und gegebenenfalls einen Fehlerwert zurückgibt, der ein Maß für Anzahl und Umfang der Fehler darstellt. Der Fehlerwert geht mit in die Bewertung ein und soll die evolutionäre Suche möglichst schnell aus unzulässigen Bereichen des Suchraums herausführen. Plausible Vektoren werden mit bereits berechneten und in einem Archiv gespeicherten verglichen, um zeitaufwändige Simulationsläufe bei hinreichend ähnlichen Vektoren einzusparen[4]. Außerdem ist die Kopplung in der Lage, über PVM[5] mehrere Simulatoren parallel laufen zu lassen. Der im oberen Kasten von Abb. 6.56 beispielhaft dargestellte Parametervektor enthält neben den globalen Parametern, wie z.B. Radius *r_aktor* und Dicke *d_aktor* der Aktorplatte zusätzlich für jede Kerbe einen eigenen Parametersatz, welcher die Lage, Posi-

2. Der Elastizitätsmodul ist ein Materialkennwert, der den Zusammenhang zwischen Spannung und Dehnung bei der Verformung eines festen Körpers bei linear elastischem Verhalten beschreibt.

3. Die Finite-Elemente-Methode (FEM) ist ein numerisches Verfahren zur näherungsweisen Lösung partieller Differentialgleichungen mit Randbedingungen.

4. Ein Simulationslauf dauerte auf den im Jahre 2001 verwendeten Sun-Workstations je nach Kerbenanzahl mindestens drei Minuten.

5. PVM steht für „Parallel Virtual Machine" und ist ein Softwarepaket zur Realisierung verteilter Anwendungen auf PCs [146].

tion, Weite, Höhe und Wandwinkel der einzelnen Kerben beschreibt. Die Anzahl der Kerben ist im FEM-Modell nicht festgelegt, so dass der Parametervektor eine dynamische Länge besitzt. Durch die diskrete Anzahl der Kerben ist der Lösungsraum multimodal. Als skalare Ergebnisgrößen (in Abb. 6.56 mit *Ausgangsgrößen* bezeichnet) werden die Auslenkung der Aktorplatte, die maximale Von-Mises-Spannung[6], die lokal in der Struktur unter Last auftritt, und das Volumen des Raumes, welches bei der

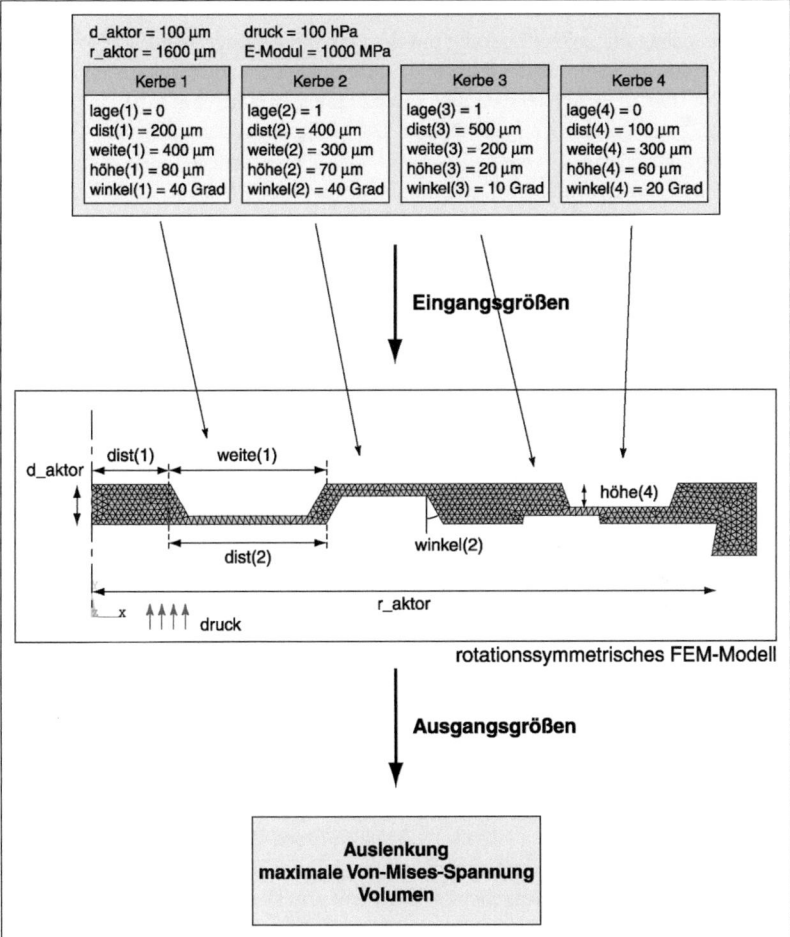

Abb. 6.56: Eingangsparametervektor mit vorgegebenen Daten und den zu optimierenden Kenngrößen der vier Kerben des Beispiels, dem dazugehörigen FEM-Modell und den drei Ausgangsgrößen

6. Dient bei zähen Werkstoffen zur Berechnung maximaler Belastbarkeit.

Auslenkung der Aktorplatte unter der Platte entsteht, geliefert, siehe unterer Kasten in Abb. 6.56. Gesucht ist eine möglichst hohe Auslenkung bei möglichst geringer Von-Mises-Spannung. Auf die Berechnung der Fitness aus diesen drei Bewertungsgrößen wird hier nicht näher eingegangen, da sie gegenüber den bisher besprochenen nichts grundsätzlich Neues bringt.

6.8.2.2 Genmodelle

Im Rahmen einer ersten Optimierung mit dem um die Kopplungssoftware erweiterten GLEAM [144, 147] wurden die in Abb. 6.56 im Kasten über den Kerben angegebenen Größen konstant gehalten, so dass sich die variablen Parameter auf die Anzahl, Geometrie und Lage der Kerben beschränken. Dementsprechend enthält eine Aktion folgenden Parameter: *weite, höhe* und *winkel* legen die Kerbengeometrie fest, während *dist* die Distanz zur vorherigen Kerbe beschreibt und *lage* festlegt, ob sich die Kerbe an der Ober- oder Unterseite der Platte befinden soll. Die Anzahl der Aktionen bestimmt dann die Anzahl der Kerben. Damit ist ein Genmodell für Aktionsketten dynamischer Länge definiert und dieser Anwendungsfall illustriert, dass auch außerhalb des Bereichs der Optimierung dynamischer Abläufe wie bei der Roboterbahnplanung Genmodelle mit Aktionsketten variabler Länge sinnvoll sein können. Das der Abb. 6.56 entsprechende Genmodell wurde nach ersten Experimenten dahingehend modifiziert, dass erstens der globale Parameter Aktionsplattendicke mitoptimiert werden soll und zweitens eine einheitliche Kerbenhöhe statt einer unterschiedlichen Höhe benutzt wird. Diese beiden Werte sind in einer speziellen Aktion enthalten, die immer in einer Aktionskette vorhanden sein muss. In dieser Hinsicht weicht das veränderte Genmodell von dem bisher für Aktionsketten dynamischer Länge benutzten ab.

6.8.2.3 Ergebnisse

Ein erster manueller Entwurf für eine strukturierte Aktorplatte enthält bei einer Plattendicke von 80 μm vier obenliegende sowie drei untenliegende gleichgroße Kerben mit einer Höhe von 50 μm, die so angeordnet sind, dass die Aktorplatte im Querschnitt betrachtet eine Mäanderform besitzt, siehe Abb. 6.57, Teil a). Von der Mäanderform werden, ähnlich wie bei einem Faltenbalg, gute Eigenschaften hinsichtlich der erzielbaren Auslenkung bei gegebenem Arbeitsdruck erwartet. Der erste Entwurf liefert eine Auslenkung von 104 μm gegenüber 23 μm, die eine unstrukturierte Aktionsplatte mit 80 μm Dicke erzielt. Um den Effekt der Strukturierung besser abschätzen zu können wurde die Kerbenhöhe auf 60 μm vergrößert, so dass die Wanddicke das Minimum von 20 μm erreicht. Die Auslenkung beträgt dann 160 μm. Das ist deutlich mehr als die 95 μm einer unstrukturierten Aktorplatte von 20 μm Dicke.

Auf Grund der langen Simulationszeiten verbieten sich vergleichende Parameterstudien für diesen Anwendungsfall. Es wurden nur wenige Läufe mit GLEAM und dem damals verfügbaren Rosenbrock-SMA von HyGLEAM (siehe Abschnitt 5.4) durchgeführt. Bei GLEAM dauerte ein Lauf zwei Tage und 15 Stunden unter Verwendung von

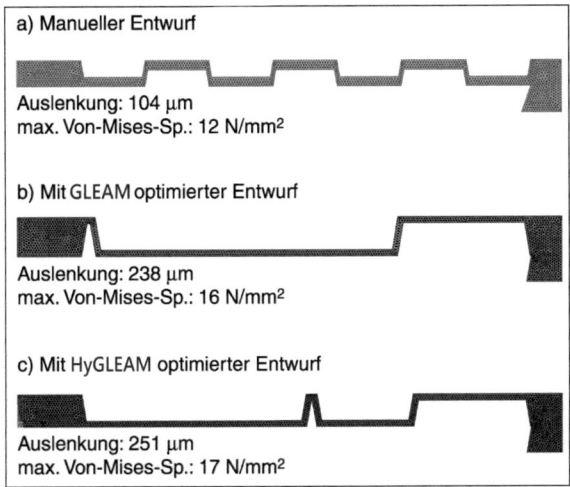

a) Manueller Entwurf

Auslenkung: 104 μm
max. Von-Mises-Sp.: 12 N/mm²

b) Mit GLEAM optimierter Entwurf

Auslenkung: 238 μm
max. Von-Mises-Sp.: 16 N/mm²

c) Mit HyGLEAM optimierter Entwurf

Auslenkung: 251 μm
max. Von-Mises-Sp.: 17 N/mm²

Abb. 6.57: Vergleich der Ergebnisse eines ersten manuellen
Entwurfs mit den jeweils besten GLEAM- und Hy-
GLEAM-Läufen

acht unterschiedlichen Suns als Simulationsrechner [144]. HyGLEAM benötigte dagegen zwölf Tage und 16 Stunden auf einer einzigen Sun Ultra Sparc 10 [147]. Tabelle 6.10 fasst die besten Ergebnisse der GLEAM- und HyGLEAM-Läufe zusammen und Abb. 6.57 zeigt die dabei entstandenen Aktorplatten im Querschnitt. Sie unterscheiden sich deutlich vom manuellen Design und arbeiten beide mit der minimal zulässigen Wanddicke und weniger Kerben als der manuelle Entwurf.

Die beiden rechten Spalten von Tabelle 6.10 geben die von GLEAM angeforderten und tatsächlich durchgeführten Simulationen wieder. Der Rest war bereits zuvor simuliert worden und daher im Archiv vorhanden, siehe auch Abschnit 6.8.2.1. Es fällt auf, dass bei HyGLEAM im Vergleich zu GLEAM wesentlich mehr Simulationen angefordert als dann tatsächlich auch durchgeführt werden. Das erklärt sich damit, dass das Rosen-

Designs	Auslenkung		Spannung		Simulationen	
	[μm]	[%]	[N/mm²]	[%]	angeford.	ausgeführt
manuell	104	100	12	100		
GLEAM	238	229	16	133	28,978	11,302
HyGLEAM (SMA-R)	251	241	17	142	122,847	5,935

Tab. 6.10: Vergleich des manuellen Designs mit den besten Ergebnissen von GLEAM und
dem SMA-R von HyGLEAM. Rechts die angeforderten und tatsächlich ausgeführten Simulationen

brock-Verfahren vor allem in seiner Konvergenzphase viele ähnliche Parametervektoren erzeugt, die dann als „bereits simuliert" erkannt und ausgefiltert werden. Der Rosenbrock-SMA von HyGLEAM kommt bei nur der Hälfte der ausgeführten Simulationen zu einem besseren Ergebnis als der Basis-EA GLEAM. Dies ist insofern bemerkenswert, als HyGLEAM mit dem Ziel der Parameteroptimierung entwickelt wurde und die Optimierung der Aktorplatte auch kombinatorische Aspekte enthält. Da ähnliche Versuche mit dem Roboter-Experiment nicht zum Erfolg geführt haben, kann der Schluss gezogen werden, dass HyGLEAM neben der Parameteroptimierung nur bei Aufgaben mit verhältnismäßig geringem kombinatorischen Anteil eingesetzt werden kann. Was allerdings dabei „verhältnismäßig gering" bedeutet, kann nur von Fall zu Fall an Hand der aktuellen Aufgabenstellung beantwortet werden. Abb. 6.58 zeigt das simulierte Ergebnis von GLEAM in leicht ausgelenktem Zustand in einer 3-D-Ansicht

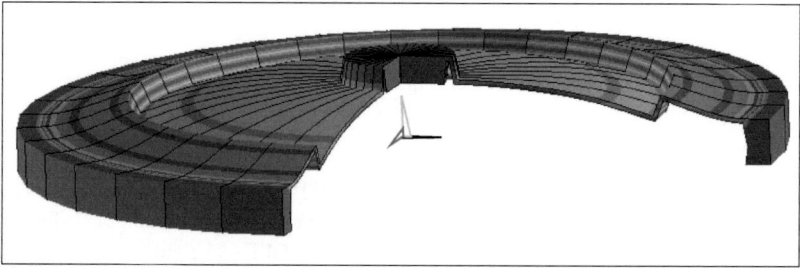

Abb. 6.58: 3-D-Ansicht des GLEAM-Ergebnisses der Aktorplatte in leicht ausgelenktem Zustand

Literatur

[1]   C. Blume: *GLEAM - A System for Simulated "Intuitive Learning"*. In: H.-P. Schwefel, R. Männer (Hrsg.): Proc. of PPSN I, LNCS 496, Springer-Verlag, S.48-54, 1991[1].

[2]   C. Blume, W. Jakob: *GLEAM - an Evolutionary Algorithm for Planning and Control Based on Evolution Strategy*. In: E. Cantú-Paz (Hrsg.): GECCO 2002, Vol. Late-Breaking Papers, L. Livermore National Laboratory. S.31-38, 2002.

[3]   W. Jakob: *HyGLEAM: Hybrid General Purpose Evolutionary Algorithm and Method*. In: N. Callaos, S. Esquivel, J. Burge (eds.): World Multiconference on Systematics, Cybernetics and Informatics (SCI 2001), IIIS and IEEE, Venezuela, Vol.3, S.187-192, 2001.

[4]   W. Jakob: *Eine neue Methodik zur Erhöhung der Leistungsfähigkeit Evolutionärer Algorithmen durch die Integration lokaler Suchverfahren*. Dissertation, Fak. f. Maschinenbau, Universität Karlsruhe, FZKA 6965, Forschungszentrum Karlsruhe, März 2004. Siehe auch: http://www.iai.fzk.de/~jakob/HyGLEAM/

[5]   W. Jakob, C. Blume, G. Bretthauer: *Towards a Generally Applicable Self-Adapting Hybridization of Evolutionary Algorithms*. In: Conf. Proc. GECCO 2004, LNCS 3102, Springer-Verlag, Berlin, S.790-791 und Vol. Late Breaking Papers, 2004.

[6]   T. Bäck, F. Hoffmeister, H.-P. Schwefel: *A Survey of Evolution Strategies*. In: R. K. Belew, L. B. Booker (Hrsg.): Proc. of the 4th Int. Conf. on Genetic Algorithms, Morgan Kaufmann, San Mateo, CA, S.2-9, 1991.

[7]   F. Hoffmeister, T. Bäck: *Genetic Algorithms and Evolution Strategies: Similarities and Differences*. Technical Report SYS-1/92, Universität Dortmund, FB Informatik, 1992.

[8]   C. Darwin: *On the Origin of Species by Means of Natural Selection or the Preservation of Favoured Races in the Struggle for Life*. London, John Murray, 1860.

[9]   F. M. Wuketits: *Die systemtheoretische Innovation der Evolutionstheorie*. In: J. A. Ott, G. P. Wagner, F. M. Wuketits (Hrsg.): Evolution, Ordnung und Erkenntnis. Berlin, Parey, S.69-81, 1985.

[10] V. Nissen: *Evolutionäre Algorithmen - Darstellung, Beispiele, Betriebswirtschaftliche Anwendungsmöglichkeiten*. Deutscher Universitätsverlag, Wiesbaden, 1994.

[11] I. Hasenfuss: *Die Selektionstheorie*. In R. Siewing (Hrsg.): Evolution, UTB-Fischer, Stuttgart, S.307-318, 1982.

[12] E. Schöneburg, F. Heinzmann, S. Feddersen: *Genetische Algorithmen und Evolutionsstrategien - Eine Einführung in Theorie und Praxis der simulierten Evolution*. Addison-Wesley, Bonn, 1994.

---

1. Die Konferenz fand im Oktober 1990 statt und der im wesentlichen nur an die Teilnehmer verteilte Tagungsband wurde 1991 als Buch veröffentlicht. Daher wird das Buch zitiert. Bei Bezüge auf Konferenzbeiträge wird im Text 1990 angegeben, da die Erstveröffentlichung in diesem Jahr erfolgte.

[13] H.-G. Beyer, E. Brucherseifer, W. Jakob, H. Pohlheim, B. Sendhoff, T.B. To: *VDI/ VDE-Richtlinie 3550, Blatt 3: Evolutionäre Algorithmen - Begriffe und Definitionen (Weißdruck)*. VDI/VDE-Handbuch Regelungstechnik, Verein Deutscher Ingenieure, Düsseldorf, 2001.

[14] H. Pohlheim: *Evolutionäre Algoithmen - Verfahren, Operatoren und Hinweise für die Praxis*. Springer-Verlag, Berlin, 2000.

[15] C. M. Fonseca, P. J. Fleming: *An Overview of Evolutionary Algorithms in Multiobjective Optimization*. Evolutionary Computation, 3, Heft 1, S.1-16, 1995.

[16] N. Beume, B. Naujoks, G. Rudolph: Mehrkriterielle Optimierung durch Evolutionäre Algorithmen mit S-Metrik-Selektion. In: R. Mikut, M. Reischl (Hrsg.): Conf. Proc., 16. Workshop Computational Intelligence, Schriftenreihe des AIA, Bd. 15, Universitätsverlag Karlsruhe, S.1-10, 2006.

[17] M. Gorges-Schleuter: *Genetic Algorithms and Population Structures - A Massively Parallel Algorithm*. Doktorarbeit, Universität Dortmund, 1990.

[18] M. Gorges-Schleuter: *Parallel Evolutionary Algorithms and the Concept of Population Structures*. In: V. Plantamura, B. Soucek, G. Vissaggio (Hrsg.): Frontier Decision Support Concepts. Chapt. 15 and 16, Wiley, New York, S.261-319, 1994.

[19] W. Jakob, M. Gorges-Schleuter, C. Blume: *Application of Genetic Algorithms to Task Planning and Learning*. In: R. Männer, B. Manderick (Hrsg.): Conf. Proc. PPSN II, North-Holland, Amsterdam, S.291-300, 1992.

[20] M. Gorges-Schleuter: *A Comparative Study of Global and Local Selection in Evolution Strategies*. In: A. E. Eiben, T. Bäck, M. Schoenauer, H.-P. Schwefel (Hrsg.): Conf. Proc. PPSN V, LNCS 1498, Springer-Verlag, Berlin, S.367-377, 1998.

[21] M. Gorges-Schleuter, I. Sieber, W. Jakob: *Local Interaction Evolution Strategies for Design Optimization*. In: Conf. Proc. CEC 99, IEEE press, Piscataway, N.J., S.2167-2174, 1999.

[22] G. Amdahl: *Validity of the single-processor approach to achieving large scale computing capabilities*. In: AFIPS Conf. Proc., Vol. 30, AFIPS Press, Reston, S.483-485, 1967.

[23] I. Rechenberg: *Evolutionsstrategie - Optimierung technischer Systeme nach Prinzipien der biologischen Evolution*. Frommann-Holzboog, Stuttgart-Bad Cannstatt. 1973.

[24] H.-P. Schwefel: *Numerical Optimization of Computer Models*. John Wiley & Sons, Chichester, 1981.

[25] H. J. Holland: *Adaptation in Natural and Artificial Systems*. The University of Michigan Press, Ann Arbor. 1975.

[26] D. B. Fogel: *Evolving Artifical Intelligence*. Dissertation, University of California, San Diego, 1992.

[27] L. J. Fogel, A. J. Owens, M. J. Walsh: *Artifical Intelligence through Simulated Evolution*. John Wiley & Sons, Chichester, 1966.

[28] J. R. Koza: *Genetic Programming: On the Programming of Computers by Means of Natural Selection*. MIT Press, Cambridge, 1992.

[29] J. R. Koza: *Genetic Programming II: Automatic Discovery of Reusable Programs.* MIT Press, Cambridge, 1994.

[30] J. R. Koza, F. H. Bennett, D. Andre, M. A. Keane: *Genetic Programming III: Darvinian Invention and Problem Solving.* Morgan Kaufman, San Francisco, CA, 1999.

[31] S. Hafner (Hrsg.): *Industrielle Anwendungen evolutionärer Algorithmen.* Oldenburg Verlag, München, 1998.

[32] R. Mikut, F. Hendrich: *Produnktionsreihenfolgeplanung in Ringwalzwerken mit wissensbasierten und evolutionären Methoden.* Automatisierungstechnische Praxis (atp) 46, Heft 1/98, Oldenbourg, München, S.15-21, 1998.

[33] E. K. Burke, D. G. Elliman, R. F. Weare: *A Hybrid Genetic Algorithm for Highly Constrained Timetabling Problems.* In: L. J. Eshelman (ed): Proc. of the 6th Int. Conf. on Genetic Algorithms, Morgan Kaufmann, San Francisco, CA, S.605-610, 1995.

[34] K. P. Dahal, C. J. Aldridge, J. R. McDonald, G. M. Burt: *A GA-based Technique for the Scheduling of Storage Tanks.* In: Conf. Proc. CEC 99, IEEE press, Piscataway, N.J., S.2199-2206, 1999.

[35] D. H. Wolpert, W. G. Macready: *No Free Lunch Theorems for Optimization.* IEEE Transactions on Evolutionary Computation, 1, S. 67-82, 1997.

[36] S. Droste, T. Jansen, I. Wegener: *Perhaps Not a Free Lunch But At Least a Free Appetizer.* In W. Banzhaf et al. (Hrsg.): GECCO 1999, Vol. 1, S. 833-839, Morgan Kaufmann, 1999.

[37] T. Bäck, D. B. Fogel, Z. Michalewicz (Hrsg.): *Handbook of Evolutionary Computation.* IOP Publishing, Bristol and Oxford University Press, New York, 1998.

[38] R. B. Hollstien: *Artificial Genetic Adaptation in Computer Control Systems.* Dissertation, University of Michigan, Ann Arbor. 1971.

[39] T. Bäck: *Optimal Mutation Rates in Genetic Search.* In: S. Forrest (Hrsg.): Proc. of the 5th Int. Conf. on Genetic Algorithms, Morgan Kaufmann, San Mateo, CA, S.2-8, 1993.

[40] L. Davis (Hrsg.): *Handbook of Genetic Algorithms.* Van Nostrand Reinhold, New York, 1991.

[41] C. Z. Janikow, Z. Michalewicz: *An Experimental Comparison of Binary and Floating Point Representations in Genetic Algorithms.* In: R. K. Belew, L. B. Booker (Hrsg.): Proc. of the 4th Int. Conf. on Genetic Algorithms, Morgan Kaufmann, San Mateo, CA, S.31-36, 1991.

[42] A. H. Wright: *Genetic Algorithms for Real Parameter Optimization.* In: G. J. E. Rawlins (Hrsg.): Foundations of Genetic Algorithms, Morgan Kaufmann, S.205-218, 1991.

[43] T. Bäck: *Selective Pressure in Evolutionary Algorithms: A Characterization of Selection Mechanisms.* In: Conf. Proc. of the 1st IEEE Int. Conf. on Evolutionary Computation (ICEC'94), IEEE Press, S.57-62, 1994.

[44] J. E. Baker: *Adaptive Selection Methods for Genetic Algorithms.* In: J. J. Grefenstette (Hrsg.): Proc. of an Int. Conf. on Genetic Algorithms and Their Applications, Hillsdale/ NJ, Lawrence Erlbaum, S.101-111, 1985.

[45]   K. De Jong: *An Analysis of the Behavior of a Class of Genetic Adaptive Systems*. Dissertation, University of Michigan, Ann Arbor, 1975.

[46]   J. J. Grefenstette, J. E. Baker: *How Genetic Algorithms Work: A Critical Look at Implicit Parallelism*. In: J. D. Schaffer (Hrsg.): Genetic Algorithms, Proc. of the 3rd Int. Conf. on Genetic Algorithms, Morgan Kaufmann, San Mateo, CA, S.20-27, 1989.

[47]   D. E. Goldberg: *Genetic Algorithms in Search, Optimization, and Machine Learning*. Addison-Wesley, Reading, MA, 1989.

[48]   A. Brindle: *Genetic Algorithms for Function Optimization*. Dissertation, University of Alberta, Edmonton, 1980.

[49]   D. E. Goldberg, K. Deb: *A Comparative Analysis of Selection Schemes Used in Genetic Algorithms*. TCGA Report 90007, University of Alabama, The Clearinghouse for Genetic Algorithms, Tuscaloosa, 1990.

[50]   G. Syswerda: *Uniform Crossover in Genetic Algoriths*. In: J. D. Schaffer (Hrsg.): Proc. of the 3rd Int. Conf. on Genetic Algorithms, Morgan Kaufmann, San Mateo, CA, S.2-9, 1989.

[51]   D. Whitley, J. Kauth: *GENITOR: A Different Genetic Algorithm*. Technical Report CS-88-101, Colorado State University, Dep. of Computer Science, Fort Collins, 1988.

[52]   K. De Jong, J. Sarma: *Generation Gaps Revisited*. In: L. D. Whitley (Hrsg.): Foundations of Genetic Algorithms 2, Morgan Kaufmann, S.19-28, 1993.

[53]   D. Whitley: *The GENITOR Algorithm and Selection Pressure: Why Rank-Based Allocation of Reproductive Trials Is Best*. In: J. D. Schaffer (Hrsg.): Proc. of the 3rd Int. Conf. on Genetic Algorithms, Morgan Kaufmann, San Mateo, CA, S.116-121, 1989.

[54]   J. J. Grefenstette: *Optimization of Control Parameters for Genetic Algorithms*. IEEE Transactions on Systems, Man, and Cybernetics SMC-16, Vol.1, S.122-128, 1986.

[55]   J. D. Schaffer, R. A. Caruana, L. J. Eshelman: *A Study of Control Parameters Affecting Online Performance of Genetic Algorithms for Function Optimization*. In: J. D. Schaffer (Hrsg.): Proc. of the 3rd Int. Conf. on Genetic Algorithms, Morgan Kaufmann, San Mateo, CA, S.51-50, 1989.

[56]   H. Mühlenbein: *How Genetic Algorithms Really Work I. Mutation and Hillclimbing*. In: R. Männer, B. Manderick (Hrsg.): Conf. Proc. PPSN II, North-Holland, Amsterdam, S.15-22, 1992.

[57]   K. De Jong: *An Analysis of the Behavior of a Class of Genetic Adaptive Systems*. Dissertation, University of Michigan, Ann Arbor, 1975.

[58]   L. J. Eshelman, R. A. Curuana, J. D. Schaffer: *Biases in the Crossover Landscape*. In: J. D. Schaffer (Hrsg.): Genetic Algorithms, Proc. of the 3rd Int. Conf. on Genetic Algorithms, Morgan Kaufmann, San Mateo, CA, S.10-19, 1989.

[59]   K. von Falkenhausen: *Optimierung regionaler Entsorgungssysteme mit der Evolutionsstrategie*. In: L. von Dobschütz, B. Fleischmann, C. Schneeweiß, H. Steckhan (Hrsg.): Proc. in Operations Research 9, Phyisca 1980, Würzburg, S.40-51, 1980.

[60]   J. Born, K. Bellmann: *Numerical Adaptation of Parameters in Simulation Models Using Evolution Strategies*. In: K. Bellmann (Hrsg.): Molecular Genetic Information Systems. Modelling and Simulation, Akademie-Verlag, Berlin, S.291-320, 1983.

[61] J. Born, H.-M. Voigt, I. Santibánez-Koref: *Alternative Evolution Strategies to Global Optimization* In: R. Männer, B. Manderick (Hrsg.): Conf. Proc. PPSN II, North-Holland, Amsterdam, S.187-195, 1992.

[62] I. Rechenberg: *Evolutionsstrategie '94*. Werkstatt Bionik und Evolutionstechnik, Frommann-Holzboog, Stuttgart-Bad Cannstatt. 1994.

[63] H.-P. Schwefel: *Evolution and Optimum Seeking.* John Wiley & Sons, Chichester, 1995.

[64] T. Bäck, H.-P. Schwefel: *An Overview of Evolutionary Algorithms for Parameter Optimization.* Evolutionary Computation 1, Heft 1, S.1-23, 1993.

[65] H.-G. Beyer: *The Theory of Evolution Strategies.* Natural Computing Series. Springer Berlin, 2001.

[66] H.-G. Beyer, K. Deb: *On Self-Adaptive Features in Real-Parameter Evolutionary Algorithms.* IEEE Transactions on Evolutionary Computation, 5 (3), S.250-270, 2001.

[67] M. J. Box: *A New Method of Constrained Optimization and a Comparison with Other Methods.* Comp. Journal 8, S.42-52, 1965.

[68] A. I. Oyman, K. Deb, H.-G. Beyer: *An Alternative Constraint Handling Method for Evolution Strategies.* In: P. J. Angeline (ed.): Conf. on Evol. Comp. (CEC 99), IEEE press, S.612-619, 1999.

[69] G. Rudolph: *Global Optimization by Means of Distributed Evolution Strategies.* In: H.-P. Schwefel, R. Männer (Hrsg.): Proc. of PPSN I, LNCS 496, Springer-Verlag, S.209-213, 1991.

[70] M. Herdy: *Application of the Evolutionsstrategie to Discrete Optimization Problems.* In: H.-P. Schwefel, R. Männer (Hrsg.): Proc. of PPSN I, LNCS 496, Springer-Verlag, Berlin, S.188-192, 1991.

[71] P. Moscato: *On Evolution, Search, Optimization, Genetic Algorithms and Martial Arts - Towards Memetic Algorithms.* Tech. Rep. Caltech Concurrent Computation Program, Rep. 826, California Insitut of Technology, Pasadena, CA, 1989.

[72] C. Blume, W. Jakob: *Programmiersprachen für Industrieroboter - Konzepte und Sprachen, AL, VAL, HELP, SIGLA, ROBEX.* Vogel-Verlag, Würzburg 1983.

[73] C. Blume, W. Jakob: Programming Languages for Industrial Robots. Erweiterte und überarbeitete Übersetzung von [72]. Springer Verlag, Berlin 1986.

[74] W. Jakob: *HyGLEAM- eine neue Methode zur Leistungssteigerung Evolutionärer Algorithmen.* Automatisierungstechnik (at) 53 (6), Oldenbourg, S.251-260, 2005.

[75] F. Gruau, D. Whitley: *Adding Learning to the Cellular Development of Neural Networks: Evolution and the Baldwin Effect.* Evol. Comp. 1, Heft 3, S.213-233, 1993.

[76] D. Orvosh, L. Davis: *Shall we Repair? Genetic Algorithms, Combinatorical Optimization, and Feasibility Constraints.* In: S. Forrest (Hrsg.): Proc. of the 5th Int. Conf. on Genetic Algorithms, Morgan Kaufmann, San Mateo, CA, S.650, 1993.

[77] D. Whitley, V. S. Gordon, K. Mathias: *Lamarckian Evolution, The Baldwin Effect and Function Optimization.* In: Y. Davidor, H.-P. Schwefel, R. Männer (Hrsg.): Conf. Proc. PPSN III, LNCS 866, Springer-Verlag, Berlin, S.6-14, 1994.

[78] W. Jakob: *HyGLEAM - An Approach to Generally Applicable Hybridization of Evolutionary Algorithms.* In: J. J. Merelo, et.al (Hrsg.): Conf. Proc. PPSN VII, LNCS 2439, Springer-Verlag, Berlin, S.527-536, 2002.

[79] D. E. Goldberg, S. Voessner: *Optimizing Global-Local Search Hybrids.* In: W. Banzhaf et al. (Hrsg.): Proc. of the Genetic And Evolutionary Computation Conference (GECCO'99), Morgan Kaufmann, San Francisco, CA, S.220-228, 1999.

[80] A. Shina, Y. Chen, D. E. Goldberg: *Designing Efficient Genetic and Evolutionary Algorithm Hybrids.* In: W. E. Hart, N. Krasnogor, J. E. Smith (Hrsg.): Recent Advances in Memetic Algorithms, Springer-Verlag, Berlin, S.259-288, 2005.

[81] W. E. Hart: *Adaptive Global Optimization with Local Search.* PhD thesis, University of California, San Diego, CA, USA, 1994.

[82] N. Krasnogor: *Studies on the Theory and Design Space of Memetic Algorithms.* PhD thesis, Faculty Comput., Math. and Eng., Univ. West of England, Bristol, U.K., 2002.

[83] Y. S. Ong, A. J. Keane: *Meta-Lamarckian Learning in Memetic Algorithms.* IEEE Trans. on Evolutionary Computation, Vol. 8, no. 2, S. 99-110, 2004.

[84] H. H. Rosenbrock: *An Automatic Method for Finding the Greatest or Least Value of a Function.* Comp. Journal 3, S.175-184, 1960.

[85] J. A. Nelder, R. Mead: *A Simplex Method for Function Minimization.* Comp. Journal 7, S.308-313, 1965.

[86] W. Jakob: *Auf dem Weg zum industrietauglichen Evolutionären Algorithmus.* In: R. Mikut, M. Reischl (Hrsg.): Conf. Proc., 15. Workshop Computational Intelligence, Schriftenreihe des AIA, Bd. 9, Universitätsverlag Karlsruhe, S.212-226, 2005.

[87] W. Jakob: *Towards an Adaptive Multimeme Algorithm for Parameter Optimisation Suiting the Engineer's Needs.* In: T. P. Runarsson, H.-G. Beyer, E. Burke, J. J. Merelo-Guervós, L. D. Whitley, Xin Yao (Hrsg.): Conf. Proc. PPSN IX, LNCS 4193, Springer-Verlag, Berlin, S.132-141, 2006.

[88] W. Jakob: *A Cost-benefit-based Adaptation Scheme for Multimeme Algorithms.* In: R. Wyrzykowski (Hrsg.): Parallel Processing and Applied Mathematics (PPAM 2007), 7th Int. Conf., LNCS 4967, Springer-Verlag, Berlin, S.509-519, 2008.

[89] T. Bäck: *GENEsYs 1.0.* ftp://lumpi.informatik.uni-dortmund.de/pub/GA, 1992.

[90] J. Shekel: *Test Functions for Multimodal Search Techniques.* Fifth Annual Princeton Conference on Information Science and Systems, 1971.

[91] A. Törn, A. Zilinskas: *Global Optimization.* LNCS 350, Springer Verlag, Berlin, 1989.

[92] M. V. Berry, Z. V. Lewis: *On the Weierstrass-Mandelbrot Fractal Function.* Proc. of Royal Society London, A(370), S.459-484, 1980.

[93] N. Krasnogor, J. E. Smith: *Emergence of Profitable Search Strategies Based on a Simple Inheritance Algorithm.* In: Conf. Proc. GECCO 2001, Morgan Kaufmann, San Francisco, S.432-439, 2001.

[94] M. Lozano, F. Herrera, N. Krasnogor, D. Molina: *Real-Coded Memetic Algorithms with Crossover Hill-Climbing.* Evol. Computation Journal, Vol 12(2), S.273-302, 2004.

[95]   R. Hinterding, Z. Michalewicz, A. E. Eiben: *Adaptation in Evolutionary Computation: A Survey.* In: Conf. Proc. Conf. on Evol. Comp. (CEC 97), IEEE press, S.65-69, 1997.

[96]   E. Zitzler, J. Teich, S. S. Bhattacharyya: *Optimizing the Efficiency of Parameterized Local Search within Global Search: A Preliminary Study.* In: Conf. Proc CEC 2000, IEEE press, Piscataway, NJ, S.365-372, 2000.

[97]   N. K. Bambha, S. S., Bhattacharyya, E. Zitzler, J. Teich: *Systematic Integration of Parameterized Local Search into Evolutionary Algorithms.* IEEE Trans. on Evolutionary Computation, Vol. 8(2), S.137-155, 2004.

[98]   J. E. Smith: *Co-evolving Memetic Algorithms: A learning approach to robust scalable optimisation.* In: Conf. Proc. CEC 2003, IEEE press, Piscataway, N.J., S.498-505, 2003.

[99]   N. Krasnogor, B. P. Blackburne, E. K. Burke, J. D. Hirst: *Multimeme Algorithms for Protein Structure Prediction.* In: W. Ebeling, I. Rechenberg, H.-P. Schwefel, H.-M. Voigt (Hrsg.): Conf. Proc. PPSN VII, LNCS 2439, Springer-Verlag, Berlin, S.769-778, 2002.

[100] H.-G. Beyer, A. Melkozerov: *σ-Self-Adaptive Weighted Multirecombination Evolution Strategy with Scaled Weights on the Noisy Sphere.* In: G. Rudolph (Hrsg.): Conf. Proc. PPSN X, LNCS 5199, Springer, Berlin, S.11-20, 2008

[101] C. Blume: *Planung kollisionsfreier Bewegungen für Industrieroboter.* In: S. Hafner (Hrsg.): Industrielle Anwendungen evolutionärer Algorithmen. Oldenburg Verlag, München, S.45-56, 1998.

[102] C. Blume, W. Jakob, S. Krisch: *Robot Trajectory Planning with Collision Avoidance Using Genetic Algorithms and Simulation.* In: Proc. 25th Int. Symposium on Industrial Robots (ISIR), S.169-175, 1994.

[103] C. Blume, W. Jakob: *Pascal for Robots.* Springer Verlag, Berlin 1985.

[104] C. Blume: *Automatic Generation of Collision Free Moves for the ABB Industrial Robot Control.* In: L. C. Jain (ed.): Proc. 1st Int. Conf. on Knowledge-Based Intelligent Electronic Systems, Adelaide, S.672-683, 1997.

[105] C. Blume: *Optimized Collision Free Robot Move Statement Generation by the Evolutionary Software GLEAM.* In: S. Cagnoni et al. (eds.): Real-World Applications of Evolutionary Computing, Proc. of EvoWorkshops 2000: EvoIASP, EvoSCONDI, EvoTel, EvoSTIM, EvoRob and EvoFlight, Springer-Verlag, S.327-338, 2000.

[106] C. Blume, W. Jakob: *Verbesserte Planung und Optimierung mit Hilfe eines erweiterten genetischen Algorithmus.* Tagungsband des Transputer-Anwender-Treffen (TAT'93), RWTH Aachen, 1993.

[107] C. Blume: *Optimization in Concrete Precasting Plants by Evolutionary Computation.* In: D. Whitley, D. Goldberg, E. Cantú-Paz, L. Spector, I. Parmee, H.-G. Beyer (eds.): Genetic and Evolutionary Computation Conference (GECCO 2000), Vol. Late Breaking Papers, Morgan Kaufmann, San Francisco, CA, S.43-50, 2000.

[108] J.-F. Cordeau, P. Toth, D. Vigo: *A Survey of Optimization Models for Train Routing and Scheduling.* Transportation Science, 32, Heft 4, S.380-404, 1998.

[109] E. Burke, P. Ross: *Practice and Theory of Automated Timetabling*. LNCS 1153, Springer Verlag, Berlin, 1995.

[110] M. Pinedo: *Scheduling - Theory, Algorithms, and Systems*. Prentice Hall, 1995.

[111] P. Brucker: *Scheduling Algorithms*. Springer, Berlin 2004.

[112] C. Blume, W. Jakob: *Produktionsplanung- und -optimierung durch Simulation, Genetische Algorithmen und Parallelisierung.* Tagungsband des 8. Symposiums „Simulationstechnik" der Arbeitsgemeinschaft Simulation in der GI (ASIM), Gesellschaft für Informatik, Fachausschuß 4.5, 1993.

[113] C. Blume, W. Jakob: *Cutting Down Production Costs by a New Optimization Method.* Proc. of the Japan - U.S.A. Symposium on Flexible Automation, ASME, 1994.

[114] C. Blume, M. Gerbe: *Deutliche Senkung der Produktionskosten durch Optimierung des Ressourceneinsatzes.* Automatisierungstechnische Praxis (atp) 36, Heft 5/94, Oldenbourg, München, S.25-29, 1994.

[115] I. Foster: *What Is The Grid? - A Three Point Checklist.* GRIDtoday 1, Nr. 6, 2002.

[116] I. Foster, C. Kesselman, S. Tuecke: *The Anatomy of the Grid: Enabling Scalable Virtual Organisations.* Int. Journal of Supercomputer Appl. 15, Nr. 3, S.200-222, 2001.

[117] J. Nabrzyski, J. M. Schopf, J. Weglarz: *Grid Resource Management: State of the Art and Future Trends.* Kluwer Academic Publishers, 2004.

[118] M. Hovestadt, O. Kao, A. Keller, A. Streit: *Scheduling in HPC Resource Management Systems: Queuing vs. Planning.* Conf. Proc. of the 9th Workshop on Job Scheduling Strategies for Parallel Processing (JSSPP) at GGF8, LNCS 2862, Springer, Berlin, S.1-20, 2003.

[119] B. Hahnenkamp: *Integration anwendungsneutraler lokaler Suchverfahren in den adaptiven memetischen Algorithmus HyGLEAM für komplexe Reihenfolgeoptimierung.* Diplomarbeit, Uni Karlsruhe, Fak. f. Wirtschaftswissenschaften, AIFB, 2007.

[120] P. Brucker: *Complex Scheduling.* Springer, Berlin 2006.

[121] H. Schmeck, D. Merkle, M. Middendorf: *Ant Colony Optimization for Resource-Constrained Project Scheduling.* In: D. Whitley et al. (eds.): Conf. Proc GECCO 2000, Morgan Kaufmann, San Francisco, S.893-900, 2000.

[122] K.-U. Stucky, W. Jakob, A. Quinte, W. Süß: *Solving Scheduling Problems in Grid Resource Management Using an Evolutionary Algorithm.* In: R. Meersman et al. (Hrsg.): Proc. of the OTM 2006, LNCS 4276, Springer, Berlin, S.1252-1262, 2006.

[123] K.-U. Stucky, W. Jakob, A. Quinte, W. Süß: *Tackling the Grid Job Planing and Resource Allocation Problem Using a Hybrid Evolutionary Algorithm.* In: R. Wyrzykowski (Hrsg.): Conf. Proc. PPAM 2007, LNCS 4967, Springer, Berlin, S.589-599, 2008.

[124] L. Davis (Hrsg.): *Handbook of Genetic Algorithms.* Van Nostrand Reinhold, New York, S.79, 1991.

[125] C. Bierwirth, D. C. Mattfeld, H. Kopfer: *On Permutation Representations for Scheduling Problems.* In: H.-M. Voigt et al. (Hrsg.): Conf. Proc. PPSN IV, LNCS 1141, Springer, Berlin, S.310-318, 1996.

[126] M. Wieczorek, M. Prodan, T. Fahringer: *Comparison of Workflow Scheduling Strategies on the Grid.* In: R. Wyrzykowski et al. (Hrsg.): Conf. Proc. PPAM 2005, LNCS 3911, Springer, Berlin, S.792-800, 2006.

[127] W. Süß, A. Quinte, W. Jakob, K.-U. Stucky: *Construction of Benchmarks for Comparison of Grid Resource Planning Algorithms.* In: J. Filipe et al. (Hrsg.): Conf. Proc. IC-SOFT 2007, Vol. PL/DPS/KE/WsMUSE, Inst. f. Systems and Technologies of Information, Control and Communication, S.80-87, 2007.

[128] B. Giffler, G.L. Thompson: *Algorithms for Solving Production Scheduling Problems.* Operations Research 8, S.487-503, 1960.

[129] K. Neumann, M. Morlock: *Operations Research.* Carl Hanser, München, 2002.

[130] D. Sonnleithner: *Integration eines Giffler-Thompson-Schedulers in GORBA.* Studienarbeit, Inst. f. Angew. Informatik / Automatisierungstechnik, Uni Karlsruhe, 2008.

[131] W. Jakob, A. Quinte, K.U. Stucky, W. Süß: *Fast Multi-objective Scheduling of Jobs to Constrained Resources Using a Hybrid Evolutionary Algorithm.* In: G. Rudolph (Hrsg.): Conf. Proc. PPSN X, LNCS 5199, Springer, Berlin, S.1031-1040, 2008.

[132] M. Dorigo, T. Stützle: *Ant Colony Optimization.* MIT Press, Cambridge, USA, 2004.

[133] M. Gorges-Schleuter, W. Jakob, S. Meinzer, A. Quinte, W. Süß, H. Eggert: *An Evolutionary Algorithm for Design Optimization of Microsystems.* In: W. Ebeling, I. Rechenberg, H.-P. Schwefel, H.-M. Voigt (eds.): Conf. Proc. PPSN IV, LNCS 1141, Springer-Verlag, Berlin, S.1022-1032, 1996.

[134] W. Jakob, S. Meinzer, A. Quinte, W. Süß, M. Gorges-Schleuter, H. Eggert: *Partial Automated Design Optimization Based on Adaptive Search Techniques.* In: I. C. Parmee (ed.): Adaptive Computing in Engineering Design and Control '96, PEDC, University of Plymouth, S.236-241, 1996.

[135] M. Gorges-Schleuter, W. Jakob, W. Süß: *Designoptimierung am Beispiel einer Mikropumpe.* In: S. Hafner (Hrsg.): Industrielle Anwendungen evolutionärer Algorithmen. Oldenburg Verlag, München, S.71-82, 1998.

[136] W. Jakob, M. Gorges-Schleuter, I. Sieber: *Comparison of Evolutionary Algorithms for Design Optimization.* In: A. E. Eiben, T. Bäck, M. Schoenauer, H.-P. Schwefel (eds): Conf. Proc. PPSN V, LNCS 1498, Springer-Verlag, Berlin, S.917-926, 1998.

[137] I. Sieber, H. Eggert, H. Guth, W. Jakob, K.-P. Scherer: *Designoptimierung in der Mikrosystemtechnik mit Evolutionären Algorithmen.* Informationstechnik und Technische Informatik (it+ti) 41, Heft 4/99, Oldenbourg, München, S.27-32, 1999.

[138] I. Sieber, H. Eggert, H. Guth, W. Jakob: *Design Simulation and Optimization of Microoptical Components.* In: Novel Optical Systems and Large-Aperture Imaging, SPIE's 43rd Annual Meeting, SPIE Vol.3430, S.138-149, 1998.

[139] I. Sieber, H. Eggert, H. Guth, W. Jakob, K.-P. Scherer, P. Ziegler: *Design Optimization Considering Tolerance Effects of Microoptical Benches.* In: MicroSystem Technologies 98, VDE-Verlag GmbH, S.65-70, 1998.

[140] W. Jakob, M. Gorges-Schleuter, I. Sieber, W. Süß, H. Eggert: *Solving a Highly Multimodal Design Optimization Problem Using the Extended Genetic Algorithm GLEAM.*

In: S. Hernandez, A. J. Kassab, C. A. Brebbia: Computer Aided Design of Structures VI, WIT Press, Southampton, Conf. Proc. OPTI 99, S.205-214, 1999.

[141] I. Sieber, H. Eggert, H. Guth: *Entwicklung einer rechnergestützten Entwurfsmethode für optische Mikrosysteme und deren Anwendung auf einen Heterodynempfänger.* Dissertation, Uni Bremen, FZKA-Bericht 6403, Forschungszentrum Karlsruhe, 2000.

[142] W. Ehrfeld, E. W. Becker: *Das LIGA-Verfahren zur Herstellung von Mikrostrukturkörpern mit großem Aspektverhältnis und großer Strukturhöhe.* KfK-Nachrichten, Heft 4/ 87, S.167-179, 1987.

[143] W. Jakob, A. Quinte, K.-P. Scherer, H. Eggert: *Optimisation of a Micro Fluidic Component Using a Parallel Evolutionary Algorithm and Simulation Based on Discrete Element Methods.* In: S. Hernandez, A. J. Kassab, C. A. Brebbia (Hrsg): Computer Aided Design of Structures VII, WIT Press, Southampton, Conf. Proc. OPTI 2001, S.337-346, 2001.

[144] A. Quinte, W. Jakob, H. Eggert, K.-P. Scherer: *Optimierung der Topologie einer Aktorplatte mit genetischen Algorithmen auf Basis physiknaher Simulationsmodelle.* In: K. Panreck (Hrsg.): 15. Symp. der Simulationstechnik ASIM 2001, S.193-198, 2001.

[145] Bartels Mikrotechnik GmbH, siehe auch: http://www.bartels-mikrotechnik.de

[146] Parallel Virtual Machine (PVM), siehe auch: http://www.csm.ornl.gov/pvm/

[147] A. Quinte, W. Jakob, K.-P. Scherer, H. Eggert: *Optimization of a Micro Actuator Plate Using Evolutionary Algorithms and Simulation Based on Discrete Element Methods.* In: M. Laudon, B. Romanowicz (Hrsg.): Conf. Proc. Modeling and Simulation of Systems, MSM 2002, Computational Publications, Boston, S.194-197, 2002.

Index

Bereits veröffentlicht wurden in der Schriftenreihe des Instituts für Angewandte Informatik / Automatisierungstechnik im Universitätsverlag Karlsruhe:

Nr. 1: BECK, S.: Ein Konzept zur automatischen Lösung von Entscheidungsproblemen bei Unsicherheit mittels der Theorie der unscharfen Mengen und der Evidenztheorie, 2005

Nr. 2: MARTIN, J.: Ein Beitrag zur Integration von Sensoren in eine anthropomorphe künstliche Hand mit flexiblen Fluidaktoren, 2004

Nr. 3: TRAICHEL, A.: Neue Verfahren zur Modellierung nichtlinearer thermodynamischer Prozesse in einem Druckbehälter mit siedendem Wasser-Dampf Gemisch bei negativen Drucktransienten, 2005

Nr. 4: LOOSE, T.: Konzept für eine modellgestützte Diagnostik mittels Data Mining am Beispiel der Bewegungsanalyse, 2004

Nr. 5: MATTHES, J.: Eine neue Methode zur Quellenlokalisierung auf der Basis räumlich verteilter, punktweiser Konzentrationsmessungen, 2004

Nr. 6: MIKUT, R.; REISCHL, M.: Proceedings – 14. Workshop Fuzzy-Systeme und Computational Intelligence: Dortmund, 10. - 12. November 2004, 2004

Nr. 7: ZIPSER, S.: Beitrag zur modellbasierten Regelung von Verbrennungsprozessen, 2004

Nr. 8: STADLER, A.: Ein Beitrag zur Ableitung regelbasierter Modelle aus Zeitreihen, 2005

Nr. 9: MIKUT, R.; REISCHL, M.: Proceedings – 15. Workshop Computational Intelligence: Dortmund, 16. - 18. November 2005, 2005

Nr. 10: BÄR, M.: µFEMOS – Mikro-Fertigungstechniken für hybride mikrooptische Sensoren, 2005

Nr. 11: SCHAUDEL, F.: Entropie- und Störungssensitivität als neues Kriterium zum Vergleich verschiedener Entscheidungskalküle, 2006

Nr. 12: SCHABLOWSKI-TRAUTMANN, M.: Konzept zur Analyse der Lokomotion auf dem Laufband bei inkompletter Querschnittlähmung mit Verfahren der nichtlinearen Dynamik, 2006

Nr. 13: REISCHL, M.: Ein Verfahren zum automatischen Entwurf von Mensch-Maschine-Schnittstellen am Beispiel myoelektrischer Handprothesen, 2006

Nr. 14: KOKER, T.: Konzeption und Realisierung einer neuen Prozesskette zur Integration von Kohlenstoff-Nanoröhren über Handhabung in technische Anwendungen, 2007

Nr. 15: MIKUT, R.; REISCHL, M.: Proceedings – 16. Workshop Computational Intelligence: Dortmund, 29. November - 1. Dezember 2006

Nr. 16: LI, S.: Entwicklung eines Verfahrens zur Automatisierung der CAD/CAM-Kette in der Einzelfertigung am Beispiel von Mauerwerksteinen, 2007

Nr. 17: BERGEMANN, M.: Neues mechatronisches System für die Wiederherstellung der Akkommodationsfähigkeit des menschlichen Auges, 2007

Nr. 18: HEINTZ, R.: Neues Verfahren zur invarianten Objekterkennung und -lokalisierung auf der Basis lokaler Merkmale, 2007

Nr. 19: RUCHTER, M.: A New Concept for Mobile Environmental Education, 2007

Nr. 20: MIKUT, R.; REISCHL, M.: Proceedings – 17. Workshop Computational Intelligence: Dortmund, 5. - 7. Dezember 2007

Nr. 21: LEHMANN, A.: Neues Konzept zur Planung, Ausführung und Überwachung von Roboteraufgaben mit hierarchischen Petri-Netzen, 2008

Nr. 22: MIKUT, R.: Data Mining in der Medizin und Medizintechnik, 2008

Nr. 23: KLINK, S.: Neues System zur Erfassung des Akkommodationsbedarfs im menschlichen Auge, 2008

Nr. 24: MIKUT, R.; REISCHL, M.: Proceedings – 18. Workshop Computational Intelligence: Dortmund, 3. - 5. Dezember 2008

Nr. 25: WANG, L.: Virtual environments for grid computing, 2009

Nr. 26: BURMEISTER, O.: Entwicklung von Klassifikatoren zur Analyse und Interpretation zeitvarianter Signale und deren Anwendung auf Biosignale, 2009

Nr. 27: DICKERHOF, M.: Ein neues Konzept für das bedarfsgerechte Informations- und Wissensmanagement in Unternehmenskooperationen der Multimaterial-Mikrosystemtechnik, 2009

Nr. 28: MACK, G.: Eine neue Methodik zur modellbasierten Bestimmung dynamischer Betriebslasten im mechatronischen Fahrwerkentwicklungsprozess, 2009

Nr. 29: HOFFMANN, F.; HÜLLERMEIER, E.: Proceedings – 19. Workshop Computational Intelligence: Dortmund, 2. - 4. Dezember 2009

Nr. 30: GRAUER, M.: Neue Methodik zur Planung globaler Produktionsverbünde unter Berücksichtigung der Einflussgrößen Produktdesign, Prozessgestaltung und Standortentscheidung, 2009

Nr. 31: SCHINDLER, A.: Neue Konzeption und erstmalige Realisierung eines aktiven Fahrwerks mit Preview-Strategie, 2009

Die Schriften sind als PDF frei verfügbar, eine Nachbestellung der Printversion ist möglich. Nähere Informationen unter www.uvka.de.